马克思主义理论重庆市级重点学科资助项目
重庆市人文社会科学重点研究基地——公民道德与社会建设研究中心资助项目
重庆市研究生教育优质课程项目成果

《马克思主义与社会科学方法论》
教学案例汇编

王 勇 | 主 编
王燕飞 伍思颖 | 副主编

西南大学出版社
SWUP 国家一级出版社 全国百佳图书出版单位

图书在版编目(CIP)数据

《马克思主义与社会科学方法论》教学案例汇编 / 王勇主编. -- 重庆 : 西南大学出版社, 2023.12
ISBN 978-7-5697-2037-2

Ⅰ.①马… Ⅱ.①王… Ⅲ.①马克思主义－社会科学－科学方法论－教案(教育)－高等学校 Ⅳ.①A811.64

中国国家版本馆CIP数据核字(2023)第234269号

《马克思主义与社会科学方法论》教学案例汇编

MAKESI ZHUYI YU SHEHUI KEXUE FANGFALUN JIAOXUE ANLI HUIBIAN

主　编　王　勇

副主编　王燕飞　伍思颖

责任编辑：李　君
责任校对：张　昊
装帧设计：米　可
照　　排：王　兴
出版发行：西南大学出版社(原西南师范大学出版社)
　　　　　网　址:http://www.xdcbs.com
　　　　　地　址:重庆市北碚区天生路2号
　　　　　邮　编:400715
　　　　　电　话:023-68868624
经　　销：新华书店
印　　刷：重庆市国丰印务有限责任公司
幅面尺寸：170 mm × 240 mm
印　　张：15
字　　数：280千字
版　　次：2023年12月 第1版
印　　次：2023年12月 第1次印刷
书　　号：ISBN 978-7-5697-2037-2

定　　价：68.00元

前　言

《“马克思主义与社会科学方法论”教学案例汇编》作为与硕士研究生思想政治理论课“马克思主义与社会科学方法论”配合使用的一本教学参考书，严格遵循马克思主义理论研究和建设工程重点教材《马克思主义与社会科学方法论》（杨春贵主编，高等教育出版社出版）的逻辑体系与知识结构，遵循典型性、时代性、适用性、新颖性原则，严格甄选与课程教学内容密切相关的若干前沿性、时代性、共情性热点案例，注重挖掘案例所蕴含的马克思主义研究方法论价值，着重培养硕士生运用马克思主义理论观点和方法分析问题和解决问题的能力，切实彰显课程的高阶性、创新性与挑战度。

总体来说，本书具有如下几个鲜明特色与亮点。

政治导向正确。本书坚持正确政治方向和价值导向，在内容甄选、观点凝练、语言表达等方面，严格遵循国家法律法规和相关政策规定，聚焦全面提升硕士研究生思政课教学实效之目标，围绕教材体系向教学体系转化之任务，探索案例教学模式创新之方法，坚持理论与实践相结合的原则，提高研究生运用马克思主义方法论探究社会现象与解决社会问题的能力，培养研究生创新思维、批判性思维以及团队合作能力，凸显“思政课是落实立德树人根本任务的关键课程”的性质。

逻辑结构完整。本书参照马克思主义理论研究和建设工程重点教材《马克思主义与社会科学方法论》的章节顺序编撰而成，力争做到以教材为根本，又不完全拘泥于教材，每一小节对应教材中一个知识点，每个知识点提供一个精选案例，每个案例包含“案例文本”“案例讨论”“案例点评”“教学建议”四个板块。

引注规范。本书紧扣《马克思主义与社会科学方法论》各章节教学重难点，多元化取材，参阅了大量马克思主义经典著作、历史文献、党报党刊以及官方主流媒体登载的电子文献资源，并对全部参考资料的出处做出了准确明晰的标示，充分体现了案例的科学性、学术性和时效性。

综上所述，编者希望，本书能有助于推进高校研究生思政课教学改革与创新实践，增强研究生学习与探究马克思主义方法论的主动性与创造性，提升高校研究生思政课教学质量，为马克思主义方法论的传播与运用贡献一份力量。

编者

前　言

目 录

导论

第一节　社会科学与社会科学方法论

一、人类认识社会的主要方式

案例文本：

科学认知自然 共筑光明未来
——写在二〇一九年世界气象日之际

今年3月23日是第五十九个世界气象日，主题是“太阳、地球和天气”，旨在凸显太阳在我们日常生活中的重要性，并呼吁关注气候变化、合理利用气候资源等。这传递出世界气象组织及各个国家和地区气象部门的目标和理念，即促进政府和社会公众深刻认识和理解自然规律，科学防范极端天气气候风险，积极适应和应对气候变化，促进经济社会持续健康发展。

银河系大约有3000亿颗恒星，距离地球最近的恒星太阳对我们至关重要。在超过45亿年的时间里，太阳一直是天气、气候和地球生命背后的驱动力。太阳与地球距离约1.5亿千米，适宜的距离使得地球能保留一个由氧气和其他气体组成的外层大气圈以及一个富含地表水的水圈，适宜生命繁衍生息。太阳是地球气候系统最基本的能量源，也是空间天气扰动的主要源头。太阳辐射变化影响着大气运动，也带来地球冷暖变化、四季轮替。

“春雨惊春清谷天，夏满芒夏暑相连”，中国古人通过观察太阳周年运动，于先秦积累、汉代确立了“二十四节气”，形成关于气候、时令、物候等变化规律的知识体系和社会实践。人类透过自然现象认知天气的规律性，并顺天应时趋利避害，这一做法古已有之，今更胜昔。

如今，人们对太阳、地球和天气的科学认知日益深化。放眼全球，随着新一代信息技术在科学领域广泛应用，全球气象监测预报预警服务能力显著提升，人类社会对气候变化和极端天气事件的适应性不断增强。在中国，风云三号D星和风云二号H星、风云四号A星已加入中国极轨和静止气象卫星家族，实现8颗气象卫星纵览风云；200余部新一代天气雷达不间断运行，实现气象数据即扫即传；在960多万平方公里的国土上，国家级地面气象观测站超过1万个，陆地空间分辨率从平均71千米缩小至30千米。依托云计算、大数据、人工智能等技术，中国积极发展智能网格预报，2018年，全国24小时晴雨预报准确率达87%，暴雨预警准确率提高到88%,台风路径预报水平世界领先,气象预警信息公众覆盖面达86.4%,气象服务满意度首次超过90分。在构建人类命运共同体的愿景中,我们积极服务国家应对气候变化内政外交,在太阳能、风能等气候资源开发利用中发挥科技支撑作用,将绿色发展理念转化为自觉行动。

面对全球气候变暖这一事关人类前途命运的挑战,我们要不断提高气象灾害监测的基础能力、预报的核心技术能力、信息的有效覆盖能力、风险的科学防范能力,发挥气象防灾减灾"第一道防线"的重要作用;坚持趋利与避害并重,在服务生态文明建设中拓展适应气候变化服务新领域,科学开发气候资源,服务绿色发展;主动满足人民美好生活新期待,强化互联网、人工智能、大数据等技术应用,推动智慧气象服务转型发展,为百姓提供更加智能、精准、互动、普惠的气象服务;积极参与气象全球治理,开展全球监测、全球预报和全球服务,深入推进"一带一路"气象发展合作,在人类社会重大气象灾害防范应对中担起大国责任;不断加大气象科学普及力度,倡导全社会树立尊重自然、顺应自然、保护自然的理念,提升公众防灾减灾和应对气候变化的意识与能力,为决胜全面建成小康社会、建设美丽中国作出新的更大贡献。

——资料来源:刘雅鸣.科学认知自然 共筑光明未来——写在二〇一九年世界气象日之际[N].人民日报,2019-03-25(14).

案例讨论:

1.阅读案例,探讨从古至今,人类认识自然的方式经过了哪些变迁,人类认识社会都有哪些方式。

2.结合实际,分析人类在认识社会过程中有什么特点。

案例点评:

无论是对遥远的星辰宇宙还是现实的社会阶层,人类一直处于不断摸索和认识过程中,对整个宇宙有着无限的幻想和探索精神。从古至今,人类认识自然的方式随着人类生产力的发展而不断产生变化,原始社会是人类认识社会的初级阶段,故而神话传说是这一时期人们认识社会的基本形式。随着生产力和人类文明的进步,人们开始总结前人经验,以史为鉴,成为人们认识社会的第一种自觉形式。中世纪的欧洲,随着资本主义生产方式的萌芽,人类理性逐渐觉醒,开始用理性求知的方式认识世界。近代以来,随着自然科学的兴起以及蓬勃发展,实证性的研究方法逐渐得到广泛应用。随着实践能力的不断发展，人们的感官也得到了提升，人类借助现代高科技对宇宙有了进一步的认识，进一步解开了宇宙的神秘面纱。

教学建议：

本案例适用于《马克思主义与社会科学方法论》中导论部分第一节的辅助教学。

二、社会科学的特点和功能

案例文本：

加快构建中国特色哲学社会科学

党的十八大以来，以习近平同志为核心的党中央高度重视哲学社会科学事业。2016年5月17日，习近平总书记主持召开哲学社会科学工作座谈会，提出加快构建中国特色哲学社会科学的重大战略任务。在党中央领导下，中国特色哲学社会科学建设加快推进，取得了显著成绩。今年4月25日，习近平总书记在中国人民大学考察时，强调“加快构建中国特色哲学社会科学，归根结底是建构中国自主的知识体系。要以中国为观照、以时代为观照，立足中国实际，解决中国问题，不断推动中华优秀传统文化创造性转化、创新性发展，不断推进知识创新、理论创新、方法创新，使中国特色哲学社会科学真正屹立于世界学术之林”，为新时代繁荣发展中国特色哲学社会科学进一步指明了方向。

回答好时代之题，迫切需要加快构建中国特色哲学社会科学。习近平总书记指出，当前，坚持和发展中国特色社会主义理论和实践提出了大量亟待解决的新问题，世界百年未有之大变局加速演进，世界进入新的动荡变革期，迫切需要回答好“世界怎么了”“人类向何处去”的时代之题。当今世界正经历百年未有之大变局，新一轮科技革命和产业变革深入发展，国际力量对比深刻调整；国际经济政治格局复杂多变，不稳定不确定性明显增加，经济全球化遭遇逆流，单边主义、保护主义、霸权主义威胁加剧。世界经济失衡、国际政治格局重组和社会治理困境，在思想和文化层面带来反思，需要哲学社会科学工作者给出新的解答。面对错综复杂的国际形势和国际环境，回答这些重大理论和实践问题，迫切需要哲学社会科学更好发挥作用，迫切需要加快构建中国特色哲学社会科学。

加快构建中国特色哲学社会科学，要不断推进马克思主义中国化时代化。习近平总书记指出，要坚持把马克思主义基本原理同中国具体实际相结合、同中华优秀传统文化相结合，立足中华民族伟大复兴战略全局和世界百年未有之大变局，不断推进马克思主义中国化时代化。马克思主义是我们立党立国、兴党强国的根本指导思想，是我们党的灵魂和旗帜。马克思主义必须中国化才能落地生根、本土化才能深入人心。马克思主义只有与中国国情相结合，才能焕发出强大的生命力。一百多年来，我们党用马克思主义中国化时代化的科学理论引领实践，取得了举世瞩目的伟大成就。不断推进马克思主义中国化时代化，既是我们党积累下来的宝贵经验，也是全面建设社会主义现代化强国的根本要求。加快构建中国特色哲学社会科学，首先要牢牢坚持马克思主义指导地位，坚持和发展当代中国马克思主义、二十一世纪马克思主义。历史表明，不坚持以马克思主义为指导，哲学社会科学就会丧失灵魂、迷失方向，最终也不能发挥应有的作用。要自觉把习近平新时代中国特色社会主义思想贯穿到哲学社会科学研究和教学各个环节。全面准确深入学习领会习近平新时代中国特色社会主义思想，真正用以指导哲学社会科学实践、推动哲学社会科学工作，不断丰富和发展马克思主义。把加强和改善党对哲学社会科学工作的领导，作为加快构建中国特色哲学社会科学的根本保证。

加快构建中国特色哲学社会科学，归根结底是建构中国自主的知识体系。习近平总书记指出，加快构建中国特色哲学社会科学，归根结底是建构中国自主的知识体系。中国自主的知识体系，不是中国历史文化的简单延续，不是其他国家知识体系的转换迁移，而是将马克思主义基本原理同中国的具体实际相结合，对中华传统知识体系的创新与发展。经过党领导人民的百年奋斗，中国走出了自己的现代化道路，取得了举世瞩目的成就，从落后的农业国发展成为世界第一大工业国，成为世界第二大经济体，人民生活实现全面小康，党和国家事业焕发出新的生机活力，已经具备了建构自主知识体系的物质基础和理论储备。当今世界正经历百年未有之大变局，我国开启全面建设社会主义现代化国家新征程，形势的发展提出了一系列全新的重大理论和实践问题，为中国建构自主知识体系提供了历史机遇。

加快构建自主的哲学社会科学知识体系，要立足中国和世界的最新发展，从实践中挖掘新材料、发现新问题、提出新观点、解决好真问题。要从中华优秀传统文化中汲取丰富养分，不断推动中华优秀传统文化创造性转化、创新性发展。要坚持以人民为中心，时刻认识到知识来自于人民，让知识服务于人民。坚守人民立场，多到实地调查研究，把论文写在祖国大地上。要不断推进知识创新、理论创新和方法创新,增强中国的文化软实力和国际话语权,使中国特色哲学社会科学真正屹立于世界学术之林。

加快构建中国特色哲学社会科学,关键在哲学社会科学人才队伍。构建中国特色哲学社会科学,要从人才抓起。目前,我国哲学社会科学有"五路大军",要把这支队伍建设好。习近平总书记指出,哲学社会科学工作者要做到方向明、主义真、学问高、德行正,自觉以回答中国之问、世界之问、人民之问、时代之问为学术己任,以彰显中国之路、中国之治、中国之理为思想追求,在研究解决事关党和国家全局性、根本性、关键性的重大问题上拿出真本事、取得好成果。

加强新时代哲学社会科学人才队伍建设,要坚持党管人才原则,实施以育人育才为中心的哲学社会科学整体发展战略,建设种类齐全、梯队衔接的哲学社会科学人才体系。要大力营造尊重知识、尊重人才、尊重创造的环境,保障哲学社会科学工作者把更多精力集中在本职工作上。广大哲学社会科学工作者要真正把做人、做事、做学问统一起来,立志做大学问、做真学问。要把责任放在首位,在为祖国、为社会、为人民服务中成就自我、实现价值。心怀"国之大者",围绕国之大局、国之大要、国之大事、国之大计进行深入研究,回答时代之题,彰显中国之理。

加快构建中国特色哲学社会科学,要注重发挥哲学社会科学沟通中外的作用。习近平总书记指出,要发挥哲学社会科学在融通中外文化、增进文明交流中的独特作用,传播中国声音、中国理论、中国思想,让世界更好读懂中国,为推动构建人类命运共同体作出积极贡献。哲学社会科学是一种文化软实力,有独特的风格和魅力。中国有着五千年的文明,是哲学社会科学大国,在世界独树一帜。广大哲学社会科学工作者要深度挖掘中华优秀传统文化,充分弘扬中华优秀传统文化,推动中华优秀传统文化走出国门,更好答好"世界怎么了""人类向何处去"的时代之题,让世界更好认识中国。对话、交流与合作,是哲学社会科学发展的必由之路。要深入推进中外文化交流融通,既做到服务世界,又实现洋为中用。要把"请进来"和"走出去"有机结合起来,积极拓展国际学术空间,充分发挥哲学社会科学在国家对外软实力建设中的作用。

——资料来源:高文书.加快构建中国特色哲学社会科学[J].红旗文稿.2022(10):17-19.

案例讨论:

1.阅读案例,分析我国为何如此重视哲学社会科学的建设。

2.结合实际谈谈,哲学社会科学与自然科学有何关系。

案例点评：

哲学社会科学是人们认识世界、改造世界的重要工具，是推进历史发展和社会进步的重要力量，其发展水平反映了一个民族的思维能力、精神品格、文明素质，体现了一个国家的综合国力和国际竞争力。社会科学是近代以来逐步形成的，在当代学科体系中占有重要地位，它以社会现象为研究对象，力求揭示社会生活的本质和发展规律，对社会生活作出科学的说明和合理的评价。社会科学是相对于自然科学而言的，二者间既有区别也有联系，区别在于社会科学是研究人类社会现象的科学，自然科学则是研究自然现象的科学，但两者都是对现象和规律的研究，且社会科学能够为自然科学的研究提供世界观、价值观和方法论指导。

教学建议：

1.本案例适用于《马克思主义与社会科学方法论》中导论部分第一节辅助教学。

2.教学时，可结合学生感兴趣的社会热点问题进行讲解，如大学生考研热、人口老龄化等。

三、社会科学方法论的性质和特点

案例文本：

习近平致中国社会科学院中国历史研究院成立的贺信

值此中国社会科学院中国历史研究院成立之际，我代表党中央，向你们表示热烈的祝贺！向全国广大历史研究工作者致以诚挚的问候！

历史是一面镜子，鉴古知今，学史明智。重视历史、研究历史、借鉴历史是中华民族5000多年文明史的一个优良传统。当代中国是历史中国的延续和发展。新时代坚持和发展中国特色社会主义，更加需要系统研究中国历史和文化，更加需要深刻把握人类发展历史规律，在对历史的深入思考中汲取智慧、走向未来。

历史研究是一切社会科学的基础。长期以来，在党的领导下，我国史学界人才辈出、成果丰硕，为党和国家事业发展作出了积极贡献。希望我国广大历史研究工作者继承优良传统，整合中国历史、世界历史、考古等方面研究力量，着力提高研究水平和创新能力，推动相关历史学科融合发展，总结历史经验，揭示历史规律，把握历史趋势，加快构建中国特色历史学学科体系、学术体系、话语体系。

希望中国历史研究院团结凝聚全国广大历史研究工作者，坚持历史唯物主义立场、观点、方法，立足中国、放眼世界，立时代之潮头，通古今之变化，发思想之先声，推出一批有思想穿透力的精品力作，培养一批学贯中西的历史学家，充分发挥知古鉴今、资政育人作用，为推动中国历史研究发展、加强中国史学研究国际交流合作作出贡献。

——资料来源：习近平.致中国社会科学院中国历史研究院成立的贺信[EB/OL].(2019-01-03).http://www.xinhuanet.com/politics/leaders/2019-01/03/c_1123942672.htm.

案例讨论：

1.阅读案例，谈谈为什么习近平总书记要对中国社会科学院中国历史研究院的成立致以贺信。

2.社会科学方法论具有怎样的作用？

案例点评：

社会科学方法论是从事科学研究的方法论，它是对具体社会科学研究方法的概括和总结，因而对各门社会科学研究具有普遍的指导意义。社会科学方法论是一切具体社会科学研究的方法论，而社会历史研究是社会科学方法论的一个重要研究方式，自古便有"以史为镜，可以知兴替"的说法，我国社会科学院中国历史研究院成立，习近平总书记亲自致贺信，正体现着我国对社会科学方法论的遵从，对社会历史研究的重视。

教学建议：

1.本案例适用于《马克思主义与社会科学方法论》中导论部分第一节的辅助教学。

2.在实际教学中，可从历史故事中感悟社会历史对当下社会科学研究的重要作用。

第二节 马克思主义社会科学法方法论

一、马克思主义在社会历史研究中的革命变革

案例文本：

经典作家论马克思主义

恩格斯："任何一种社会哲学，只要它还把某几个论点奉为最后结论，还在开莫里逊氏丸的药方，它就远不是完备的；我们最需要的不是干巴巴的几条结论，而是研究。结论要是没有使它成为结论的发展，就毫不足取，这一点我们从黑格尔那里就已经知道了；结论如果变成一种故步自封的东西，不再成为继续发展的前提，它就毫无用处。"①"马克思的整个世界观不是教义，而是方法。它提供的不是现成的教条，而是进一步研究的出发点和供这种研究使用的方法。"②

列宁："马克思主义的精髓，马克思主义的活的灵魂：对具体情况作具体分析。"③

毛泽东："全世界自古以来，没有任何学问、任何东西是完全的，是再不向前发展的。"④

邓小平："绝不能要求马克思为解决他去世之后上百年、几百年所产生的问题提供现成答案。列宁同样也不能承担为他去世以后五十年、一百年所产生的问题提供现成答案的任务。真正的马克思列宁主义者必须根据现在的情况，认识、继承和发展马克思列宁主义。"⑤

习近平总书记在纪念马克思诞辰200周年大会上的讲话也指出：

——马克思主义是科学的理论，创造性地揭示了人类社会发展规律。在马克思提出科学社会主义之前，空想社会主义者早已存在，他们怀着悲天悯人的情感，对理想社会有很多美好的设想，但由于没有揭示社会发展规律，没有找到实现理想的有效途径，因而也就难以真正对社会发展发生作用。马克思创建了唯物史观和剩余价值学说，揭示了人类社会发展的一般规律，揭示了资本主义运行的特殊

①《马克思恩格斯选集》第1卷，人民出版社1956年版，第642页。
②《马克思恩格斯选集》第4卷，人民出版社1995年版，第742-743页。
③《列宁选集》第4卷，人民出版社1995年版，第213页。
④《毛泽东文集》第3卷，人民出版社1996年版，第299页。
⑤《邓小平文选》第3卷，人民出版社1993年版，第291页。

规律，为人类指明了从必然王国向自由王国飞跃的途径，为人民指明了实现自由和解放的道路。

——马克思主义是人民的理论，第一次创立了人民实现自身解放的思想体系。马克思主义博大精深，归根到底就是一句话，为人类求解放。在马克思之前，社会上占统治地位的理论都是为统治阶级服务的。马克思主义第一次站在人民的立场探求人类自由解放的道路，以科学的理论为最终建立一个没有压迫、没有剥削、人人平等、人人自由的理想社会指明了方向。马克思主义之所以具有跨越国度、跨越时代的影响力，就是因为它植根人民之中，指明了依靠人民推动历史前进的人间正道。

——马克思主义是实践的理论，指引着人民改造世界的行动。马克思说，“全部社会生活在本质上是实践的”，“哲学家们只是用不同的方式解释世界，问题在于改变世界”。实践的观点、生活的观点是马克思主义认识论的基本观点，实践性是马克思主义理论区别于其他理论的显著特征。马克思主义不是书斋里的学问，而是为了改变人民历史命运而创立的，是在人民求解放的实践中形成的，也是在人民求解放的实践中丰富和发展的，为人民认识世界、改造世界提供了强大精神力量。

——马克思主义是不断发展的开放的理论，始终站在时代前沿。马克思一再告诫人们，马克思主义理论不是教条，而是行动指南，必须随着实践的变化而发展。一部马克思主义发展史就是马克思、恩格斯以及他们的后继者们不断根据时代、实践、认识发展而发展的历史，是不断吸收人类历史上一切优秀思想文化成果丰富自己的历史。因此，马克思主义能够永葆其美妙之青春，不断探索时代发展提出的新课题、回应人类社会面临的新挑战。①

案例讨论：

1. 阅读案例，谈谈从中可看出马克思主义理论具有哪些革命性。

2. 我们在开展科学研究工作时，应如何将马克思主义理论与社会科学研究实践相结合？

案例点评：

马克思主义理论的革命性体现于它在唯物论上实现了自然观与历史观的统一，形成了辩证唯物主义和历史唯物主义，是科学的世界观和方法论。在社会科学

① 习近平在纪念马克思诞辰200周年大会上的讲话，人民出版社2018年版，第7–10页。

与马克思主义相结合的过程中,形成了马克思主义社会科学方法论。作为一个科学和开放的方法论体系,马克思主义社会科学方法论涉及了如何正确处理主体与客体、系统与要素、矛盾与过程、个人与群众、认知与评价、世界历史与民族历史等一系列社会发展中的重大关系问题,是进行社会科学研究不可或缺的科学方法论。将马克思主义社会科学研究方法与实践相结合,学以致用,培养科学精神和科学态度,是当代青年的责任与使命担当,也是提高其社会科学研究能力的必要途径。

教学建议:

1. 本案例适用于《马克思主义与社会科学方法论》中导论部分第二节的辅助教学。

2. 教学时可从马克思主义理论的先进性和优越性讲起,以马克思主义理论的开放性为线索,讲述马克思主义与社会科学的结合,要注意理论的逻辑性。

二、马克思主义社会科学方法论的基本内容和功能定位

案例文本:

正确把握社会主要矛盾和中心任务

——论学习贯彻习近平总书记在省部级专题研讨班上重要讲话

抓住主要矛盾和中心任务带动全局工作,是唯物辩证法的要求,也是我们党一贯倡导和坚持的方法。“这次全会决议对党善于抓住社会主要矛盾和中心任务带动全局工作作了全面分析。”在省部级主要领导干部学习贯彻党的十九届六中全会精神专题研讨班开班式上,习近平总书记强调“注重分析和总结党在百年奋斗历程中对我国社会主要矛盾和中心任务的研究和把握,是贯穿全会决议的一个重要内容,我们一定要深入学习、全面领会”。

回望党的百年奋斗历程,在新民主主义革命时期,党深刻认识到,近代中国社会主要矛盾是帝国主义和中华民族的矛盾、封建主义和人民大众的矛盾,实现中华民族伟大复兴,必须进行反帝反封建斗争;在社会主义革命和建设时期,党的八大根据我国社会主义改造基本完成后的形势,提出国内主要矛盾已经不再是工人阶级和资产阶级的矛盾,而是人民对于经济文化迅速发展的需要同当前经济文化不能满足人民需要的状况之间的矛盾,全国人民的主要任务是集中力量发展社会生产力,实现国家工业化,逐步满足人民日益增长的物质和文化需要;在改革开放和社会主义现代化建设新时期,党明确我国社会的主要矛盾是人民日益增长的物

质文化需要同落后的社会生产之间的矛盾，解决这个主要矛盾就是我们的中心任务，提出小康社会目标；在中国特色社会主义新时代，党明确新时代我国社会主要矛盾是人民日益增长的美好生活需要和不平衡不充分的发展之间的矛盾，必须坚持以人民为中心的发展思想，发展全过程人民民主，推动人的全面发展、全体人民共同富裕取得更为明显的实质性进展。党的百年奋斗历程告诉我们，党和人民事业能不能沿着正确方向前进，取决于我们能否准确认识和把握社会主要矛盾、确定中心任务。什么时候社会主要矛盾和中心任务判断准确，党和人民事业就顺利发展，否则党和人民事业就会遭受挫折。

在党的十九大报告中，习近平总书记指出："中国特色社会主义进入新时代，我国社会主要矛盾已经转化为人民日益增长的美好生活需要和不平衡不充分的发展之间的矛盾。"这一重大政治论断，准确把握时代特征和我国发展新的历史方位，反映了我国社会发展的客观实际，指明了解决当代中国发展主要问题的根本着力点，丰富发展了马克思主义关于社会矛盾的学说。我国社会主要矛盾的变化，虽然没有改变我们对我国社会主义所处历史阶段的判断，但却是关系全局的历史性变化。以习近平同志为核心的党中央统筹中华民族伟大复兴战略全局和世界百年未有之大变局，深刻认识我国社会主要矛盾变化带来的新特征新要求，深刻认识错综复杂的国际环境带来的新矛盾新挑战，在继续推动发展的基础上，着力解决发展不平衡不充分问题，大力提升发展质量和效益，更好满足人民在经济、政治、文化、社会、生态等方面日益增长的需要，更好推动人的全面发展、社会全面进步。实践充分证明，认识社会主要矛盾是把握社会发展阶段的"钥匙"，我们党在探索社会主义建设规律过程中对我国社会主要矛盾认识的每一次深化，都提升了对社会主义初级阶段的认识水平，保证了党的路线方针政策的科学性正确性。

习近平总书记强调："面对复杂形势、复杂矛盾、繁重任务，没有主次，不加区别，眉毛胡子一把抓，是做不好工作的。"在任何工作中，我们既要讲两点论，又要讲重点论。要认识到，矛盾是普遍存在的，矛盾是事物联系的实质内容和事物发展的根本动力，人的认识活动和实践活动，从根本上说就是不断认识矛盾、不断解决矛盾的过程。还要认识到，社会主要矛盾是各种社会矛盾的主要根源和集中反映，在社会矛盾运动中居于主导地位。积极面对矛盾、解决矛盾，必须注意把握好主要矛盾和次要矛盾、矛盾的主要方面和次要方面的关系。我们要有全局观，对各种矛盾做到了然于胸，同时又要紧紧围绕主要矛盾和中心任务，优先解决主要矛盾和矛盾的主要方面，以此带动其他矛盾的解决，在整体推进中实现重点突破，以重点突破带动经济社会发展水平整体跃升，朝着全面建成社会主义现代化强国的奋斗目标不断前进。

今天，我们比历史上任何时期都更接近、更有信心和能力实现中华民族伟大复兴的目标。同时，全党必须清醒认识到，中华民族伟大复兴绝不是轻轻松松、敲锣打鼓就能实现的，也绝不是一马平川、朝夕之间就能到达的，我国仍处于并将长期处于社会主义初级阶段，我国仍然是世界最大的发展中国家。全党要牢牢把握社会主义初级阶段这个基本国情，牢牢立足社会主义初级阶段这个最大实际，牢牢坚持党的基本路线这个党和国家的生命线、人民的幸福线，科学把握我国社会主要矛盾的新变化，坚定理想信念，牢记初心使命，始终谦虚谨慎、不骄不躁、艰苦奋斗，奋力夺取全面建设社会主义现代化国家新胜利，创造无愧于党、无愧于人民、无愧于时代的新业绩！

——资料来源：人民日报评论员．正确把握社会主要矛盾和中心任务

——论学习贯彻习近平总书记在省部级专题研讨班上重要讲话[N].人民日报.2022-01-14(01).

案例讨论：

1.阅读案例，谈谈面临重大社会问题时，我们应采取什么样的科学方法与态度。

2.社会科学研究中，除了社会矛盾研究方法，还有什么方法。

案例点评：

社会矛盾研究方法是社会科学研究的重要方法。今天，我们比历史上任何时期都更接近、更有信心和能力实现中华民族伟大复兴的目标，为了实现这一目标，就需要我们根据当前社会的主要矛盾和矛盾的主要方面，合理地指定相关发展策略。我国领导人、领导班子充分考虑当下社会的矛盾，并进行认真分析，在马克思主义社会科学方法论的指导下准确分析把握社会发展形势，紧紧抓住主要矛盾和矛盾的主要方面，推动中国式现代化、实现乡村振兴与祖国统一，为实现中华民族伟大复兴奠定坚实的基础。社会科学的研究方法众多，除了社会矛盾研究法，还有实践研究法、系统研究法、主体研究法等。采取何种方法开展研究，取决于研究对象，因地制宜、对症下药才是解决问题的关键。

教学建议：

1. 本案例适用于《马克思主义与社会科学方法论》中导论部分第二节的辅助教学。

2. 教学时，可联系哲学中的两大社会矛盾，主要矛盾与次要矛盾、矛盾的主要方面和次要方面的关系以及所对应的方法论等进行教学。

三、马克思主义社会科学方法论的基本原则

案例文本：

别信！日本强排后，这些谣言已辟谣！

北京时间8月24日12时左右（东京当地时间24日下午1时许），不顾日本国内外多方强烈反对，日方正式开始将福岛第一核电站的核污染水排放至太平洋，此举受到多方抗议反对。

在网络平台上，一些关于核污染水排海造成国内出现变异鱼虾等类似谣言开始出现，上网"冲浪"时要擦亮双眼，别被这些谣言蒙蔽眼睛。

谣言1

食盐要被污染了，得赶紧囤盐

针对近日部分地区发生食盐抢购现象，中国盐业集团有限公司24日发布声明称，我国对食盐实行定点生产管理，食盐来源主要为三类：井矿盐、海盐、湖盐，结构占比分别为井矿盐87%、海盐10%、湖盐3%，井矿盐和湖盐生产均不受日本核污染影响。中盐集团食盐产能超过1000万吨/年，在全国有完善的产销企业布局以及完备的产品质量管理体系和食盐安全风险评估体系，食盐储备供应充足，质量安全有保障。同时，国家市场监督管理总局、中国盐业协会以及北京、山东、浙江等多地商务局、盐业协会、盐业集团等都已发声：食盐供应充足，请社会各界理性消费，不要盲目抢购。

谣言2

已经有变异鱼入境

从互联网上流传的聊天记录来看，还有人说已经有变异鱼被发现，"鱼的喉咙还能动"，最离谱的是说在其他国家已经有人被咬等。

用百度识图可以发现，这段聊天记录中提到的视频其实是老视频，最早流传于2017年，当时的版本是日照、嫩江等沿海地方有渔民捕捞上岸"美人鱼""深海

怪鱼”。据上观新闻和福建省互联网辟谣平台当时的报道记录,媒体记者赶到日照金家沟核实发现,当地村民几乎都看过这段视频,也没人见到过这个怪物的实体。

这篇报道称,@博物杂志官方微博辟谣:“艺术品是肯定的,我看过视频,喉咙还会起伏,里面应该装了机关。有知情的可以提供一下线索,看看是哪位艺术家的作品。”微博评论区中,有网友指出:“看地上有根电线!坐实艺术品无疑。”

谣言3

虾已经“核变”了

有网友在微博@博物杂志并晒出一张虾的图片,聊天记录中一名用户表示,“朋友那边的虾已经核变了”,还有网友形容图中的虾“背上长脚”。

对此,@博物杂志回应称,假的。这是板茗荷,一类附生甲壳类动物,也经常长在虾蟹的身上,就跟海龟鲸鱼身上藤壶似的,茗荷对人无害,不影响虾蟹的食用。

谣言4

广东现大量核污染海虾?

最近一则“广东海滩上出现大量海虾”的视频登上多平台热榜,有平台用户联想到核污水并表达担忧。还有自媒体账号在转载相关视频时称日本排放核污染水当天,广东海滩现大量海虾。

8月25日,有记者联系上一名来自广东茂名的网友“电小白”,其告诉媒体记者,他是上述视频的首发者,早在2021年就发过,没想到最近被人盗用发到了网上。该用户表示,原视频是同事2021年在广西防城港海滩拍摄的,他曾在当年10月将视频上传。但因文案有点问题,被平台要求调整,他便将视频删掉,又在2021年12月重新剪辑发布,“电小白”说,他没想到视频现在被人盗用且恶意炒作,他已经向平台投诉了此事,正在等待处理结果。

值得一提的是,最近,因为日方排核污染水入海,海鲜等食品安全问题颇受关注。对于有网友担心的海鲜还能不能吃的问题,江苏疾控发文回应:不可否认,福岛核污水排海也可能会使我国沿海地区受到一定影响,即便是国产海鲜,如果是在被核废水污染水域,肉质依然可能含放射性物质,应该按照国家相关标准开展监测,满足标准后方可食用。但有污染风险不代表绝对不能吃。

该文提到,在2011年福岛核事故后,我国已经对日本进口食品出台较为严格的检测标准。2012年至今,食品中放射性物质监测工作已纳入国家食品安全风险监测范畴。

对于这类问题，大家既要保持警惕，也不必过度担忧，我们通过正规渠道购买的海鲜，基本都符合国家检测标准，可以放心食用。

——资料来源：转引自北京时间新闻．别信！日本强排后，这些谣言已辟谣！[EB/OL](2023-08-26).https://m.gmw.cn/2023-08/26/content_1303495019.htm.

案例讨论：

1.案例中，因日本强排核污水而引发的系列谣言，造成了一定的社会恐慌，我们应如何理性看待各种社会热点事件？

2.结合实际谈谈，研究社会现象时应秉持什么样的基本原则。

案例点评：

社会热点是指一定时空场域中，被社会大众广泛关注和讨论的事件与问题，其一般涉及面广、影响面大、持续时间长、舆论关注度高，具有时代性、挑战性、普遍性、敏感性、流变性等特征。人就其本质而言，是各种社会关系的总和，是处于一定社会关系中的历史的、现实的、具体的、实践的人，我们难免受到思维、认知等方面的影响，面对各式各样的"社会热点"产生从众、趋同等社会心理或社会行为，严重时甚至诱发社会恐慌、社会骚乱等事件发生。

在社会科学研究中，在充分考量"人的思维具有局限性"的前提下，我们必须坚持科学理性的思维，遵循"实事求是"这一马克思主义社会科学研究方法论基本原则，通过"加强信息公开""加强舆情监测和分析""加强社会教育和宣传""加强心理疏导"等各种综合手段与措施，教育引导社会公众多点理性，少点盲从，以维护社会稳定和公共利益。

教学建议：

1.本案例适用于《马克思主义与社会科学方法论》中导论部分第二节的辅助教学。

2.马克思主义社会科学方法论的基本原则是整个方法论的立足点，具有十分重要的地位，应作为本章的重难点。

3.进行这一部分教学时，可从案例中正确结论的得出是因为坚持了什么原则的角度进行思考，引导学生讨论"在社会研究中我们要坚持什么基本原则"并得出科学结论，将教师主导与学生主体相结合。

第三节 坚持和发展马克思主义社会科学方法论

一、坚持和发展马克思社会主义科学方法论的指导地位

案例文本:

习近平关于马克思主义世界观和方法论的论述

党的二十大报告指出,中国共产党人深刻认识到,只有把马克思主义基本原理同中国具体实际相结合、同中华优秀传统文化相结合,坚持运用辩证唯物主义和历史唯物主义,才能正确回答时代和实践提出的重大问题,才能始终保持马克思主义的蓬勃生机和旺盛活力。

我们坚持和发展马克思主义必须一方面与中国具体实际结合,另一方面我们要以马克思主义的世界观方法论来解决中国的问题,而不是要背诵和重复其具体的结论和词句,更不能把马克思主义当成一成不变的教条。

习近平新时代中国特色社会主义思想是如何坚持和运用马克思主义的世界观和方法论?我觉得特别重要的一点就是它充分运用了马克思主义哲学中的辩证唯物主义、历史唯物主义,强调辩证唯物主义和历史唯物主义的科学世界观和方法论,是我们认识世界改造世界的强大思想武器。

比如2018年4月23日,中共中央政治局就《共产党宣言》及其时代意义举行第五次集体学习的时候,习近平总书记明确讲,马克思主义理论的科学性和革命性源于辩证唯物主义和历史唯物主义的科学世界观和方法论,为我们认识世界、改造世界提供了强大思想武器,为世界社会主义指明了正确前进方向。我想这个武器我们可以从以下几点来认识。

一、马克思主义的科学世界观和方法论使我们能够深刻地认识和把握基本国情

2021年的6月25日,中共中央政治局就用好红色资源、赓续红色血脉进行第三十一次集体学习。习近平总书记在主持学习的时候明确讲,马克思主义在中国的广泛传播催生了中国共产党,马克思主义使我们党拥有了科学的世界观和方法论,拥有了认识世界、改造世界的强大思想武器。

应该说在这100多年的历史进程中，我们党把握住了两个基本国情：一个是新民主主义革命时期的基本国情，就是半殖民地半封建社会；另一个是我们在改革开放之后，认识到初级阶段的基本国情。这两个基本国情保证了我们取得了新民主主义革命的胜利。新民主主义革命胜利之后，我们的社会主义革命、社会主义建设，特别是改革开放取得了一系列成就，都是跟国情的认识有极大的关系。所以两个国情的认识保证了我们中华民族的伟大复兴。

二、认识新发展阶段必须坚持辩证唯物主义和历史唯物主义的世界观、方法论

在2017年的“7·26”讲话中，习近平总书记明确指出，认识和把握我国社会发展的阶段性特征，要坚持辩证唯物主义和历史唯物主义的方法论。在纪念马克思诞辰200周年大会上的讲话中，他进一步指出，我们要全面掌握辩证唯物主义和历史唯物主义的世界观和方法论，深刻认识实现共产主义是由一个一个阶段性目标逐步达成的历史过程。所以，我们正是按照这样的思想来认识社会主义初级阶段，特别是认识我们的新发展阶段。

新发展阶段是我国社会主义发展进程中的一个重要阶段，社会主义初级阶段它不是一个静态的、一成不变的、停滞不前的阶段，也不是一个自发的、被动的，不用费多大气力自然而然就可以跨过的阶段，而是一个动态的、积极有为的、始终洋溢着蓬勃生机活力的过程，是一个阶段性递进、不断发展进步、日益接近质的飞跃和量的积累发展变化的过程。

三、解决社会主要矛盾要坚持辩证唯物主义和历史唯物主义的世界观、方法论

2020年10月29日，在党的十九届五中全会第二次全体会议的讲话中，习近平总书记也明确讲，“深刻认识社会主要矛盾变化，增强解决发展不平衡不充分问题的系统性”，“推动解决这些问题，要坚持辩证唯物主义和历史唯物主义的世界观、方法论”。所以，我们只有坚持了辩证唯物主义和历史唯物主义的世界观、方法论，才能深刻地认识到人民群众的需求。

从过去我们只是对物质文化的一个基本需求，到现在我们是更高的物质文化需求，而且我们还有民主法制、公平正义、安全环境等方面的需求。我们不仅要解决有没有的问题，更要解决好不好的问题。我们不仅有需求领域的扩展，还有需求质量的发展，比如说我们需要有更好的教育、更稳定的工作、更满意的收入、更可靠的社会保障、更高水平的医疗卫生服务、更舒适的居住条件、更优美的环境、

更丰富的精神文化生活。我们不仅要注意人民需求的客观性,还要注重人民需求的主观性,所以我们要注重人民群众的获得感、幸福感、安全感的问题。

四、只有坚持辩证唯物主义、历史唯物主义的世界观和方法论,才能够正确认识中华文明的起源

2020年的9月28日,十九届中央政治局就中国考古最新发现及其意义为题,举行了第二十三次集体学习。在组织学习的时候,习近平总书记明确指出,要坚持辩证唯物主义和历史唯物主义,深入进行理论探索,增强中国考古学在国际考古学界的影响力、话语权。习近平总书记还强调,中华文明探源工程提出文明定义和认定进入文明社会的中国方案,为世界文明起源研究作出了原创性贡献。

社科院考古所的学部委员王巍同志在一篇文章中专门讲到了这个问题,他说探源工程,冲破了“文明三要素”桎梏。特别是以国家作为进入文明社会的标志,我们知道这是恩格斯的观点。恩格斯强调国家是文明社会的概括。我们正是以马克思主义的辩证唯物主义和历史唯物世界观才揭示了进入文明社会的、一个很重要的判断标准,这样使我们中华文明历史五千年就有了充分根据。所以在这个意义上,我们讲没有马克思主义的辩证唯物主义、历史唯物主义世界观、方法论,很难认清楚文明是如何起源的判断标准。

五、用历史唯物主义的立场观点方法认识中华文明的历史

在2022年5月中共中央政治局集体学习的时候,总书记讲,我们党历来用历史唯物主义的立场观点方法看待中华民族历史,继承和弘扬中华优秀传统文化。改革开放之初,有的人讲,为什么近代以来我们落后了,是因为我们中华文明里面本身就是有僵化的基因或者是封闭的基因,其实这是错误的观点。我们从唯物史观来看,从大历史观来看,这种观点是非常错误的。习近平总书记明确讲,以数千年大历史观之,变革和开放总体上是中国的历史常态。所以,看5000年的文明史,我们闭关锁国的历史很短,也就在历史长河中占的仅仅是历史的一瞬间,我们主要的历史都是开放的。

所以总书记讲,我们曾经谱写了万里驼铃万里波的浩浩丝路长歌,也曾经创造了万国衣冠会长安的盛唐气象。唐代长安城里,来自各国的使臣、商人、留学生云集成群。一个100万常住人口的长安城里边,外国人经常有几万人在那常住,这说明是相当国际化的。所以,中华民族很大的特点一个是变革,一个是开放。从变革的意义上讲,我们有吴起变法、商鞅变法。到了汉代的文景之治、贞观之治这些之所以出现,肯定是因为变革了。所以只有从唯物史观、大历史观来看待,才能正确地认识到中华民族的历史。

我们知道习近平新时代中国特色社会主义思想的世界观、方法论之所以提出来，有很多客观的依据，很重要的就是坚持运用和发展了马克思主义的世界观、方法论。马克思主义世界观、方法论确实是博大精深的，它是作为真正认识世界、改造世界的强大思想武器，我们在中国的革命、建设、改革实践中，都是充分地运用了，特别是在新时代，我们充分运用了马克思主义的世界观、方法论，解决了我们新时代面临的一系列问题。所以在这个基础上，我们提出了习近平新时代中国特色社会主义思想的世界观和方法论。

——资料来源：辛向阳. 习近平关于马克思主义世界观和方法论的论述[EB/OL].(2023-7-1).https://www.cssn.cn/mkszy/mkszy_lxzg/202308/t20230818_5679968.shtml.

案例讨论：

1.阅读案例，谈谈其运用了哪些马克思主义社会科学方法论。

2.结合实际谈谈，马克思主义科学方法论在当今社会有何体现。

案例点评：

中国共产党自成立以来，就始终坚持马克思主义社会科学方法论的指导，始终坚持辩证唯物主义和历史唯物主义的世界观和方法论，灵活运用马克思主义世界观和方法论去认识问题、分析问题和解决问题，不断在实践中实现马克思主义中国化、时代化和大众化。习近平新时代中国特色社会主义思想是马克思主义中国化最新成果，是党和人民实践经验和集体智慧的结晶，是中国特色社会主义理论体系的重要组成部分，是当代灵活运用马克思主义的世界观和方法论的光辉典范。

教学建议：

1.本案例适用于《马克思主义与社会科学方法论》中导论部分第三节的辅助教学。

2.教学时，可联系马克思主义的实践的观点、发展的观点、联系的观点和矛盾统一的观点进行教学，进一步阐释马克思主义社会科学方法的科学性。

二、正确对待当代西方社会科学方法论

案例文本：

科学主义在当代中国的历史与现实研究

1.问题：科学主义在中国的特殊表现

近现代科学在最近的两三百年取得了巨大的成功，改变了人类的物质生活条件，极大地影响着人类社会的进程，甚至主导着我们的思想观念、生活方式，以及整个人类社会结构的演变，与此相应，“科学”逐渐成为知识的典范。当人们对科学技术过度崇拜，将科学理论视为绝对真理，将科学方法和科学价值无限外推，认为技术能够解决人类社会所有的问题时，“科学主义”或者“唯科学主义就”产生了。

对科学的非理性认识，最终会危害到科学自身的发展，及其造福人类的目的。科学并非解决人类所有问题的灵丹妙药，科学技术和科学方法都有其自身的局限性，今天我们看到科学技术的不当应用导致了许多社会问题：生态危机、贫富分化、霸权主义等。因此，为了理性地看待科学技术，更好地发展科学事业，有必要研究科学主义问题。

2.中国学者对西方科学主义的译介

学者们比较赞同西方科学主义在逻辑经验论哲学中达到极致，其纲领性文件是维也纳学派的《科学的世界观》；科学是统一的；科学无限制；科学在解释、预测和控制方面极为成功；科学方法赋予科学结果以绝对的客观性；科学自始至终对人类有益。其核心在于以物理学语言统一所有的自然科学和人文科学。陈其荣的《科学主义：合理性与局限性及其超越》、魏屹东的《科学主义的实质及其表现形式》都做了相关介绍。

国内学者通常将科学主义看作与人本主义对峙的一种哲学思潮，对此，江天骥的《科学主义和人本主义的关系问题》一文指出科学主义与人本主义并非水火不容，两者互有联系。

3.在中国历史和现实中考察科学主义问题

科学和科学主义对中国人来说，都是舶来品。科学主义作为一种特有的文化现象，是西方文明的产物，中国人对科学主义缺乏理论上的贡献，这是一个不争的事实。因此，当我们在考察科学主义在中国的表现时，以西方科学主义理论为依据，有其合理性。但是，由于现代中国人在坚船利炮中对科学技术的威力有着切肤之痛，对科学技术的高度崇拜直接导致了科学基础匮乏的土壤里也埋下了科学

主义的种子。科学在经历本土化的过程,科学主义也扎根在中国政治、社会和文化的土壤中,这就必然要求不能囿于西方科学主义的主流定义,来考察中国的科学主义。考察科学主义在中国的表现,离不开中国特定的历史情境和社会现实。

范岱年的《唯科学主义在中国——历史的回顾与批判》通过回顾新中国成立后的自然科学批判以及自己的亲身经历,谈论了中国特定历史时期存在的一种"变形的科学主义"——"马克思主义的唯科学主义"和"毛泽东思想的唯科学主义"。这一思路是立足于中国历史现实来思考科学主义问题。针对建国初期中国将自然科学赋予阶级属性、自然科学被划分为"资产阶级科学"和"无产阶级科学",并以此为依据批判和否定西方自然科学的历史错误,范先生回忆道:

"老实说,在当时学习马克思主义,学习苏联先进科学的号召下,许多人(包括我自己)还看不出这类批判的问题的。但在今天反思时,难道还看不出这种马克思主义的唯科学主义(把马克思主义哲学等同于'万能的'科学、用哲学来代替科学、把马克思主义哲学作为评判科学的标准)的错误吗?!"

将马克思主义哲学等同于"万能"的科学,是马克思主义教条化的结果。教条化给我国科学事业和社会主义事业都造成了极大的破坏性。由于将自然科学赋予阶级性,在意识形态对立的历史岁月里,自然科学是资本主义的产物,是反动的、腐朽的,是"伪科学",必须批判、否定,甚至取缔,目的是以马克思主义哲学对自然科学和知识分子进行改造,对科学发展和社会主义事业都是破坏性的。

4.动态地把握科学主义的表现

当下,科学主义在中国较多地表现为技术决定论、科学万能论等。在科学价值认知层面,科学成为凌驾在其他知识体系之上的一种万能知识,科学技术能够解决人类所有的问题,甚至能够解决诸如人生意义等问题;在科学方法论上,其他知识类型必须以效仿自然科学的方法才能取得作为知识的资格。这些科学主义表现虽然没有完整的理论,但是它们藏在人们的意识深处,在实践层面有着充分的表现。当下,科学与公众、社会的关系日益密切,公众难免要卷入一些重大科学争议,由于科学主义对许多人来说,是不加质疑的基本预设,公众和媒体在面对涉及复杂维度的科学争议问题时,难以发挥应有的作用。

今天,越来越多的科学问题,成为我们生存背景的一部分,对科学文化传播者以及学术界来说,需要理论联系实际,引导公众对科学做出恰当的理解,在科学发展的变化中动态地研究科学主义的具体表现。

——资料来源:赵肖荣.科学主义在当代中国的历史与现实研究[D].上海交通大学.2019.(节选)

案例讨论：

1.阅读案例，科学主义和人文主义是根本对立的吗？根据所学知识谈谈你的看法。

2.科学主义对我们来说是舶来品，但不可否认，其也给我们国家的发展带来许多进步，那么你认为应该如何正确对待西方的社会科学方法论呢？

案例点评：

当代西方科学社会主义方法论主要表现为科学主义与人文主义、个体主义与整体主义、结构功能主义与社会冲突论等不同流派。西方社会科学方法论具有悠久的历史，也有许多积极成果，特别是在微观层面和操作层面有许多科学合理的地方，值得我们借鉴和吸收。与此同时，现代自然科学方法、复杂性科学理论与方法和现代信息技术等对于社会科学研究也有着重要的借鉴意义。

教学建议：

1.本案例适用于《马克思主义与社会科学方法论》中导论部分第三节的辅助教学。

2.教学时，可为学生介绍西方的其他社会科学方法论，增加学生的知识储备，同时培养学生的辩证思维。

三、马克思主义社会科学方法论是开放的学科体系

案例文本：

与时俱进的马克思主义发展观

在新中国成立70周年之际，回顾马克思主义发展观在我国不断丰富和发展、与时俱进的过程，总结我国发展的经验，对进一步推进新时代中国特色社会主义事业、实现中华民族伟大复兴的中国梦，具有重要的理论启迪和现实意义。

发展观是一定时期经济与社会发展的需求在人们思想观念层面的聚焦和反映，是一个国家在发展进程中对什么是发展、为什么发展和怎样发展的总的看法和系统化观点。确立什么样的发展观，是世界各国面临的共同课题。

马克思主义发展观在我国的丰富与发展

新中国成立后，我们党团结带领中国人民完成社会主义革命，确立社会主义基本制度，开始了对社会主义建设道路的艰辛探索，并取得了一系列重大成果。

在领导社会主义建设的过程中，我们党形成了具有鲜明中国特色的马克思主义发展观。关于发展的主题，我们党认为发展就是新事物不断产生和旧事物不断灭亡的过程，认为人类总是不断发展的，自然界也总是不断发展的，永远不会停止在一个水平上；关于发展的动因，认为事物发展的根本原因不是在事物的外部而是在事物的内部、在于事物内部的矛盾性，认为任何事物内部都有这种矛盾性，因此引起了事物的运动和发展；关于发展的主体，认为只有人民才是创造世界历史的动力，人民群众是社会发展的主体，发展的目的也是为了人民；等等。

党的十一届三中全会以来，我们党团结带领中国人民进行改革开放新的伟大革命，极大地解放和发展了社会生产力，极大地增强了社会发展活力。关于为什么要发展？我们党认为，“中国解决所有问题的关键是要靠自己的发展”“贫穷不是社会主义，发展太慢也不是社会主义”，强调“发展是硬道理”，把发展作为党执政兴国的第一要务，并根据新的发展要求，深刻认识和回答了新形势下实现什么样的发展、怎样发展等重大问题，形成了科学发展观。

党的十八大以来，以习近平同志为核心的党中央紧紧围绕坚持和发展中国特色社会主义，着眼新的发展实践，深入推进党的理论创新，在发展目标、发展动力、发展布局、发展保障等方面形成了一系列新理念新思想新战略，尤其是“创新、协调、绿色、开放、共享”五大发展理念的提出，标志着我们党对经济社会发展规律的认识达到了一个新高度。正如习近平总书记所说：“提出创新、协调、绿色、开放、共享的发展理念，在理论和实践上有新的突破，对破解发展难题、增强发展动力、厚植发展优势具有重大指导意义。”五大发展理念，是“十三五”乃至更长时期我国发展思路、发展方向、发展着力点的集中体现，反映出我们党对我国发展规律的新认识。

我国发展仍处于并将长期处于重要战略机遇期，同时也面临诸多矛盾叠加、风险隐患增多的严峻挑战。党的十八届五中全会明确提出了创新、协调、绿色、开放、共享“五大发展理念”。关于创新发展，强调把创新摆在国家发展全局的核心位置，不断推进理论创新、制度创新、科技创新、文化创新等各方面创新；关于协调发展，强调必须牢牢把握中国特色社会主义事业总体布局，正确处理发展中的重大关系，不断增强发展的整体性；关于绿色发展，强调必须坚持节约资源和保护环境的基本国策，坚持可持续发展，坚定走生产发展、生活富裕、生态良好的文明发展道路，形成人与自然和谐发展现代化建设新格局；关于开放发展，强调必须顺应我国经济深度融入世界经济的趋势，奉行互利共赢的开放战略，构建广泛的利益共同体;关于共享发展,强调必须坚持发展为了人民、发展依靠人民、发展成果由人民共享,使全体人民在共建共享发展中有更多获得感。新发展理念从多个方面丰富发展了马克思主义发展观,丰富发展了中国特色社会主义政治经济学,深化拓展了我们党对中国特色社会主义经济发展规律的认识,开辟了我们党发展理论的新境界。

——资料来源:韩振峰.与时俱进的马克思主义发展观[N].经济日报.2019-09-12(12).(有删减)

案例讨论:

1.上述案例体现了马克思主义理论的什么特点?

2.结合实际,举例说明马克思主义社会科学方法论的开放性在我国还有哪些具体体现。

案例点评:

党的十八大以来,以习近平同志为核心的党中央紧紧围绕新时代中国特色社会主义,着眼新的发展实践,深入推进党的理论创新,尤其是“创新、协调、绿色、开放、共享”五大发展理念的提出,标志着党对经济社会发展规律的认识达到了一个新高度,是“十三五”乃至更长时期我国发展思路、发展方向、发展着力点的集中体现,反映出党对我国发展规律的新认识。这是我国坚持马克思主义与社会科学方法论的生动体现,也是马克思主义社会科学方法论开放性的生动体现。面对当今世界的新变化和当代中国的新发展,社会科学工作者应当破除迷信,解放思想,超越陈规,与时俱进,以更加开放的心态、更加广阔的视野、更加缜密的思维,坚持和发展马克思主义社会科学方法论。

教学建议:

1.本案例适用于《马克思主义与社会科学方法论》中导论部分第三节的辅助教学。

2.启发学生树立开放性思维,学习面向现代化、面向世界、面向未来的科学文化知识。

第一章
以实践为基础的研究方法

第一节　立足实践的需要研究理论

一、社会生活在本质上是实践的

案例文本：

《实践论》：做好工作的传家宝

《实践论》是毛泽东在20世纪30年代所写的最为重要的哲学篇章，是毛泽东哲学思想最核心的文本。在这本光辉著作中，毛泽东强调了认识与实践的辩证关系，指出通过认识运动，不但要了解客观实践的规律性，更重要的是要用这种认识能动地改造世界。认识来源于实践，我们要用认识来能动地作用于实践。

实践是认识的来源和基础

实践的观点是马克思主义认识论首要的和基本的观点。这一基本观点，对批判主观主义特别是教条主义和媚外思想，端正在思想、政治、军事、经济工作中的态度，有极强的针对性。毛泽东指出："无论何人要认识什么事物，除了同那个事物接触，即生活于（实践于）那个事物的环境中，是没有法子解决的。"同样，工作中要了解与掌握人的思想和正确的理论、观点，都必须深入实践，调查研究，从群众中来，到群众中去，掌握第一手材料。坚持实践观点，经常开展调查研究，对领导干部正确认识客观世界，改造客观世界和主观世界，转变工作作风，增进同人民群众的感情，深切了解群众的需求、愿望和创造精神、实践经验，具有非常重要的意义。

理论对实践具有指导作用

理论来自实践，又反作用于实践，对实践具有重要的指导作用。毛泽东严厉地批评了经验主义者，指出"他们尊重经验而看轻理论，因而不能通观客观过程的全体，缺乏明确的方针，没有远大的前途，沾沾自喜于一得之功和一孔之见。这种人如果指导革命，就会引导革命走上碰壁的地步"。科学理论的价值就在于回答时代课题、推动实践发展。马克思主义是科学理论，是我们认识世界和改造世界的强大思想武器，我们必须认真学习马克思列宁主义经典理论，认真学习毛泽东思想、邓小平理论、"三个代表"重要思想、科学发展观和习近平新时代中国特色社会主义思想，努力掌握贯穿其中的马克思主义立场、观点、方法，坚持用马克思主义观察时代、解读时代、引领时代，充分发挥理论的指导作用，不断开创各项工作的新局面。

实践是检验真理的唯一标准

“判定认识或理论之是否真理，不是依主观上觉得如何而定，而是依客观上社会实践的结果如何而定。真理的标准只能是社会的实践。”实践是检验真理的唯一标准。党的十八大以来，以习近平同志为核心的党中央提出一系列新理念新思想新战略，出台一系列重大方针政策，推出一系列重大举措，推进一系列重大工作，解决了许多长期想解决而没有解决的难题，办成了许多过去想办而没有办成的大事，推动党和国家事业取得历史性成就、发生历史性变革。这些历史性成就和变革，是在以习近平同志为核心的党中央的坚强领导下和习近平新时代中国特色社会主义思想的科学指导下取得的，充分证明了习近平新时代中国特色社会主义思想的科学性、真理性。

实践、认识、再实践、再认识

“实践、认识、再实践、再认识，这种形式，循环往复以至无穷，而实践和认识之每一循环的内容，都比较地进到了高一级的程度。”这是认识的辩证发展过程。根据这一基本原理，在各项工作中必须坚持“实践、认识、再实践、再认识”的认识路线，不断提高工作水平。毛泽东指出：“理性认识依赖于感性认识，感性认识有待于发展到理性认识”，“从感性认识而能动地发展到理性认识，又从理性认识而能动地指导革命实践，改造主观世界和客观世界。”在风云变幻的复杂国内外形势下，中国特色社会主义的伟大实践会不断面临新情况新问题新考验，这将促进我们党不断深化对共产党执政规律、社会主义建设规律、人类社会发展规律的认识，也将促进我们党为实现中华民族伟大复兴、为人类发展和世界前途不断提出崭新的解决思路和解决方案。

——资料来源：沈炜.《实践论》：做好工作的传家宝[N].解放日报.2019-04-28(09).(有删减)

案例讨论：

1.结合实际谈谈，为什么说“《实践论》是党做好工作的传家宝”。

2.在社会生活三大领域中，我们应如何看待物质生活、政治生活、精神生活三者的关系？

案例点评：

《实践论》不仅是毛泽东个人哲学思想的巨大飞跃，也是马克思主义与中国实际相结合的重要理论成果，它在马克思主义哲学发展史和中华民族哲学发展史上都占有重要地位。社会生活在本质上是实践的,实践是人类社会的发源地,实践构成了人类物质生活、政治生活和精神生活的本质内容,人类的全部生活都是建立在实践基础之上的。当前我们正处于百年未有之大变局,机遇与挑战并存,抓住机遇与应对挑战都需要我们立足马克思主义实践观,深刻把握《实践论》的精髓,用马克思主义的立场、观点、方法认识世界、改变世界,为中华民族的伟大复兴而不懈奋斗。

教学建议:

1.本案例适用于《马克思主义与社会科学方法论》中第一章第一节的辅助教学。

2.在讲解案例前可让学生自由阅读《实践论》,有助于案例的讲解。

二、实践的需要是理论研究的出发点

案例文本:

新一代"人造太阳"获大突破!可控核聚变还远吗?

据中央广播电视总台中国之声《新闻超链接》报道,近日,中国新一代"人造太阳"(HL-2M)装置等离子体电流突破100万安培(1兆安),创造了我国可控核聚变实验装置运行新纪录,技术水平居国际前列。该装置由中核集团核工业西南物理研究院科研团队设计、研发,该突破性进展意味着我国核聚变研发距离聚变点火目标迈进重要一步。

新一代"人造太阳"是一种怎样的装置?可控核聚变的原理是什么?我们距离实现可控核聚变发电还有多远?中核集团核工业西南物理研究院聚变科学所108室主任助理郑雪,带我们一同探索中国"人造太阳"的高光时刻!

新一代"人造太阳"新在哪里?

中国新一代"人造太阳"(HL-2M)装置并不像我们头顶上的太阳那么直观,而是一种我国目前规模最大、参数最高的托卡马克装置。

郑雪介绍,托卡马克就是一种磁约束核聚变装置,也是目前被科学家们统一认为最有可能实现可控核聚变的装置类型。

"人造太阳"与其说像太阳,不如说是像一个大号"甜甜圈"。郑雪表示,托卡马克中间是一个被线圈缠绕的环形真空管,通电后形成的强磁场可以把高温等离子体控制在中间,从而达到核聚变反应的条件。

托卡马克装置是世界各国都在研发探索的方向，而我国已在这方面逐渐实现“弯道超车”。

新一代“人造太阳”一方面新在性能参数，它的等离子体电流突破100万安培(1兆安)，这也意味着我们朝着可控核聚变又迈进了一大步。另一方面新在突破速度，2020年我国“人造太阳”首次放电，到现在突破100万安培，进展之快展现中国力量。

我们离可控核聚变还有多远?

核聚变作为解决人类能源危机的终极能源，虽然已经花费数十年的时间仍未实现发电，但各国还是不遗余力在参与这项研究。我国这次的新一代“人造太阳”便是探索可控核聚变的重要一步，未来很多关键技术等待攻关。

新一代“人造太阳”等离子体电流突破100万安培是一项重要的科研突破。郑雪表示，实现核聚变，需要离子温度、等离子体密度、能量约束时间三个变量都获得显著提升。

换句话说，这次的突破意味着我们可以显著提升等离子体密度极限和能量约束时间等一系列关键参数，向可控核聚变点火迈出重要一步。

未来，我国新一代“人造太阳”将可以达到2.5兆安以上！郑雪介绍，2.5兆安的数值目标与我们装置的设计参数与运行能力有关。随着等离子体电流能力的提升，意味着我们离聚变点火又进了一大步。

郑雪介绍，目前全球可控核聚变研究正蓬勃发展，根据现有的研究成果，国内和国际上普遍认为到本世纪中叶可以实现核聚变的商用。

中国队可控核聚变的披荆斩棘之路！

新一代“人造太阳”的突破不仅仅是技术上的突破，而且是核工业西南物理研究院科研团队奋斗精神的结晶。团队在可控核聚变领域的进展，经历了一系列奋斗时刻与高光时刻。

郑雪介绍，我们团队不仅是在技术上进行攻坚克难，而且还在技术上打破了外国的封锁。同时，我们在成都还遇到了多次地震、高温限电、疫情封控等情况。

今年8月整个西南地区持续高温，为了响应政府的号召，科研团队暂停整个园区的施工及实验，让电于民，所以所有研究进度都因高温限电而滞后两个星期。

在刚恢复用电后，团队恢复了施工与实验，但几天后又遇到成都疫情封控，不得不再次停下来。

郑雪提到，为保证整体进度，在全城静默3天后，团队有一支7个人的静默小分队，他们在与上级做好沟通后前往单位进行闭环管理，这支小分队在3天的时间里完成了500多道密封面的工作。

最终的时间节点摆在那里，整个科研团队都铆足了劲，加班加点地干。有的科研人员在不到4个立方米的狭小空间内，弯着腰去对接管径只有250毫米的主管道。

郑雪表示："这都是我们团队在为着目标努力奋斗，我们心里对这个目标有着强烈的渴望，这个过程是非常艰辛，但最终的收获让我们感到很幸福。"

——资料来源：杜静.新一代"人造太阳"获大突破！可控核聚变还远吗?[EB/OL].(2022-10-27).https://china.cnr.cn/xwclj/20221027/t20221027_526043988.shtml.

案例讨论：

1.为何可控核聚变研究在社会上引起如此巨大的关注？

2.结合本案例，从"理论研究的出发点"角度谈谈当前我国科技革命的着力点在哪里。

案例点评：

能源是人类生产和生活的重要基础，能源问题是全球可持续发展的物质基础与前提条件。我国可控核聚变研究致力于突破困扰人类文明发展已久的能源问题。一个国家具体科学的发展需要有科学的哲学理论为指导，才能把握正确的发展方向。理论是否正确，主要取决于其能否指导实践，回答实践提出的种种问题。作为社会科学工作者，在进行研究工作时，应立足于实践，以解决紧迫的或重要的现实问题为方向，将实践的需要作为研究的出发点。

教学建议：

1.本案例适用于《马克思主义与社会科学方法论》中第一章第一节的辅助教学。

2.课前可让学生自行了解我国可控核聚变技术的发展历程，并在上课时简要谈谈自己对当前科技革命的看法。

3.组织学生分小组结合身边的实际案例探讨"实践对理论研究有何作用"，并做简要汇报。

三、社会科学研究要有强烈的问题意识

案例文本：

问题导向，解决中国的现实问题

以习近平同志为核心的党中央治国理政不仅有强烈的问题意识、鲜明的问题导向，更有善于抓住事物主要矛盾和矛盾主要方面的科学方法党的十八大以来，以习近平同志为核心的党中央直面党和国家发展中的一系列重大理论和现实问题，坚持一切从实际出发、一切由实践检验的科学态度，砥砺前行，迎难而上，推动党和国家事业取得历史性成就、发生历史性变革。研读《习近平谈治国理政》，深切感到全篇贯穿着强烈的问题意识、鲜明的问题导向，为我们坚持党的实事求是的思想路线，增强使命感、责任感和忧患意识，在实践中真抓实干、攻坚克难树立了光辉典范。

坚持问题导向是马克思主义的鲜明特点。习近平总书记指出："我们中国共产党人干革命、搞建设、抓改革，从来都是为了解决中国的现实问题。"当前，我国各项工作都比以往面临着更加艰巨、更加错综复杂的挑战。我们要深刻认识和准确把握外部环境的深刻变化和我国改革发展稳定面临的新情况新问题新挑战。2019年1月21日，习近平总书记在省部级主要领导干部坚持底线思维着力防范化解重大风险专题研讨班开班式上，就防范化解政治、意识形态、经济、科技、社会、外部环境、党的建设等领域重大风险作出深刻分析、提出明确要求。

坚持问题导向，要求我们必须有求真务实的科学精神。"实现中华民族伟大复兴是一项光荣而艰巨的事业，需要一代又一代中国人共同为之努力。"习近平总书记2012年11月29日在参观《复兴之路》展览时语重心长的讲话，对中华儿女发出奋斗号召。党的十八大以来，以习近平同志为核心的党中央治国理政不仅有强烈的问题意识、鲜明的问题导向，更有善于抓住事物主要矛盾和矛盾主要方面的科学方法。从提出我国社会主要矛盾发生变化的重大论断到推动经济高质量发展的重大部署；从要求以党的自我革命推动伟大社会革命，到坚持问题导向，保持战略定力，推动全面从严治党向纵深发展，都体现出唯实务实的思想品格和直面矛盾的政治勇气。

坚持问题导向，需要我们苦干实干、攻坚克难，在推进中国特色社会主义伟大事业中担当作为。"中华民族伟大复兴，绝不是轻轻松松、敲锣打鼓就能实现的。"面对人民日益增长的美好生活需要，我们要始终坚持以人民为中心的发展思想，认真解决好发展中的不平衡不充分问题；进行具有许多新的历史特点的伟大斗

争,我们要增强忧患意识、做到居安思危,才能在各种风险和挑战面前,不断取得事业发展的新胜利;推进党的自我革命、自我净化,我们要始终敢于正视问题、克服缺点,勇于刮骨疗毒、去腐生肌。正因为我们党以正视问题的勇气和刀刃向内的自觉不断推进党的自我革命,才让中国共产党成为经得起各种风浪考验、朝气蓬勃的马克思主义执政党。

“功成不必在我,功成必定有我”。统筹推进“五位一体”总体布局,协调推进“四个全面”战略布局,没有直面问题的勇气和破解难题的行动是做不到的。在前进的道路上,有许多意想不到的困难和阻力。矛盾越大、问题越多,越要迎难而上、勇往直前。发扬担当精神,苦干实干、攻坚克难,敢于挺身而出、敢于作出牺牲,这是对人民负责,也是对历史负责。《习近平谈治国理政》中有关坚持问题导向的重要论述,为我们担当作为、砥砺前行指明了方向,也树立了榜样。

——资料来源:张荣臣.问题导向,解决中国的现实问题[N].人民日报.2020-09-07(07).

案例讨论:

1.阅读案例,思考我国建设社会主义事业的哪些方面体现了问题导向思想。

2.结合实际谈谈,如何在科学研究中正确发挥问题导向作用。

案例点评:

党的十八大以来,习近平总书记发表系列重要讲话,深刻回答了新的历史条件下党和国家发展面临的一系列重大理论和现实问题,贯穿着强烈的问题意识、鲜明的问题导向。矛盾无处不在、无时不有,因而我们所处的世界,无论是精神世界还是现实世界,都应以问题为导向,不断发现问题、解决问题;同时,对待问题还应有科学的态度,用辩证思维和方法看问题,善于提出真问题,要十分重视研究那些事关国家、民族命运,事关经济社会发展全局的重大问题、关键问题和前沿问题,这对于有效推动我们研究事业的发展具有重大意义。

教学建议:

1.本案例适用于《马克思主义与社会科学方法论》中第一章第一节的辅助教学。

2.教学中,可利用社会热点事件,适当引导学生对其进行分析,培养学生的问题意识。

第二节　对实践经验进行理论总结

一、科学理论是实践经验的概括和总结

案例文本：

推动高质量发展实践经验的深刻总结

进入新发展阶段，中华民族伟大复兴战略全局和世界百年未有之大变局深度交汇，我国发展的环境错综复杂，发展的任务艰巨繁重，机遇挑战前所未有。在新发展形势下，如何育先机开新局，谱写中国经济奇迹新篇章，是对我们党的一个重大考验。

在这一重要历史关口，党的十九届五中全会提出了“加快构建以国内大循环为主体、国内国际双循环相互促进的新发展格局”的重大战略部署。新发展格局不是横空出世的“飞来峰”，而是从我国社会主义经济建设实践经验中得出来的，是在新时代以习近平同志为核心的党中央应对风险挑战中探索出来的。

自2008年国际金融危机以来，我国经济已经在向以国内大循环为主体转变，经常项目顺差同国内生产总值的比率由2007年的9.9%降至现在的不到1%，国内需求对经济增长的贡献率有7个年份超过100%。中国特色社会主义进入新时代，我国经济发展也进入了新时代，由高速增长阶段转向高质量发展阶段。什么是高质量发展？经济循环畅通是一个重要标志。在2017年的中央经济工作会议上，习近平总书记深刻阐述了高质量发展的内涵和要求，强调“高质量发展应该实现生产、流通、分配、消费循环畅通”。近年来，围绕“畅通国民经济循环”，党中央作出了一系列重大的战略部署，有力地推动了我国经济稳中有进、长期向好。

今年突如其来的新冠肺炎疫情给世界经济带来了深刻变化，使经济循环不畅问题突显出来。在统筹疫情防控和经济社会发展工作中，习近平总书记多次强调要打通“堵点”、补上“断点”，着力解决“卡脖子”问题，畅通经济社会循环。2020年2月21日召开的中央政治局会议明确提出了“畅通经济社会循环”的要求。紧接着，4月10日，习近平总书记在中央财经委员会第七次会议上明确提出“构建以国内大循环为主体、国内国际双循环相互促进的新发展格局”的重大战略构想。之后，习近平总书记在许多重要场合系统阐述了这一战略构想的丰富内涵、核心要义、基本要求，为面向新发展阶段推动中国经济高质量发展指明了前进方向。

党的十九届五中全会对构建新发展格局作出了全面安排，明确了目标要求和实践路径。这是对“十四五”和未来更长时期我国经济发展战略、路径作出的重大

调整完善,是着眼于我国长远发展和长治久安作出的重大战略部署,是对改革开放以来特别是新时代以来我国经济发展战略思想和政策构想的全面总结和升华,对于推动经济高质量发展、促进世界经济繁荣,都会产生重大而深远的影响。

加快构建新发展格局,是我们党在新时代推动高质量发展实践经验的深刻总结,是新发展阶段把握发展主动权的先手棋,是夺取经济发展新胜利的关键招,意义十分重大。全党全国各族人民只要认真贯彻落实党的十九届五中全会精神,下好加快构建新发展格局先手棋,就一定能够在危机中育先机、于变局中开新局,夺取经济发展新胜利,谱写中国经济奇迹新篇章!

——资料来源:景平.推动高质量发展实践经验的深刻总结[EB/OL].(2020-12-18).http://www.qstheory.cn/wp/2020-12/18/c_1126879148.htm.

案例讨论:

1.阅读案例,结合实际谈谈,构建新发展格局的战略举措体现了我党哪些宝贵实践经验。

2.实践经验是科学理论的重要来源,但若满足于经验,就会沦为经验主义,我们如何才能正确地将感性经验上升到理性的科学理论?

案例点评:

毛泽东同志曾说:“我是靠经验吃饭的”,他还认为“错误往往是正确的先导”。这说明不仅成功的经验是宝贵财富,失败的经验也是宝贵财富。中国共产党在革命时期并不是一帆风顺的,也是经历了失败、胜利、再失败、再胜利才真正找到正确的革命道路。因此,只有全面总结正反两方面的经验,才能深刻了解事物的本质和规律。但经验终归是具体的、感性的,如果满足于经验,停留在经验,把局部经验绝对化,拒绝对经验进行理性思考,不能上升到对事物本质和规律的认识,那就会沦为经验主义。为了不犯经验主义错误,我们必须防止和克服经验主义,既不能照搬照抄别人的经验,也不能照搬照抄自己的经验,要把感性的经验不断上升为更具体理性、综合性的理论。

教学建议:

1.本案例适用于《马克思主义与社会科学方法论》中第一章第二节的辅助教学。

2.教学中在强调实践经验重要性的同时,还应加强学生对“经验主义”的理解,防止学生犯经验主义错误,可举一些反面例子加以说明。

二、原则不是研究的出发点而是研究的结果

案例文本:

坚持党领导“三农”工作原则不动摇

全面推进乡村振兴、加快建设农业强国,关键在党。在《求是》杂志新近刊发的习近平总书记重要讲话《加快建设农业强国 推进农业农村现代化》中,总书记鲜明强调,“必须坚持党领导‘三农’工作原则不动摇,健全领导体制和工作机制,为加快建设农业强国提供坚强保证”,并提出明确要求。

“五级书记抓乡村振兴”。这是以习近平同志为核心的党中央提出的明确要求,也是加快建设农业强国的有效机制。习近平总书记要求市县两级更要把“三农”工作作为重头戏,花大精力来抓,特别是县委书记要当好“一线总指挥”;强调不重视“三农”的书记不是好书记,抓不好农村工作的书记不是称职的书记。要完善考核督查机制,以责任落实推动工作落实、政策落实。

“提高‘三农’工作本领”。建设农业强国,关键在人、关键在干。习近平总书记要求“打造一支政治过硬、适应新时代要求、具有领导农业强国建设能力的‘三农’干部队伍”,并对各级党政干部提出三个方面要求:一是把调查研究、求真务实作为基本功。二是强化系统观念,统筹处理好两难甚至多难问题。三是树牢群众观点、贯彻群众路线,深入群众、扎根群众,问需于民、问计于民,关心群众安危冷暖、急难愁盼,从农民群众的喜怒哀乐中检视我们的工作。

“着力打造一支沉得下、留得住、能管用的乡村人才队伍”。人才是最宝贵的资源,是加快建设农业强国的基础性、战略性支撑。习近平总书记对各级党委和政府提出四个方面要求:一是坚持本土培养和外部引进相结合,用乡村广阔天地的发展机遇吸引人,用乡村田园宜居的优美环境留住人。二是着力培养一批乡村人才,全面提升农民素质素养,育好用好乡土人才,同时引进一批人才,有序引导大学毕业生到乡、能人回乡、农民工返乡、企业家入乡。三是树立阶段性用才理念,不求所有、但求所用。四是推动县域内人才打通使用,有计划地把重点培养的党政干部人才和专业技术人才放到农村去,让他们在一线担当作为、锻炼成长。

“把农村基层党组织建设成为有效实现党的领导的坚强战斗堡垒”。农村基层党组织是党在农村全部工作和战斗力的基础。习近平总书记提出四个方面要求:一是健全村党组织领导的村级组织体系,把村级自治组织、集体经济组织、农民合作组织、各类社会组织等紧紧团结在党组织的周围,团结带领农民群众听党话、感党恩、跟党走。二是全面培训提高村班子领导乡村振兴能力,不断优化带头

人队伍，派强用好驻村第一书记和工作队，注重选拔优秀年轻干部到农村基层锻炼成长，充分发挥农村党员先锋模范作用。三是推动基层纪检监察组织和村务监督委员会有效衔接，把纪检监察工作向村延伸覆盖。四是持续为农村基层干部减负，让基层干部有更多精力为农民办实事。

——资料来源：求是网评论员．坚持党领导“三农”工作原则不动摇[J].红旗文稿.2023(06)：48.

案例讨论：

1.结合实际谈谈，我国乡村振兴工作如何才能坚持党领导“三农”工作不动摇，这体现了马克思主义方法论的什么原则。

2.恩格斯说：“原则不是研究的出发点，而是它的最终结果。”在现实中社会科学研究的研究根据是什么？

案例点评：

乡村振兴是以习近平同志为核心的党中央提出的重要战略部署，事关党的宗旨和人民福祉，体现了“以人民为中心”的治国理政思想，是建成中国式现代化的关键环节。我国过去在减贫脱贫方面取得了举世瞩目的成就，为世界减贫工作做出了巨大贡献。乡村振兴工作也在此之后展开，乡村振兴工作的顺利开展，需要坚持党领导“三农”工作原则不动摇。社会科学研究也应坚持一切从实际出发的原则，遵循“客观存在的事实”，从客观角度进行社会科学研究，在马克思主义科学理论指导下，从客观事实中得出正确的结论。

教学建议：

1.本案例适用于《马克思主义与社会科学方法论》中第一章第二节的辅助教学。

2.教学中强调社会科学研究应一切从实际出发的同时，也要引导学生在研究中注意体现研究主体的基本立场和价值选择。

三、调查研究是进行社会科学研究的基础一环

案例文本：

练好调查研究基本功 用活共产党人的传家宝

“调查研究是我们党的传家宝，是做好各项工作的基本功。”

习近平总书记非常重视调查研究，他曾形象地比喻道：“调查研究就像‘十月

怀胎’,决策就像‘一朝分娩’。调查研究的过程就是科学决策的过程,千万省略不得、马虎不得。”

党的十八大以来,总书记在不同场合反复强调用好调查研究这一“传家宝”,做好调查研究这一“基本功”,推动全党大兴调查研究之风。

“没有调查,就没有发言权,更没有决策权。研究、思考、确定全面深化改革的思路和重大举措,刻舟求剑不行,闭门造车不行,异想天开更不行,必须进行全面深入的调查研究。”

——2013年7月23日,在湖北武汉主持召开部分省市负责人座谈会时的讲话

“研究、思考、确定全面深化改革的思路和重大举措,必须进行全面深入的调查研究。要下功夫查找突出问题和现实困难,下功夫发现基层的有益探索,下功夫了解党内外对改革的各种意见和建议,下功夫了解群众的所想所盼,精准把脉、精确制导,为方案制定接地气、攒底气。”

——2014年9月29日,在中央全面深化改革领导小组第五次会议上的讲话

“要把调查研究作为基本功,坚持从实际出发谋划事业和工作,使想出来的点子、举措、方案符合实际情况。”

——2015年1月12日,同中央党校县委书记研修班学员座谈时的讲话

“出台政策措施要深入调查研究,摸清底数,广泛听取意见,兼顾各方利益。政策实施后要跟踪反馈,发现问题及时调整完善。要加大政策公开力度,让群众知晓政策、理解政策、配合执行好政策。”

——2016年5月23日至25日,在黑龙江考察时的讲话

“要在全党大兴调查研究之风,推动全党崇尚实干、力戒空谈、精准发力,让改革发展稳定各项任务落下去,让惠及百姓的各项工作实起来,推动党中央大政方针和决策部署在基层落地生根。”

——2017年12月25日至26日,在中共中央政治局民主生活会上的讲话

“要深入开展调查研究,摸清情况,找到症结,做到心中有数,不能拍脑袋决策,真正把功夫下到察实情、出实招、办实事、求实效上。”

——2018年4月28日,在湖北考察时的讲话

“要拜人民为师、向人民学习,放下架子、扑下身躬,接地气、通下情,深入开展调查研究,解剖麻雀,发现典型,真正把群众面临的问题发现出来,把群众的意见反映上来,把群众创造的经验总结出来。”

——2019年3月1日,在中央党校(国家行政学院)中青年干部培训班开班式上的讲话

“调查研究要经常化。要坚持到群众中去、到实践中去，倾听基层干部群众所想所急所盼，了解和掌握真实情况，不能走马观花、蜻蜓点水，一得自矜、以偏概全。”

——2020年10月10日，在中央党校（国家行政学院）中青年干部培训班开班式上的讲话

——资料来源：《联播+》.习近平谈党的传家宝——调查研究[EB/OL].(2021-05-11).https://news.cctv.com/2021/05/11/ARTIuxmtlU5I36bR7Lp8gvaf210511.shtml.

案例讨论：

1.习近平总书记为何会如此强调“调查研究”？

2.阅读本案例，结合实际谈谈，在社会科学研究中应如何开展科学的调查研究工作。

案例点评：

习近平总书记指出：“调查研究是谋事之基、成事之道。”调查研究是我们党的优良传统，是决策的基本功，也是习近平总书记一以贯之的工作方法。中国特色社会主义进入新时代，我们面临新形势新任务，要真正做到实事求是，执政为民，就必须深入群众，深入基层，大兴调查研究之风。对于科学研究工作者来说，没有调查就没有发言权，就不能进行真实有效的社会科学研究，要了解情况、掌握可靠资料，唯一的方法就是向社会做调查。调查研究要客观、周密和系统，这就要求收集的材料既要全面又要有重点，历史的和现实的，内部的和外部的，正面的和反面的，主要的和次要的，越丰富越好。

教学建议：

1.本案例适用于《马克思主义与社会科学方法论》中第一章第二节的辅助教学。

2.可以安排学生课前自主学习毛泽东的《反对本本主义》一文，以加深对调查研究理论的理解。

3.课后，可布置一个小课题，组织学生分组进行调研，并汇报调研结果。

第三节　在实践中检验理论和发展理论

一、在实践中检验理论

案例文本:

胡福明:实践出真知

胡福明荣获“改革先锋”“最美奋斗者”称号。

胡福明,1935年7月生,江苏无锡人。1962年到南京大学政治系(后更名哲学系)任教,曾任系党总支副书记、副系主任、副教授、教授。1982年11月,调至江苏省委工作,历任江苏省委宣传部副部长、省委常委、宣传部长、省委党校校长、江苏省政协副主席等职。2001年退休。

“文化大革命”结束后的两年间,党和国家工作有所前进,一些领域的拨乱反正已经开始,经济建设、社会各项事业和外交工作也有所恢复和发展。人们急切地期待着党和国家迅速摆脱困境,迈开大步前进。但是,由于“文化大革命”中“左”倾错误的长期影响,加上受到“两个凡是”的限制,党和国家工作出现了在徘徊中前进的局面。

“天下兴亡,匹夫有责。”1977年7月初,胡福明开始认真构思,9月初,将8000字左右题为《实践是检验真理的标准》的文章寄给了《光明日报》编辑。

后经共同讨论和反复修改,《实践是检验真理的唯一标准》于1978年5月10日由中央党校内部刊物《理论动态》发表,5月11日《光明日报》以特约评论员的名义公开发表于头版,新华社当天转发全文,《人民日报》和《解放军报》也于次日全文转载。

由此,全国范围内掀起一场关于真理标准问题的大讨论。1978年12月,党的十一届三中全会高度评价了关于实践是检验真理的唯一标准问题的讨论,认为这对于促进全党同志和全国人民解放思想,端正思想路线,具有深远的历史意义。

上世纪80年代,胡福明调到江苏省委工作。岗位变化了,但他从未停止思考。他深入基层调研,陆续写了《苏南乡村企业的崛起》和《苏南现代化》等著作,持续关注着经济社会发展的最新进展。

《马克思恩格斯选集》《习近平谈治国理政》等都是胡福明经常翻阅的书籍。他仍在思考更多、更迫切的现实问题。“用马克思主义中国化的最新成果解决中国的问题,这是理论工作者的新实践。”胡福明说。

——资料来源:姚雪青.胡福明:实践出真知[N].人民日报.2021-06-05(04).

案例讨论：

1.真理标准问题大讨论的焦点是什么？

2.结合案例谈谈，社会科学研究应如何克服教条主义？

案例点评：

由《实践是检验真理的唯一标准》一文引发的关于真理标准问题大讨论，有着极其深刻的历史背景和伟大的历史意义。真理标准问题大讨论从根本上否定了"两个凡是"错误方针，极大地解放了人们的思想，为恢复党的实事求是的思想路线奠定了坚实的基础。理论是否正确，在理论的范围内不能解决，社会实践是唯一的标准。而在科学研究中还需把实践标准的确定性和不确定性统一起来。凡是被实践证明是正确的东西，就毫不动摇地加以坚持；凡是被实践证明是错误的认识，就坚决及时地加以纠正；尚未被实践证实或证伪的东西，就要在实践中继续研究和探索。既要防止主观盲目，又要防止思想僵化。

教学建议：

1.本案例适用于《马克思主义与社会科学方法论》中第一章第三节的辅助教学。

2.组织学生观看视频《党史故事100讲》第三十八讲《思想解放 历史转折 真理标准大讨论》，并结合视频讲解本案例。

3.教学中可结合身边的例子说明"实践标准具有确定性与不确定性"这一知识点，加深学生对知识点的理解。

二、在实践中发展理论

案例文本：

在实践中不断推进马克思主义理论创新

从思想武装和理论创新角度看中国共产党百年发展历程，即是一部马克思主义中国化、时代化、大众化的发展史。100年来，马克思主义在不断创新和指导实践的过程中越来越显示出旺盛的生命力和不可比拟的优越性。马克思主义永葆青春活力的奥秘在于与生俱来并不断铸就的时代性、实践性和人民性。这是中国共产党不断把革命、建设、改革事业推向前进的重要法宝和基本经验。

在回答时代课题过程中推进马克思主义时代化

在新时代坚持和发展马克思主义，必须进一步解决好马克思主义时代化问题。恩格斯说:“马克思的整个世界观不是教义,而是方法。它提供的不是现成的教条,而是进一步研究的出发点和供这种研究使用的方法。”我们要进行伟大斗争、建设伟大工程、推进伟大事业、实现伟大梦想,必须坚持以马克思主义为指导,立足时代特点,更好运用马克思主义的立场观点方法观察时代、解读时代、引领时代,在解决时代问题中发展当代中国马克思主义、21世纪马克思主义,推进马克思主义时代化。作为当代中国马克思主义、21世纪马克思主义,习近平新时代中国特色社会主义思想为世界谋大同,提出“和平赤字、发展赤字、治理赤字是摆在全人类面前的严峻挑战”,推动构建人类命运共同体,深入推进“一带一路”倡议,完善全球治理体系,旨在发挥负责任大国作用,为世界贡献更多中国智慧和中国力量。

在解决实践问题中推进马克思主义中国化

在新时代坚持和发展马克思主义,必须进一步解决好马克思主义中国化问题。新时代中国的基本国情与170多年前《共产党宣言》诞生时的情况大不相同,与70多年前和40多年前的中国也大不相同。我们必须坚持问题导向,具有历史意识,紧紧抓住我国发展和党执政面临的重大理论和实践问题,攻坚克难,勇于推动理论创新和实践创新,使中国特色社会主义理论既能观照现实,又能引领未来。党的十九届五中全会高度评价决胜全面建成小康社会取得的决定性成就,由此我们将开启全面建设社会主义现代化国家新征程。这是习近平新时代中国特色社会主义思想的重要内容,是马克思主义与中国实际相结合的理论结晶。既坚持立足中国,又坚持面向世界,在全面深化改革过程中全面提高开放水平,通过厚植开放加快重要领域和关键环节的改革步伐,提高改革决策的科学性、协调性;既学习借鉴各国先进经验,又不盲目照抄照搬,坚持自主创新,尤其在一些重大科技领域和高精尖技术上,坚持战略思维和底线思维,充分发挥社会主义制度集中力量办大事的优势,大力发扬社会主义先进文化的感染力、动员力,下定决心,集中攻关,打造自主品牌的核心技术,牢牢掌握发展的主动权。

在坚守人民性中推进马克思主义大众化

在新时代坚持和发展马克思主义,必须进一步解决好马克思主义大众化问题。我们党作为理论创新的主导力量,要坚持理论创新的正确方向,增强理论自觉,把以人民为中心的发展思想作为理论探索的出发点和落脚点,进一步解决教育、就业、医疗、住房等领域改革的难点热点问题,正确处理政府和市场、劳动和资本的关系,使改革发展成果更多更公平惠及全体人民,实现好、维护好、发展好最广大人民根本利益,充分体现社会主义制度的优越性,推动当代中国马克思主义和21世纪马克思主义更加成熟、更加完善。

坚持和发展马克思主义是一篇大文章，是百年来中国共产党全部理论和实践的鲜明主题。我们必须坚持马克思主义中国化、时代化、大众化的根本方向，坚持理论与实践相结合的基本原则，坚持党性与人民性相统一的价值取向，不断推进中国特色社会主义理论和实践创新，为中国共产党团结带领人民进行伟大斗争、建设伟大工程、推进伟大事业、实现伟大梦想夯基固本。

——资料来源：刘素娟．在实践中不断推进马克思主义理论创新[N]．中国社会科学报．2021-02-02(01)．(有删减)

案例讨论：

1．阅读案例谈谈，你如何看待“马克思主义过时论”？为什么马克思主义能不断在新时代焕发生机活力。

2．结合实际谈谈，新形势下如何推进中国特色社会主义事业的新发展。

案例点评：

马克思主义产生以来，“马克思主义过时论”和“历史终结论”等谬论对马克思主义进行一次次攻击并没有使其灭亡，反而使其更加茂盛地生长，并展现出了无比强大的生命力与活跃性。马克思主义不管从人民性还是内容和结构来看，都有其存在的伟大意义。时代是思想之母，实践是理论之源。时代是发展的，实践也是发展的，理论也应随之发展。教育工作者在进行理论研究时，应紧跟时代发展，总结实践经验，把握发展规律，在新的时代背景下进行进一步深入研究，不断形成符合实践需要的新理论。

教学建议：

1．本案例适用于《马克思主义与社会科学方法论》中第一章第三节的辅助教学。

2．可结合人民网2019年推出的“70年70问”大型全媒体系列报道中的视频《马克思主义为什么是“活”的?》进行教学。

三、破除迷信，解放思想

案例文本：

解放思想，担当作为

习近平总书记在“不忘初心、牢记使命”主题教育工作会议上发表重要讲话指出，主题教育的具体目标是，要让广大干部“理论学习有收获、思想政治受洗礼、干事创业敢担当、为民服务解难题、清正廉洁作表率”。他强调:“担使命,就是要牢记我们党肩负的实现中华民族伟大复兴的历史使命,勇于担当负责,积极主动作为,保持斗争精神,敢于直面风险挑战,以坚忍不拔的意志和无私无畏的勇气战胜前进道路上的一切艰难险阻。”

党的干部就要勇于担当负责。

现实中,很多干部敢于解放思想、顺势而为,没有条件、创造条件,也要积极发展;但也有一些干部习惯于墨守成规、因循守旧,甚至懒政怠政、为官不为。老百姓欢迎的好干部,当然是前者。一个基层干部,如果思想观念解放不够,干事创业激情不足,必然成为制约振兴发展的负面因素。这样的干部,不为干成事想办法,只为不干事找借口,因循守旧、抱残守缺、畏首畏尾、不敢越雷池半步,如何能干事、干成事? 当一名受群众欢迎的好干部,必备的重要素质就是冲破思想观念的束缚,解放思想,担当作为。

解放思想不是闭门造车、异想天开,而是着眼现实,冲着问题去、对着问题改,从不可为中寻得可为,从熟视无睹中窥见机遇。在这里,不断加强改革创新、开拓进取的意识是第一位的。为官避事平生耻,不求有功、但求无过的心态是万万要不得的。只有勇于担当、主动作为,才能真正赢得工作的新局面。如果习惯了已有的方法、停止了对创新的探索,个体就容易被捆住手脚、滋生惰性,导致思想上的不求甚解和行动上的路径依赖。尤其是当环境发生改变时,如果仍然以旧观念旧模式应对新问题新形势,就犯了本本主义的错误,前行的脚步必然会受到阻滞。当前,我们面临的诸多问题都是发展中出现的新问题,只有敢于突破陈规和惯性思维,才能补齐思想观念短板,才符合马克思主义的哲学思维。

解放思想也不是毫无章法、不计后果的莽撞蛮干,更不能因惧怕出现失误和错误而懒政怠政、为官不为,解放思想需要“功成不必在我”的精神境界和“功成必定有我”的历史担当。改革开放40年形成的一条重要经验就是解放思想,只有解放思想,才能放开手脚,奋发有为。

解放思想更不是不讲章法、违背规律,甚至绕开法规去做事,而是要针对现实问题,突破惯性思维的束缚创造性地解决问题。对于不符合实际、影响工作、阻碍发展的陈规,就要在调查研究的基础上去调整、去改变、去铲除,找到新的、更符合实际情况的新办法去解决问题。

“不忘初心、牢记使命”主题教育工作的关键是取得实效,正如习近平总书记所指出的:“抓落实,就是要把新时代中国特色社会主义思想转化为推进改革发展稳定和党的建设各项工作的实际行动，把初心使命变成党员干部锐意进取、开拓创新的精气神和埋头苦干、真抓实干的自觉行动，力戒形式主义、官僚主义，推动党的路线方针政策落地生根，推动解决人民群众反映强烈的突出问题，不断增强人民群众获得感、幸福感、安全感。”今天，我们站在全面深化改革的起跑线上，机不可失，必须要以时不我待只争朝夕的紧迫感，以不追赶就会错失机遇的危机感，以不奋进就会愧对子孙的负重感，努力前行、奋发有为，坚定信心、迎难而上，才能书写出无愧于时代的新篇章。

——资料来源：史争伟. 解放思想，担当作为[N]. 光明日报.2019-06-14(16).(有删减)

案例讨论：

1. 解放思想的实质是实事求是，在解放思想的过程中，我们应如何克服主观主义？

2. 社会科学研究要取得创新性成果要求敢思敢想，但也要有边界。结合实际谈谈，社会科学研究应如何守住思想底线。

案例点评：

改革开放四十多年来，解放思想是贯穿始终的一条主线。没有不间断的解放思想，就不会有改革开放的累累硕果。无论是全面深化改革、适应经济新常态，还是贯彻新发展理念，都需要进一步解放思想，用创新的思维和办法应对、解决前进路上的新情况、新问题。习近平总书记在同各界优秀青年代表座谈时的讲话指出：“广大青年要有敢为人先的锐气……要有探索真知、求真务实的态度，在立足本职的创新创造中不断积累经验、取得成果。”作为一名教育工作者，更要破除迷信，解放思想，敢思敢想。解放思想的同时要坚持实事求是，把握边界，守住底线，划清“胡思乱想”与“奇思妙想”的界限，不可逾越人民利益、道德伦理、马克思主义理论三条红线。

教学建议：

1. 本案例适用于《马克思主义与社会科学方法论》中第一章第三节的辅助教学。

2. 教学时可结合马克思主义中国化的历史成就与当代发展讲解，增强学生对解放思想的理解，以及对中国特色社会主义道路的自信。

第二章
社会系统研究方法

第一节 系统、系统科学和系统研究方法

一、什么是系统

案例文本：

坚持系统观念 加快构建新发展格局

党的十八大以来，党中央坚持系统谋划，统筹推进党和国家各项事业，根据新的实践需要，形成了一系列新布局新方略，带领全党全国各族人民取得了历史性成就。全面建成小康社会目标完成后，开启全面建设社会主义现代化新征程，仍然需要始终坚持系统观念。

一、系统观念是具有基础性的思想和工作方法

习近平总书记指出，系统观念是具有基础性的思想和工作方法。所谓系统，是指由相互作用、相互依赖的若干部分组成的、具有多重功能的有机整体。这一有机整体又是它所从属的更大系统的组成部分。系统观点是唯物辩证法普遍联系、对立统一、相互作用、发展变化总体性思想的重要组成部分，是习近平新时代中国特色社会主义思想体系中具有基础性的思想和工作方法，是关于社会历史发展的总体性方法论。科技越发达、交往越密切，社会的关联度和系统性就越强。在加快构建新发展格局的过程中，各项工作、各类要素相互交织，牵一发而动全身，只有坚持系统思考、科学统筹，才能形成强大合力，将改革事业顺利推向前进。

坚持系统观念，深化了我们党对社会历史系统复杂性、平衡性、稳定性、安全性、有机关联性及整体协同性的规律认识。系统具有整体性、关联性、层次结构性、动态平衡性、开放性和时序性的特征。从系统观念来看，全面建设社会主义现代化国家，是一个高度复杂、深度开放的系统工程，它不仅涉及系统内部的相互作用、有机协同，而且涉及系统之间、系统与其所从属系统之间的平衡协调。党的十八大以来，坚持系统观念在党和国家的各项事业中得到了全面贯彻和充分体现。在我们党的相关文献表述中，整体、总体、协同、一体、体系、全局、大局、布局、格局、变局等，都需要在一定的社会历史总体意义上、有机整体的系统观念中来理解。比如“五位一体”总体布局、新时代坚持和发展中国特色社会主义的总任务、总体国家安全观、中华民族伟大复兴战略全局、百年未有之大变局，以及党的历史作为一个统一的整体不能相互割裂、互相否定等，都需要从各个要素、各个阶段、各组成部分的有机整体来把握。在一定社会历史条件下，我们需要把决定社会历

史发展和人的全面发展的各个领域、各个方面、各个环节、各个部分看作一个统一的有机整体，将其贯穿起来理解。我们对自身的理解，即主体对自身需要、价值、理论、制度、道路、文化的理解也应该是整体的和系统的。新发展格局本身也应理解为相互作用、相互依赖的系统集合体。

二、加快构建新发展格局必须坚持系统观念

加快构建新发展格局，从时间上，要注意处理好继承与创新的关系，推进各项接续改革；从空间上，要注意处理好政府与市场、开放与自主、发展与安全的关系，统筹协调、适度平衡好各项事业发展和各个领域的改革；从主体实践的方法上，要注意处理好战略与战术的关系，一方面把“战略”大系统分解成“战术”小系统，另一方面，各个“战术”小系统也要在“战略”大系统中找准定位和突破口。

加快构建以国内大循环为主体、国内国际双循环相互促进的新发展格局，需要处理好以下几个系统之间的关系。一是国内各区域内部及各个区域系统之间的关系，二是国内各个区域系统与国家整体系统之间的关系，三是国内系统与国际系统之间的关系。畅通国内大循环，就是促进国内各个区域、各个系统之间更加匹配协调，主动调适不灵敏、不通畅、不协调、低效率的系统关系，提高国内大循环的内驱力、自适性、自主性、坚韧性。同时，国内大循环作为一个开放系统，已经融入全球分工系统和国际市场体系，不可能搞关门主义，只有以自身更加健康强大的内循环影响不畅的国际大循环，在国际大循环中更好地吸纳和供给优质资源，实现吐故纳新，更好地统筹世界市场与全球治理，才能改善内外循环不通畅等问题，才能逐步壮大自身。

——资料来源：祁海军.坚持系统观念，加快构建新发展格局[J].党的生活(河南).2021(3)：40-41.(有删减)

案例讨论：

1.阅读案例，思考什么是系统，什么是系统观念。

2.结合实际谈谈，为什么加快构建新发展格局必须坚持系统观念。

案例点评：

系统是由若干相互联系、相互作用的要素按一定方式组成的统一整体。加快构建新发展格局是一个系统，它由诸多子系统组成，各个子系统中又包含着更小的子系统。各系统间相互联系，相互影响。加快构建以国内大循环为主体、国内国际双循环相互促进的新发展格局是以习近平同志为核心的党中央根据经济发展阶段和国际环境变化，着眼于实现更高质量、更有效率、更加公平、更可持续、更为安全的发展而作出的重大战略决策。构建新发展格局是涉及面很广的一项系统工程，不可能一蹴而就，需要坚持目标导向和问题导向，坚持系统观念，久久为功，这既是认识论、更是方法论。

教学建议：

1.本案例适用于《马克思主义与社会科学方法论》中第二章第一节的辅助教学。

2.在讲解本案例时，建议用图片、视频等形式加深同学们对新发展格局的理解和记忆。

二、什么是系统科学

案例文本：

深刻理解"坚持系统观念"

党的十九届五中全会审议通过了《中共中央关于制定国民经济和社会发展第十四个五年规划和二〇三五年远景目标的建议》（以下简称《建议》），把"坚持系统观念"列为"十四五"时期经济社会发展必须遵循的原则之一。这个表述也是第一次出现，彰显系统观念在经济社会发展中的重大意义。从理论视角看，系统分析方法源自系统科学的发展演变，而系统科学是一门具有方法论性质的学科，独具理论和实践意义。

一、系统科学与系统分析方法

随着人们对未知领域的探索以及对世界复杂性问题的发现，出现了一系列以探索复杂性为己任的学科，学界统称为系统科学。系统科学的发展可分为两个阶段：第一阶段以二战前后控制论、信息论和一般系统论等出现为标志，主要着眼于他组织系统的分析；第二阶段以耗散结构论、协同论、超循环论等为标志，主要着眼于自组织系统的研究。系统科学的建立和发展为人们提供了一种全新的思想观念，它使人们认识到自然系统是确定性和随机性、简单性和复杂性、线性和非线性的辩证统一。

所谓系统，是由若干相互联系、相互作用的要素组成的具有特定结构与功能的有机整体。系统在自然界和人类社会中是普遍存在的，确认系统是自然界物质存在的普遍形式，不仅要把整个自然界看作一个系统，而且要认识到自然界中的所有物质客体都自成系统。

一般来说，系统分析方法主张把事物作为一个整体系统来研究，并建立在深刻把握系统的结构功能规律、层次性规律、涌现规律、行为方式规律和系统的自组织演化规律基础之上。也有学者指出，所谓系统分析，主要是要素分析、结构分析、环境分析和过程分析。系统分析方法也常借助模型来认识和模拟对象，揭示对象的运动规律。我们应当看到，与系统分析法相对的是，我们的思维总是以相对简化的形式对现实进行解构，这种以简化的逻辑来分析现实的状况，构成了思维本身的局限性、脆弱性。这就要求我们必须对“系统”心存敬畏，同时看到，坚持系统分析方法，是我们党在领导中国革命、建设和改革过程中重要的思想方法和工作方法。党的十八大以来，习近平总书记反复强调必须坚持和运用系统思维做好改革发展稳定各项工作。习近平总书记在《建议》起草的有关情况向全会作的说明中指出：党的十八大以来，党中央坚持系统谋划、统筹推进党和国家各项事业，根据新的实践需要，形成一系列新布局和新方略，带领全党全国各族人民取得了历史性成就。在这个过程中，系统观念是具有基础性的思想和工作方法。

二、从系统视角看区域统筹

区域指地球表面一定的地域空间，按其内部特性，可分为自然区域、经济区域、文化区域，区域具有整体性、结构性、可度量性和开放性特征。可以看到，区域本身是一个“系统”，是社会、经济、文化、自然的复合体，而且“区域系统”是一个非平衡、非线性的开放系统。同时，更要看到，区域是人聚居的产物，社会系统作为特殊开放的复杂巨系统，区域统筹必须对人类的各种需求做出解释和反应，是为居于其中的人能够更好地生活做出安排。这就启示我们：研究好区域，必须要运用好系统分析方法；一个好的区域统筹，一定是具有“系统”特征的。

纵观全球，世界各国日益加强了政府对经济社会发展的干预，各类计划是有力的手段和方式之一。利用中长期计划引领经济社会发展，也已成为我们党治国理政的重要方式。计划不仅是必要的宏观调控手段，还具有导向功能、协调功能、调控功能和凝聚功能。有学者认为，国家计划与市场机制一样，既是信息运用机制，也是资源配置手段。近年来，国际学界和政界也越来越认识到，坚持编制、实施发展计划，是国家经济社会繁荣发展的重要秘诀。今天，科学编制和实施发展计划，已成为国家治理体系和治理能力的重要一环。实践证明，历次五年规划（计划）均在相应历史时期发挥了重要的治国理政作用。当今世界正经历百年未有之大变局，不稳定性、不确定性明显增强。这就启示我们：当前和今后一段时期，计划工作不能削弱，必须加强。

——资料来源：吕潇俭，李明法．深刻理解“坚持系统观念”．青海日报[N].2021-02-23(08).(有删减)

案例讨论：

1.结合案例，谈谈你对系统和系统科学的理解。
2.阅读案例，谈谈我们需要坚持什么研究方法。

案例点评：

所谓系统，是由若干相互联系、相互作用的要素组成的具有特定结构与功能的有机整体。一般系统论创始人贝塔朗菲强调，任何系统都是一个有机的整体，它不是各个部分的机械组合或简单相加。系统科学是以复杂的大系统为研究对象的新兴科学群，它兴起于20世纪20年代，随后逐渐发展起来。区域也是一个复杂的大系统，在研究区域时，要用到系统科学的方法。当今世界正经历百年未有之大变局，我们要用系统观念来对待中国的发展。

教学建议：

1.本案例适用于《马克思主义与社会科学方法论》中第二章第一节的辅助教学。
2.请同学们阅读“十四五”规划，以加深对系统科学和当今中国发展的认识。

三、系统研究方法

案例文本：

山水林田湖草是生命共同体
——共同建设我们的美丽中国

生态本身就是一个有机的系统，生态治理也应该以系统思维考量、以整体观念推进，这样才能顺应生态环保的内在规律

梳理近年来生态文明建设取得的成绩，综合性、系统性是一个鲜明特点。有沙漠的绿化，毛乌素沙地茫茫沙海变成大片绿洲；有水和大气的治理，黄河水质明显改善，全国重点城市空气质量明显提升；有生态文明体制改革的推进，各项制度不断完善。按照系统思维推进生态环保，日益成为共识。

党的十八大以来，习近平总书记从生态文明建设的整体视野提出“山水林田湖草是生命共同体”的论断，强调“统筹山水林田湖草系统治理”“全方位、全地域、全过程开展生态文明建设”。推进生态文明建设，需要符合生态的系统性，坚持系统思维、协同推进。“沙进人退”转为“绿进沙退”，各自为战转为全域治理，多头管理转为统筹协同，生态环境保护领域之所以发生历史性变革、取得历史性成就，一

个重要原因就在于牢固树立、深入践行了“山水林田湖草是生命共同体”的系统思想。

理念是行动的先导。系统治理全面落实在各项改革和制度建设中。在污染防治中，顺应空气、水流变动不居、跨区流动的特点，更加强调不同地区之间的协调联动、相互配合，防止各自为政、以邻为壑；在环境治理中，划定生态环保红线、优化国土空间开发格局、全面促进资源节约等各方面齐头并进，更加注重不同领域之间的分工协作，避免某一个方面拖后腿；在生态文明体制改革中，更加注重各项制度之间的关联性、耦合性，生态治理的宏观体制、中观制度、微观机制都在不断完善，治理体系更加完整、治理能力更加优化。生态本身就是一个有机的系统，生态治理也应该以系统思维考量、以整体观念推进，这样才能顺应生态环保的内在规律，取得生态治理的最优绩效。

“山水林田湖草是生命共同体”的系统思想，要求我们树立生态治理的大局观、全局观。习近平总书记深刻指出：“人的命脉在田，田的命脉在水，水的命脉在山，山的命脉在土，土的命脉在树”。由山川、林草、湖沼等组成的自然生态系统，存在着无数相互依存、紧密联系的有机链条，牵一发而动全身。无论是哪个地方、哪个部门，无论处于生态环保的哪个环节，都应该意识到，自己的行为会经由生态系统的内部传导机制影响到其他地方，甚至影响到生态环保大局。因此，面对自然资源和生态系统，不能从一时一地来看问题，一定要树立大局观，算大账、算长远账、算整体账、算综合账，如此才能形成系统性的治理，实现生产、生活、生态的和谐统一。

“山水林田湖草是生命共同体”的系统思想，要求我们在生态环境治理中更加注重统筹兼顾。长期以来，生态环境保护领域存在各自为政、九龙治水、多头治理等问题。如果种树的只管种树，治水的只管治水，护田的只管护田，就很容易顾此失彼，生态就难免会遭到破坏。统筹山水林田湖草系统治理，旨在从系统工程和全局角度寻求新的治理之道，不能头痛医头、脚痛医脚，各管一摊、相互掣肘，而是通过统筹兼顾、整体施策、多措并举，推动生态环境治理现代化。

“暮春三月，江南草长，杂花生树，群莺乱飞”。在那些流传千古的诗句中，美好的环境从来都是由多重元素组成的，有花、有树、有群莺。今天，我们推进生态文明建设，更应遵循“山水林田湖草是生命共同体”的系统思想，下大力气推动生态环境整体性保护和系统性修复，让美丽中国呈现多元之美、系统之美。

——资料来源：人民日报评论部.山水林田湖草是生命共同体——共同建设我们的美丽中国.人民日报[N].2020-08-13(05).(有删减)

案例讨论：

1.阅读案例，谈谈什么是系统观念？进行生态治理时我们应坚持怎样的方法论。

2.谈谈你对“山水林田湖草是生命共同体”这句话的理解。

案例点评：

系统观念是马克思主义基本原理的重要内容，强调系统是由相互作用、相互依赖的若干组成部分结合而成的、具有特定功能的有机体；要从事物的总体与全局上、从要素的联系与结合上研究事物的运动与发展，找出规律、建立秩序，实现整个系统的优化；用开放的复杂巨系统的理论、用从定性到定量的综合集成法研究经济社会问题。生态是个复杂的大系统，进行生态治理，我们要坚持系统方法和系统思维。

教学建议：

1.本案例适用于《马克思主义与社会科学方法论》中第二章第一节的辅助教学。

2.课前，请同学们查阅相关资料，学习“山水林田湖草是生命共同体”的系统思想。

第二节　社会是个复杂的大系统

一、生产力系统

案例文本：

奋力开启农业现代化新征程

2021年是实施“十四五”规划、开启全面建设社会主义现代化国家新征程的第一年，也是巩固拓展脱贫攻坚成果同乡村振兴有效衔接的第一年。在此关键节点发布的《中共中央国务院关于全面推进乡村振兴加快农业农村现代化的意见》（以下简称“文件”），可谓时间特殊，意义重大。

把握农业现代化发展的时代要求

对于我国这样一个有着14亿人口的大国来讲，确保农业供给、保障粮食安全是发展的根本命题。文件在“加快推进农业现代化”开篇，就首先着重明确了农业现代化发展要“提升粮食和重要农产品供给保障能力”。要实现“把饭碗牢牢端在自己手上”,就必须牢牢把握粮食安全主动权,一方面,通过政策引导、结构调整提升农业产品供给生产能力,推进农业供给侧结构性改革,加快构建现代绿色农业体系,推动品种培优、品质提升、品牌打造和标准化生产;另一方面,通过实施监督、责任落位提升农业生产过程管理与服务实效,实行粮食安全党政同责、完善粮食安全省长责任制和“菜篮子”市长负责制,确保粮、棉、油、糖、肉等供给安全,不断通过现代化治理,为农业供给与安全提供一定的政策和制度的保障,提高农民从事农业生产的安全感,提高生产的积极性,提升国家的农业现代化治理水平。

抓住农业现代化发展的核心要素

实现农业现代化,还要依靠于农业基本生产要素的完备。首先,要注重“藏粮于地”,坚决守住18亿亩耕地红线。我国农业国情有着人口基数大、人均耕地面积少、人地矛盾较为明显显著特征,但随着我国经济由高速发展向高质量发展转变、社会化现代化进程的迅速加快,特别是工业用地、工程开发、城镇扩展等进程带来的耕地面积维持下降,这些不合理利用土地的透支行为,严重制约着农业现代化的可持续发展。文件针对这一农业生产要素可持续发展问题,提出严格实行土地用途管制,采取“长牙齿”的措施,落实最严格的耕地保护制度,坚决遏制耕地“非农化”、防止“非粮化”,以上种种措施均可使得土地这一农业生产根本要素得到切实保护。其次,要注重“藏粮于技”,打好种业翻身仗。种业是农业现代化的基础。未来要不断将科技创新融入现代化农业生产方式,尊重科学、严格监管,有序推进生物育种产业化应用,加快第三次农作物种质资源、畜禽种质资源调查收集,加强国家作物、畜禽和海洋渔业生物种质资源库建设等,进一步为打好种业翻身仗夯实基础。

提升农业现代化发展的关键途径

推进农业现代化发展方式的根本转变,必须依靠科技创新驱动。文件特别强调要“强化现代农业科技和物质装备支撑”,并提出完善农业科技领域基础研究稳定支持机制、深入开展乡村振兴科技支撑行动、加强农业科技社会化服务体系等途径,为提升农业科技自立自强水平提供了遵循。一方面,要大力借助科技创新,加快健全现代农业全产业链标准体系,把农业现代化示范区作为推进农业现代化的重要抓手,形成梯次推进农业现代化的格局;另一方面,深入推行科技特派员制度,不断创新农业经营体系,探索家庭农场和农民合作社两类新型经营主体建设,发展壮大农业专业化社会化服务组织,全面系统地引导小农户参与现代农业发展整体建设。

激活农业现代化发展的持续动力

“十四五”时期，是乘势而上开启全面建设社会主义现代化国家新征程、向第二个百年奋斗目标进军的第一个五年。在新征程上要持续激活农业现代化的发展动力，生态理念的转变是关键，也即要继续深入推进农业绿色发展。

——资料来源：李琳琳.奋力开启农业现代化新征程[EB/OL].(2021-02-26). https://theory.gmw.cn/2021-02/26/content_34646765.htm.

案例讨论：

1.阅读案例，谈一谈构建现代农业体系的关键要素是什么。

2.结合实际谈谈，要实现农业农村现代化，除生产力外还需要哪些构成要素。

案例点评：

加快构建现代农业产业体系、生产体系、经营体系，是习近平总书记关于现代农业建设和农业现代化发展的重要思想。构建现代农业产业体系是现代农业建设的重要内容和举措，推进农业现代化要突出抓好生产力要素，构建完备的生产力系统，生产力系统的几个要素之间相互影响、相互联系、相互作用，共同促进农业生产力的发展，加快农业农村现代化，让广大农民过上更加美好的生活。除大力发展生产力以外，还要合理利用自然力、社会结合力、科学技术力等其他要素，共同推动构建农业农村现代化体系。

教学建议：

1.本案例适用于《马克思主义与社会科学方法论》中第二章第二节的辅助教学。

2.教师可以通过图片、视频、数据等呈现案例，引导学生分析案例中生产力系统的各要素。

二、生产关系系统

案例文本：

坚持和完善社会主义基本经济制度

8月24日，在经济社会领域专家座谈会上的重要讲话中，习近平总书记强调“要坚持和完善社会主义基本经济制度，使市场在资源配置中起决定性作用，更好发挥政府作用，营造长期稳定可预期的制度环境”。

我国社会主义基本经济制度是随着实践的发展不断深化完善的。改革开放以来,我们党总结社会主义建设正反两方面经验,把“公有制为主体、多种所有制经济共同发展”概括为社会主义初级阶段基本经济制度的内涵。党的十八大以来,以习近平同志为核心的党中央围绕新时代如何坚持和完善我国社会主义基本经济制度,在理论和实践的结合中进行了深入探索。基于新的实践和发展需要,党的十九届四中全会将公有制为主体、多种所有制经济共同发展,按劳分配为主体、多种分配方式并存,社会主义市场经济体制三项并列作为社会主义基本经济制度,这是对社会主义基本经济制度作出的一次重大理论创新。

在8月16日发表于《求是》杂志的重要文章《不断开拓当代中国马克思主义政治经济学新境界》中,习近平总书记从生产资料所有制、分配制度、社会主义市场经济体制三个方面,对坚持和完善社会主义基本经济制度等重大问题作出了深刻阐述,提出了明确要求。

坚持“两个毫不动摇”。公有制经济和非公有制经济都是社会主义市场经济的重要组成部分,都是我国经济社会发展的重要基础。习近平总书记再次重申了“两个毫不动摇”,即“毫不动摇巩固和发展公有制经济,毫不动摇鼓励、支持、引导非公有制经济发展”的原则。

党的十八大以来,总书记就此作出一系列重要论述,强调“国有企业是中国特色社会主义的重要物质基础和政治基础,是我们党执政兴国的重要支柱和依靠力量”,“民营经济是我国经济制度的内在要素,民营企业和民营企业家是我们自己人”;明确指出“把公有制经济巩固好、发展好,同鼓励、支持、引导非公有制经济发展不是对立的,而是有机统一的。公有制经济、非公有制经济应该相辅相成、相得益彰,而不是相互排斥、相互抵消”。这些重要论述,进一步深化了对公有制经济和非公有制经济的认识,为推动各类市场主体持续健康发展指明了根本方向。

在做大蛋糕的同时分好蛋糕。习近平总书记强调,按劳分配为主体、多种分配方式并存的分配制度“有利于调动各方面积极性,有利于实现效率和公平有机统一”,明确要求解决收入分配中存在的突出问题,“不断健全体制机制和具体政策,调整国民收入分配格局,持续增加城乡居民收入,不断缩小收入差距”。

新时代,要完善初次分配制度,提高劳动报酬在初次分配中的比重,健全劳动、资本、土地、知识、技术、管理、数据等生产要素由市场评价贡献、按贡献决定报酬的机制;健全再分配调节机制,规范收入分配秩序,增加低收入者收入,扩大中等收入群体,调节过高收入,逐步形成橄榄型收入分配格局。

完善社会主义市场经济体制。习近平总书记深刻指出："在社会主义条件下发展市场经济，是我们党的一个伟大创举。我国经济发展获得巨大成功的一个关键因素，就是我们既发挥了市场经济的长处，又发挥了社会主义制度的优越性。"新时代加快完善社会主义市场经济体制，核心问题是处理好政府和市场的关系。总书记创造性提出"使市场在资源配置中起决定性作用，更好发挥政府作用"，这是对中国特色社会主义建设规律认识的一个新突破。要按照总书记提出的要求，"坚持辩证法、两点论，继续在社会主义基本制度与市场经济的结合上下功夫，把两方面优势都发挥好"，不断完善我国社会主义市场经济体制，破解好政府和市场关系"这道经济学上的世界性难题"。

——资料来源：求是网评论员．坚持和完善社会主义基本经济制度[EB/OL].(2020-08-27).http://www.qstheory.cn/wp/2020-08/27/c_1126419664.htm.(有删减)

案例讨论：

1.阅读案例，思考我国的基本经济制度、分配制度和经济体制分别是什么。

2.结合实际谈谈，什么是生产关系系统，它由哪些基本要素构成。

案例点评：

经济制度是一定社会占统治地位的生产关系的总和，它规定着该社会生产、分配和交换的基本原则，规定着该社会生产关系的性质，是该社会的基本制度。经济体制是一定经济制度所采取的具体组织形式和管理体系，是生产关系的具体体现形式，它反映社会经济在组织生产、交换、分配过程中采取的资源配置方式。我国的经济体制是社会主义市场经济体制。生产关系作为一个系统，包括三个方面的构成要素，生产资料所有制关系，人们在生产中的地位和相互关系以及产品分配关系。其中生产资料所有制关系决定了整个社会生产关系的性质。

教学建议：

1.本案例适用于《马克思主义与社会科学方法论》中第二章第二节的辅助教学。

2.生产关系存在于社会经济生活之中，讲解本案例时可以与不同国家不同时代的生产关系作对比，便于大家理解。

三、上层建筑系统

案例文本：

发挥制度优势 增强社会主义意识形态凝聚力引领力

中国制度是增强社会主义意识形态凝聚力引领力的必要前提

社会主义意识形态建设植根于中国特色社会主义建设实践。坚持和完善中国特色社会主义制度、推进国家治理体系和治理能力现代化，对于增强社会主义意识形态的凝聚力引领力意义重大。这是因为：

从理论上看，建立在一定经济基础之上的上层建筑包括政治的上层建筑（制度、组织和设施）和观念的上层建筑（意识形态）两个部分，这两个部分相互依存、相互支撑、相互促进。一方面，政治上层建筑是在意识形态指导下建立起来的。在一个社会里，统治阶级的意识形态是社会制度设计、创建和运作的理论先导与价值根基，也为制度及其运作的合理性提供理论支持，这是意识形态实践性的表现。另一方面，社会的制度体系作为实体性工具，是该社会统治阶级意识形态的支持力量。制度体系不仅直接规定统治阶级意识形态的统治地位，而且以强制的力量，把统治阶级意识形态所倡导的伦理道德规范转化为约束社会成员的行为规范，确立起判断是非和调节社会关系的共同标准，由此实现统治阶级意识形态对社会成员的约束作用、导向作用和激励作用。

从现实来看，中国共产党领导中国人民经过长期不懈探索，建立了中国特色社会主义制度。无论是推动当今中国发展、提高人民生活水平，还是应对重大突发事件、克服重大灾难，中国特色社会主义制度日益全面、丰富地展现出独特优势，由此印证、支持了社会主义意识形态关于中国选择社会主义道路、社会主义制度优越性等的解释和说明。可以说，坚持和完善中国特色社会主义制度、推进国家治理体系和治理能力现代化，是增强社会主义意识形态凝聚力引领力的必要条件。

坚持并增强制度优势必然赋予社会主义意识形态凝聚力引领力

坚持和完善中国特色社会主义制度、推进国家治理体系和治理能力现代化，不仅能够巩固、增强中国特色社会主义制度的优势，而且能够以制度优势加强社会主义意识形态建设，使其形成强大凝聚力引领力。这主要是通过以下三个方面实现的：

为社会主义意识形态的地位提供系统的制度保障。坚持和完善中国特色社会主义制度是在马克思主义、特别是马克思主义中国化最新成果指导下展开的。

无论是健全党的全面领导制度，坚持和完善人民当家作主制度体系，还是坚持和完善社会主义基本经济制度，构建职责明确、依法行政的政府治理体系，坚持和完善共建共治共享的社会治理制度，坚持和完善生态文明制度体系，等等，都蕴含着对社会主义意识形态倡导的信仰信念、道德原则和价值取向的坚持、践行和维护。

为社会主义意识形态的理论内容提供有力的事实支撑。坚持和完善中国特色社会主义制度、推进国家治理体系和治理能力现代化，直接目标是中国特色社会主义制度更加巩固、优越性充分展现。用事实确证社会主义意识形态关于中国选择马克思主义指导、选择社会主义道路、选择中国共产党领导、选择改革开放历史必然性和现实合理性的论断。这种事实支撑不仅说明社会主义意识形态思想内容的科学性、现实性，而且能有力回应一些错误思想错误思潮对社会主义意识形态的攻击。

为社会主义意识形态的发展创新提供鲜活的实践素材。实践是理论之源。社会主义意识形态无论是内容创新还是话语创新，都以实践提出的问题为导向、以实践积累的经验为基础。国家治理体系和治理能力现代化建设的实践展开，必然在推动当代中国全面发展、解决既有各种问题中形成新的经验、产生新的认识，推进对中国特色社会主义发展规律的把握。这就为社会主义意识形态的发展创新提供了新鲜的实践素材，保证社会主义意识形态的开放性和生命力。

伴随中国特色社会主义制度体系的不断完善，中国制度的优势必将日益充分、全面地展示出来。社会主义意识形态建设将从中获得更加坚实的物质基础、更加深刻的理论总结、更加丰富的事实依据、更加积极的传播效应，社会主义意识形态的凝聚力引领力在制度的坚实支撑下不断增强。

——资料来源：杨军，刘畅.发挥制度优势增强社会主义意识形态凝聚力引领力[N].辽宁日报.2020-06-16(04).(有删减)

案例讨论：

1.上层建筑系统包括哪几个部分，它们之间的关系是怎样的?

2.阅读案例，结合实际谈谈我国治理体系和治理能力还存在哪些不足。

案例点评：

上层建筑包括政治上层建筑和观念上层建筑两个部分，这两个部分相互依存、相互支撑、相互促进。政治制度作为政治上层建筑，意识形态作为观念上层建筑。政治制度以意识形态为指导，社会主义意识形态建设植根于中国特色社会主义建设实践。坚持和完善中国特色社会主义制度、推进国家治理体系和治理能力现代化，对于增强社会主义意识形态的凝聚力引领力意义重大。意识形态受到政治制度制约，政治上层建筑和观念上层建筑都是经济基础的反映。目前中国特色社会主义制度并不尽善尽美，但是随着它的不断完善，其优势会日益充分地显示出来，社会主义意识形态建设会获得更加坚实的基础。

教学建议：

1.本案例适用于《马克思主义与社会科学方法论》中第二章第二节的辅助教学。

2.在讲解本知识点时，可以列举生产关系中政治上层建筑和观念上层建筑的具体例子，便于同学们理解。

四、人口系统

案例文本：

建设现代化国家需要人口现代化

党的十九届五中全会提出，制定人口长期发展战略，优化生育政策，增强生育政策包容性，提高优生优育服务水平，发展普惠托育服务体系，降低生育、养育、教育成本，促进人口长期均衡发展，提高人口素质。这对人口现代化提出了更高的要求。

随着我国人口再生产模式的转变，有四个问题需要予以重点关注：

人口老龄化问题

随着人口发展形势的变化，我们相继推出了“单独二孩”“全面二孩”等政策。但应该看到，我国适龄人口生育意愿依然没有快速提升。权威数据显示，目前我国总和生育率已跌破警戒线，人口发展进入关键转折期。

与生育率偏低相对应的，就是人口老龄化问题。西方国家大多是在进入发达阶段后才出现人口老龄化问题，我国却是在经济尚不发达情况下进入老龄化社会，即所谓的“未富先老”。这无疑会给建立完备的社会保障体系增加挑战与难度。

新形势下，有必要积极开发老龄人力资源，发展银发经济，推动养老事业和养老产业协同发展，发展普惠型养老服务和互助性养老，支持家庭承担养老功能，培育养老新业态，构建居家社区机构相协调、医养康养相结合的养老服务体系，健全养老服务综合监管制度。

生态环境共生协调问题

建设生态文明，关系人民福祉，关乎民族未来。我们要建设的现代化是人与自然和谐共生的现代化。生态环境与区域人口的共生协调，是实现人口现代化与经济社会可持续发展的必然要求。在人口现代化的过程中，人口数量的增长应当符合人口生态规律，即根据人口生态足迹、生态承载力模型来测算区域人口规模与发展规划等。

从这个角度来看，我们的生态文明建设不是机械强调绝对意义上的环境保护，而是坚持人与自然是生命共同体原则，强调人与自然的动态平衡关系，变革过往不可持续的生产生活方式，提倡绿色、开放、可持续的发展理念。由此，既兼顾人类自身发展所需与自然客观供给，又能实现绿色、循环、低碳发展。

人口素质现代化问题

在新一轮科技革命和产业变革的大背景下，人口素质现代化在经济、社会、制度现代化过程中的特殊地位和重要作用正前所未有地显现出来。没有具有现代化素质的人口，就很难有现代化的国家。人口素质现代化既是人口现代化的核心，也是全面建设社会主义现代化国家的重要内容。

但坦率地讲，相比其他领域的现代化，人口素质现代化绝非短时间内就能实现的，而需要长期投入与精心培育。为此，有必要大力发展现代教育，提高人口综合素质，包括身体素质、文化素质、心理素质等，提升社会文明程度。

人口结构现代化问题

其中的一个重点是人口性别结构现代化，这也是经济社会可持续发展的关键所在。应该看到，性别结构失衡会直接影响人口再生产。如果严重失衡，甚至会使民族和国家的生存发展遭遇危机。实现人口性别现代化，重要的是实现两性在数量、素质和结构上的均衡。

在保障妇女权益上升为国家意志的前提下，应进一步提高女性参与国家和经济文化社会事务管理水平，坚持在发展中保障妇女权益、靠发展改善妇女民生，最大限度调动广大妇女的积极性、主动性、创造性。

——资料来源：贾淑品．建设现代化国家需要人口现代化[N]．解放日报.2020-12-29(17).

案例讨论：

1. 阅读案例，思考我国现在存在着哪些人口问题。

2. 为什么建设现代化国家需要实现人口现代化？

案例点评：

随着人口发展形势的变化，我国相继推出了"单独二孩""全面二孩""全面三孩"等政策。但我国适龄人口的生育意愿依然没有快速提升。权威数据显示，目前我国总和生育率已跌破警戒线，人口发展进入关键转折期。与生育率偏低相对应的，就是人口老龄化问题。人口老龄化会带来许多的问题，比如青壮年劳动力不足。除开人口老龄化问题，还有人口结构和人口素质问题，这些问题会影响生产力的发展。要建设现代化国家，就需要实现人口现代化，人是社会生产力系统的首要要素，是物质资料的生产者和消费者。没有人就无法生产。不仅如此，人也是生产关系系统和上层建筑系统的重要组成部分，人口系统作为社会复杂系统的一部分，与其他几个系统相互影响，相互作用。

教学建议：

1.本案例适用于《马克思主义与社会科学方法论》中第二章第二节的辅助教学。

2.在讲解本知识点时可以列举我国突出的人口问题，引导学生思考其影响，使其理解"建设现代化国家需要实现人口的现代化"这一观念。

五、自然环境系统

案例文本：

将"绿水青山就是金山银山"理念落到实处

绿水青山就是金山银山。这是重要的发展理念，也是推进现代化建设的重大原则。"绿水青山就是金山银山"理念已经成为全党全社会的共识和行动，成为新发展理念的重要组成部分。面向未来，我们需牢固树立"绿水青山就是金山银山"理念，并将这一理念落实到经济社会发展各领域各环节。

第一，深入理解"绿水青山就是金山银山"理念，更好认识和把握人与自然的关系。人与自然是生命共同体，人类对大自然的伤害最终会伤及人类自身，这是无法抗拒的规律。习近平总书记强调，"人不负青山，青山定不负人"。在协调"绿水青山"与"金山银山"的关系时，要把经济活动、人类行为限制在自然资源和生态环境能够承受的限度内，给自然生态留下休养生息的时间和空间，不仅要考虑人类和当代的需要，也要考虑大自然和后人的需要，把握好自然资源开发利用的"度"。

第二，以“绿水青山就是金山银山”理念为引领，处理好发展与保护的关系。“绿水青山就是金山银山”理念，深入阐释了经济发展和生态环境保护的关系，揭示了保护生态环境就是保护生产力、改善生态环境就是发展生产力的道理，同时也指明了实现发展和保护协同共生的新路径。必须看到，经济发展不能以破坏生态为代价，生态本身就是经济，保护生态就是发展生产力。具体来看，保护生态环境就是实现自然价值和增值自然资本的过程，就是挖掘经济社会发展潜力和后劲的过程。生态优势也完全有条件转化成生态农业、生态工业、生态旅游等经济优势，转化成经济社会发展的优势。我们不能简单地把发展与保护对立起来，而要用全局和长远的眼光看问题，用好发展和保护内在统一、相互促进和协调共生的方法论，深刻认识到绿水青山既是自然财富又是经济财富。

第三，贯彻落实“绿水青山就是金山银山”理念，树立正确政绩观。发展是硬道理，但必须看到，发展应是全方位的发展。一个地方是否发展得好，不能光看经济指标，还要看创新、生态、社会效益、可持续性等诸多方面的表现，不能简单地以GDP论英雄。人类的发展活动必须尊重自然、顺应自然、保护自然，否则就会遭到大自然的报复。必须树立正确的政绩观，在实践中积极落实“绿水青山就是金山银山”理念，有大局观、长远观、整体观，不能因小失大、顾此失彼、寅吃卯粮、急功近利。对此，要建立科学合理的考核评价体系，将考核结果作为各级领导班子、领导干部奖惩和提拔使用的重要依据；要实施最严格的考核问责，对那些损害生态环境的领导干部，要真追责、敢追责、严追责，做到终身追责；等等。

第四，将“绿水青山就是金山银山”理念体现到统筹区域协调发展的实践中。推动区域协调发展工作的一个重要内容，就是加强生态文明建设的协调发展。要注意不同区域在自然禀赋、发展优势、生产力布局等方面的差异，遵循各个区域空间规划中主体功能区的划分与落实，以主体功能区规划为基础，全面摸清并分析国土空间条件，划定生态空间以及生态保护红线、永久基本农田、城镇开发边界等。需优化国土空间开发格局，调整区域产业布局，宜工则工，宜农则农，宜开发则开发，宜保护则保护。在重点生态功能区要把一方绿水青山保护好，保证青山不老、绿水长存。在一些生态环境资源丰富又相对贫困的地区，要通过改革创新，让土地、劳动力、自然风光等要素“活”起来，让资源变资产、资金变股金、农民变股东，坚定不移走生态优先、绿色发展之路，把“绿水青山”蕴含的生态产品价值转化为“金山银山”。

——资料来源：中央党校（国家行政学院）习近平新时代中国特色社会主义思想研究中心．将“绿水青山就是金山银山”理念落到实处［N］．经济日报．2020-9-29(11).

案例讨论：

1.阅读案例，谈谈你对“绿水青山就是金山银山”这句话的理解。

2.在落实“绿水青山就是金山银山”这个理念时我们需要处理好哪几对关系？

案例点评：

在社会这个复杂的大系统中，自然环境系统是其重要的组成部分。中国在发展过程中，曾出现了以牺牲环境来发展经济的事例，在此背景下，习近平总书记于2005年提出了“绿水青山就是金山银山”的理念。生态是统一的自然系统，是相互依存、紧密联系的有机链条。自然环境系统与其他系统相互作用，相互影响。要落实“绿水青山就是金山银山”这一理念，最重要的就是处理好人与自然、发展与保护的关系。绿水青山与金山银山的关系，实质上就是生态环境保护与经济发展的关系，归根到底是可持续发展问题，必须突破把生态保护与经济发展对立起来的僵化思维，使两者有机统一、协同推进，更好实现生态美百姓富，更好促进经济社会协调可持续发展。

教学建议：

1.本案例适用于《马克思主义与社会科学方法论》中第二章第二节的辅助教学。

2.在教学中，除讲解自然环境系统以外，还要讲解它与其他系统之间的相互关系。

第三节　社会有机体与社会形态

一、社会有机体

案例文本：

建设一个活力和秩序有机统一的社会

一个现代化的社会，应该既充满活力又拥有良好秩序，呈现出活力和秩序有机统一。建设这样一个社会的手段是政府治理同社会调节、居民自治良性互动，标准是人人有责、人人尽责、人人享有。为什么要强调这样一个社会建设目标？因为一个死气沉沉的社会，是很难有效应对各种风险挑战的。

改革开放之前，由于长期“左”的错误束缚，党和国家的事业陷入危难，国家建设百业待兴。邓小平同志指出：“如果现在再不实行改革，我们的现代化事业和社会主义事业就会被葬送。”但是，当时的社会状态如何呢？在1978年关于真理标准问题的讨论中，邓小平同志感叹：“现在对这样的问题，还要引起争论，可见思想僵化。”

针对思想僵化、因循守旧的状态，他振聋发聩地指出：“一个党，一个国家，一个民族，如果一切从本本出发，思想僵化，迷信盛行，那它就不能前进，它的生机就停止了，就要亡党亡国。”以邓小平同志为代表的中国共产党人意识到，只有破除迷信、解放思想，让中国社会成为一个充满活力的社会，中国才能披荆斩棘、奋勇前行，改变落后面貌，赶上时代。

改革开放以来中国社会形成的活力，首先表现为社会生产力的解放和发展。按照马克思主义的观点，人的第一个历史活动是生产满足物质需要的资料，也就是人类对于美好生活的朴素追求。因而，生产力是人类历史的第一推动力。为了组织和进行社会生产，人们必须结成一定的生产关系。生产关系采取什么形式好，要看是否有利于生产力的发展。一种社会生产关系倘若束缚生产力的发展，这种生产关系中的人的主动性、积极性、创造性就得不到发展，社会势必缺乏活力。

改革开放以来中国社会形成的活力，还表现为知识、技术的创造力和创新力的活跃。如果说一般意义上的生产劳动、管理、资本等要素的活力主要集中于物质生产领域，那么知识、技术要素的活跃则主要集中于精神生产领域。

改革开放以后，党中央高度重视科学技术、教育、文艺等精神生产，推倒压制科技、文艺精神生产的不实之词，恢复“百花齐放、百家争鸣”的方针，大力张扬科学民主、艺术民主，建立和健全人才选拔、奖励机制，天下英才大有用武之地，极大地解放了社会主义精神文明生产的积极性，科学的春天和文艺的春天都到来了。

由此，在40年的时间里，我们建立了全世界最完整的现代工业体系，科技创新和重大工程创新成就显著，产生了不少脍炙人口的优秀作品，国家文化软实力和中华文化影响力大幅提升。与之相伴，广大人民群众奋发有为、锐意进取，战胜了一个个风险挑战、艰难险阻。

改革开放以来形成的中国社会活力，充分证明了中国特色社会主义制度的完善和发展是完全正确的。今天，我们能否战胜前进道路上的惊涛骇浪，在新时代创造中华民族新的更大奇迹，创造让世界刮目相看的新的更大奇迹，依然要取决于中国社会活力的保持与增强。

为了让中国社会的活力和秩序有机统一，需要确保政府治理同社会调节、居民自治的良性互动。在这一模式中，政府治理是保证社会秩序的基本手段。特别是，没有党领导之下的政府治理，容易陷入无政府主义的乱局，这是中国社会不能承受之重。

民主是现代化社会的标配，社会主义现代化社会更有理由实行最广泛的人民民主。不能将一切寄希望于政府权力的扩大，而要让社会调解和居民自治参与进来。鸡毛蒜皮的事都要政府层层审批，活力从何而来？

政府治理同社会调节、居民自治的良性互动模式，可以得到更广泛的应用。比如，在就业等民生问题上，不能只依靠政府治理，而要在社会调节和居民自治中，让一切劳动、知识、技术、管理、资本等要素的活力竞相迸发；一所学校，行政管理要重在维护教学基本秩序，教学科研则要充分发挥教师和学生的积极性；文化生活上，要让文化生产人员实行自治，做到人人有责、人人尽责，最后就能人人享有。

面对未来可能的惊涛骇浪，躲避是不可能的，害怕是没有用的。中国人民是历史活动的主体，只要保持和提升社会活力，中国现代化之路就无可阻挡。

——资料来源：黄力之．建设一个活力和秩序有机统一的社会[N]．解放日报.2020-10-02(09).(有删减)

案例讨论：

1.阅读案例，谈谈改革开放以来我国社会现代化取得了哪些成就。

2.结合实际谈谈，要建设一个有活力的社会有机体，需要注意哪些要素。

案例点评：

生产力决定生产关系，经济基础决定上层建筑。当生产关系不适应于生产力的发展时，我们要进行改革来促进生产力的发展。改革开放以来，社会生产力的解放与发展，为社会有机体的存在和发展提供了物质基础。在社会发展过程中，我们要处理好生产力与生产关系、经济基础和上层建筑这两大基本矛盾。社会是一个有机体，生产力起决定作用，生产关系是社会有机体的整体，经济基础和上层建筑是血肉。它们三者相互影响，共同促进社会的发展。

教学建议：

1.本案例适用于《马克思主义与社会科学方法论》中第二章第三节的辅助教学。

2.讲解本案例时,可以借助史料,把生产力与生产关系、经济基础和上层建筑这两大社会基本矛盾讲解清楚,并让同学们深刻理解这两大矛盾之间的关系。

二、经济社会形态

案例文本:

立足中国社会形态演变　坚持五种社会形态理论

根据生产力和生产关系、经济基础和上层建筑的辩证关系,不同时期占主导地位的生产关系决定的经济基础的特征不尽相同,与之相符的上层建筑亦表现出相应差异,由此,在人类社会的发展中形成了不同的社会形态。随着生产力的发展、生产关系的不断变化,人类社会的发展依次并将最终经历五种社会形态,即原始社会、奴隶社会、封建社会、资本主义社会,并将经由社会主义社会的过渡最终走向共产主义社会,这就是唯物史观的“五种社会形态理论”,也称之为“五种社会形态说”。五种社会形态理论,是关于人类社会发展演变的学说,是马克思主义对人类历史发展演变一般规律的概括和总结,是马克思主义唯物史观的基本观点和重要组成部分。立足中国社会形态演变,坚持五种社会形态理论,对于正确认识中国社会形态演变的历史,反对和纠正历史唯心主义,特别是历史虚无主义,捍卫马克思主义的指导地位,都有深刻的历史意义和重要的现实价值。

五种社会形态理论的形成不是一蹴而就的,也不是马克思、恩格斯在短时间内仓促提出的。这一理论的形成经历了漫长岁月,经过了马克思、恩格斯及马克思主义后继者们的深入思考和科学研究。

早在马克思主义创立初期,马克思就形成了关于人类社会五种所有制形式构想的雏形。在1846年马克思、恩格斯合作撰写的《德意志意识形态》一书中,马克思分析了历史上随着生产力的发展和社会分工的差异而出现的五种社会所有制形式:部落所有制、古代公社所有制和国家所有制、封建的或等级的所有制、资产阶级的所有制,以及伴随着生产力的充分发展、在消灭私有制和社会分工后建立的共产主义所有制。1851年,马克思在《路易·波拿巴的雾月十八日》一书中首次提出了“社会形态”(Gesellschaformation)这一概念,书中写道:“新的社会形态一形成,远古的巨人连同复活的罗马古董……就都消失不见了。”日本学者大野节夫认为,“形态(Formation)”这一概念应该是马克思从地质学术语中借鉴过来的。地质学中用“形态”一词,表示在地壳发展变化的过程中先后形成的不同岩层单位。马克思将人类社会比拟为具体的岩层形态,形象生动地阐明了人类社会的发展也是由不同历史阶段、不同历史层次和不同社会样态构成的。其后，马克思又数次提及关于社会形态的理论。如在《1857—1858年经济学手稿》中，马克思指出："家长制的、古代的（以及封建的）状态随着商业、奢侈、货币、交换价值的发展而没落下去，现代社会则随着这些东西同步发展起来。"在1859年的《〈政治经济学批判〉序言》中，马克思讲道："大体说来，亚细亚的、古代的、封建的和现代资产阶级的生产方式可以看作是经济的社会形态演进的几个时代。资产阶级的生产关系是社会生产过程的最后一个对抗形式……人类社会的史前时期就以这种社会形态而告终。"1867年，马克思在《资本论》中又充分论证了资本主义将被共产主义取代的历史必然性。

可以看出，从1846年到1867年的二十余年中，马克思基本完成了关于古代的、封建的、资本主义的、共产主义社会形态等概念的界定，但对"古代"社会之前存在的社会形态的描述并不十分精准。虽然马克思肯定"古代"社会之前还有一个社会形态，但他对这一社会形态的概括却只是初步提到"亚细亚"的社会样态。马克思所指"古代"的社会显然是古希腊、古罗马的奴隶社会，但"亚细亚"是什么社会形态，其属性是什么，马克思意指原始社会，却尚未明确其科学定义。其后，随着历史科学的发展，特别是1877年美国历史学家摩尔根《古代社会》一书的出版，为原始社会的研究提供了详尽材料。马克思在对此书的摘要和批语中，对原始社会作了进一步研究和科学界定。

马克思逝世后，恩格斯以马克思对《古代社会》的批语为基础，继续深入研究，于1884年在《家庭、私有制和国家的起源》一书中清晰准确地勾勒出人类社会发展"五形态"的历史进程。由此形成了一整套系统的关于人类社会形态演变一般规律的理论，构成五种社会形态说的理论基础。

除五种社会形态外，马克思在《1857—1858年经济学手稿》中还提道："人的依赖关系（起初完全是自然发生的），是最初的社会形态，在这种形态下，人的生产能力只是在狭窄的范围内和孤立的地点上发展着。以物的依赖性为基础的人的独立性，是第二大形态，在这种形态下，才形成普遍的社会物质变换，全面的关系，多方面的需求以及全面的能力的体系。建立在个人全面发展和他们共同的社会生产能力成为他们的社会财富这一基础上的自由个性，是第三个阶段。第二个阶段为第三个阶段创造条件。"在此，马克思将人类社会的发展历程分为人的依赖关系、人对物的依赖关系、个人全面发展三个阶段，分别对应自然经济社会、商品经济社会和产品经济社会。这也就是所谓的"人类社会发展的三大经济形态理论"，即"三种社会形态说"。

从本质上看,“三种社会形态说”是马克思依据社会经济形态对人类社会发展历史的划分,也是马克思根据生产力的发展情况划分社会发展形态的观点。总的来看,马克思对第一阶段的划分——“人的依赖关系”,实质上是对自然经济社会特点的概括,涵盖原始社会、奴隶社会和封建社会三种社会形态。这一阶段,生产力水平低下,生产工具落后,生产的直接目的就是满足生产者自身的需求。所以,为克服生产工具落后带来的困难,个人必然会依赖他人和社会组织,如原始社会的个人必须依赖于群体,奴隶社会的奴隶必须依附于奴隶主,封建社会的帮工必然依附于师傅。第二阶段——“人对物的依赖关系”,实质上是指商品经济社会。这一时期,生产力和商品经济得到快速发展,产品交换成为社会生产的主要目的,人与人之间的关系物化为商品,成为“物化的时代”。这一时期,人的依赖关系转变为物的依赖关系,即商品依赖关系,人依赖于商品。在高度发达的市场经济社会——资本主义社会中,人成为商品、货币、资本的奴隶。第三阶段——“个人全面发展”,也就是产品经济社会。在这一社会中,生产力的高度发展产生了丰富、充足的物质财富,旧的分工和私有制已被消灭,人们摆脱了物及外部关系的束缚,获得了全面发展的外部条件,真正成为物的主人、人自身的主人和社会关系的主人,真正实现了个人自由、全面的发展。这就是马克思主义经典作家所预见的未来的共产主义社会。

由此我们不难看出,不论“三种社会形态说”还是“五种社会形态说”,都是以生产力的发展状况为标准对社会历史阶段的划分;都体现了唯物史观最根本、最核心的要旨——生产力与生产关系的矛盾运动是推动人类社会发展的最根本动力。不论用“三种社会形态说”还是用“五种社会形态说”来划分社会历史的发展进程,其根本依据都是唯物史观的基本原理,都是分析社会形态演变的正确结论,两者的理论基础是一致的,两者是相互包容的。那些制造二者对立,企图以“三种社会形态说”否定“五种社会形态说”的言论,完全扭曲了马克思主义的原貌,违背了马克思主义经典作家的本意。

对于社会历史发展的分期,人们可以根据需要,对同一对象,按照特定的标准,从不同的角度加以划分。例如,以阶级斗争为线索,可以划分为阶级社会、阶级过渡社会和非阶级社会;以生产资料所有制性质为标准,可以划分为原始公有制社会、私有制社会、私有制向公有制过渡的低级形式的以公有制为主体的社会和高级形式的公有制社会。但是,任何的科学划分都应坚持唯物史观的基本观点,都要以生产力发展状况为判定标准,根据社会基本矛盾运动的规律,考察社会经济关系的性质和特征。“五种社会形态说”是马克思对社会形态划分的主线索,是马克思主义社会形态演变一般规律理论的主要内容。

研究中国社会形态的发展历史，既要以唯物史观为指导，坚持五种社会形态理论，梳理中国社会形态演变的清晰脉络；又要立足中国历史和中国实际，概括提炼出在普遍规律基础上的中国社会形态演变的特殊性和民族性。

毛泽东在《中国革命和中国共产党》一文中写道："中华民族的发展（这里说的主要地是汉族的发展），和世界上别的许多民族同样，曾经经过了若干万年的无阶级的原始公社的生活。而从原始公社崩溃，社会生活转入阶级生活那个时代开始，经过奴隶社会、封建社会，直到现在，已有了大约四千年之久。"中国经过了原始社会、奴隶社会、封建社会，民族资本主义工商业也在封建社会晚期有了一定程度的发展，中国资本主义萌芽随之产生并缓慢发展。如果没有外国资本主义的入侵，中国也能在此基础上自发地走向资本主义。正如毛泽东所言："中国封建社会内的商品经济的发展，已经孕育着资本主义的萌芽，如果没有外国资本主义的影响，中国也将缓慢地发展到资本主义。"

近代，先于中国发展起来的西方资本主义国家，在全世界范围内瓜分殖民地、划分势力范围。西方列强不允许中国继续按照人类社会形态演进的一般规律，独立自主地走资本主义的发展道路，而将中国变为受其剥削与压榨的半殖民地半封建社会。中国的特殊国情决定了中国既不能走发达资本主义国家走过的旧路，也不能直接迈入社会主义社会，而必须要通过新民主主义革命建立新民主主义社会，再经过社会主义革命，走出一条非资本主义的发展道路——中国特色社会主义道路，实现跨越式发展。

只有从社会形态演进层面予以剖析，才能认清中国社会形态演进和历史发展道路的特殊性。当然也绝对不能因为中国社会发展道路的特殊性而否定五种社会形态理论的普遍性，否定马克思主义社会形态演变一般规律理论的科学性，进而否定中国经历了原始社会、奴隶社会、封建社会以至半殖民地半封建社会，经过新民主主义和社会主义革命，进入社会主义初级阶段，最终将向更高社会形态过渡的必然性。

——资料来源：王伟光．立足中国社会形态演变 坚持五种社会形态理论[J]．史学理论研究，2021(04)：4-10.（有删减）

案例讨论：

1. 五种社会形态指什么？马克思的五种社会形态是从哪个角度划分出来的？
2. 五种社会形态相互之间有何关系？

案例点评：

马克思以生产关系的性质为标准把人类社会的发展划分为五种依次演进的经济社会形态。这五种形态主要是从世界历史的角度概括出来的，而不仅仅是根据某些国家的发展推论出来的。原始社会、奴隶社会、封建社会、资本主义社会、共产主义社会五种社会形态依次更替，体现出了人类社会发展的规律性，体现了生产力与生产关系的辩证统一。

教学建议：

1.本案例适用于《马克思主义与社会科学方法论》中第二章第三节的辅助教学。

2.讲解本案例时，可以与技术社会形态进行比较学习，便于理解。

三、技术社会形态

案例文本：

认识和把握新一轮信息革命浪潮

当今世界处于以信息化全面引领创新、以信息化为基础重构国家核心竞争力的新阶段，正迎来新一轮信息革命浪潮。

新一轮信息革命带来产业技术路线革命性变化和商业模式突破性创新，使社会生产呈现出生产方式智能化、产业形态数字化、产业组织平台化的新特征。

2013年，麦肯锡咨询公司在一份研究报告中列举了可能改变未来生活、商业和全球经济的12项颠覆性技术，其中大部分属于新一代信息技术。几年前，我们对新工业革命作出了“一主多翼”的判断，也是基于相同的认识。所谓“一主”，是指新工业革命的主要驱动力量是新一代信息技术的深度应用和全面应用；所谓“多翼”，是指新一代信息技术的发展与新能源、新材料和生物科技等诸多领域的技术进步相协同，呈现出融合创新、全面发展的态势。当前，只有抓住新一代信息技术的发展与应用这一突出特征，才能准确观察和理解我们所处的快速变化的时代，从而抓住信息化发展历史机遇，打造发展和竞争新优势。

当今世界迎来新一轮信息革命浪潮

从技术和产业的视角，可以对当今人类所处时代作出诸多不同表述。但是，无论是新工业革命、第四次工业革命、第二次机器革命、下一代生产革命还是新一轮科技革命和产业变革，其核心内容都是新一代信息技术的创新发展及其对人类社会生产生活方式带来的巨大而深刻的影响。据此可以得出一个基本判断：当今世界处于以信息化全面引领创新、以信息化为基础重构国家核心竞争力的新阶段,迎来了新一轮信息革命浪潮。

新一轮信息革命本质上是由信息生产、交换、分配和消费方式变化引起的社会生产力和生产关系的巨大变革,它的影响是全方位、长周期的。生产力的发展史就是人类不断通过技术进步解放自己的历史,每一次产业技术革命都给人类生产生活带来巨大而深刻的影响。比如,18世纪60年代开启的第一次工业革命用蒸汽机取代人力,极大地提高了生产效率。第二次世界大战后,半导体、集成电路、计算机、卫星通信等电子信息技术的发明和应用,使人类利用信息的手段发生质的飞跃,带来了生产力大发展。近年来,新一代信息技术日新月异,引领社会生产新变革,创造人类生活新空间,拓展国家治理新领域,极大提高了人类认识世界、改造世界的能力。如果说工业革命拓展了人类体力,通过大规模工厂化生产创造出惊人的物质财富,那么,新一轮信息革命正在空前地增强人类脑力,带来生产力又一次质的飞跃。

我国正处在转变发展方式、优化经济结构、转换增长动力的攻关期,要实现"两个一百年"奋斗目标、实现中华民族伟大复兴的中国梦,必须敏锐抓住信息化发展的历史机遇,大力解放和发展社会生产力,加快建设创新型国家,主动顺应和引领新一轮信息革命浪潮;坚持改革开放,加快完善社会主义市场经济体制,创造并不断完善有利于新一轮信息革命深入发展的制度环境。

人类历史上的产业技术革命既是对劳动者的解放,也形成了对劳动者的替代。随着生产过程自动化的推进和机器人大规模使用,新一轮信息革命在不断创造新就业岗位的同时,也在形成对劳动者的替代,其中既有对人类体力劳动的替代,也有对人类脑力劳动的替代。机器对劳动者的替代,能够把人类从繁重危险和简单机械的劳动中解放出来,提高生产效率,使技术成为人类逐步实现自由的手段。在这一过程中,适应能力较差的劳动者难免会面临较高失业风险。但只要采取有效措施加以应对,就业问题是能够得到妥善解决的。

——资料来源:赵昌文.认识和把握新一轮信息革命浪潮[N].人民日报.2019-06-14(13).(有删减)

案例讨论:

1.阅读案例,结合"技术社会形态"理论思考当前人类社会处于什么时代。

2.结合实际谈谈,在我国建设社会主义现代化强国的过程中,应如何把握信息化发展机遇。

案例点评：

人类社会从古至今依次经历了石器时代、铜器时代、铁器时代、蒸汽时代、电气时代、电子时代等技术社会形态。当前，人类社会正处于电子时代，信息技术和信息产业在社会的技术体系和产业结构中取得主导地位，因此这个时代又被称为信息时代。信息时代的生产方式智能化、产业形态数字化、产业组织平台化，能够极大地提升生产效率和全社会资源配置效率。要建设社会主义现代化强国，就必须抓住信息化发展的历史机遇，主动顺应和引领新一轮信息革命浪潮，从而提高综合国力。

教学建议：

1.本案例适用于《马克思主义与社会科学方法论》中第二章第三节的辅助教学。

2.讲解本案例时，可以与经济社会形态比较起来学习，便于理解。

第四节　研究社会系统的重要原则

一、整体性原则

案例文本：

科学把握“五位一体”总体布局

党的十九大立足新的历史方位，对全面建设社会主义现代化国家作出了新的战略部署，从经济、政治、文化、社会、生态文明五个方面，制定了新时代统筹推进“五位一体”总体布局的战略目标。“五位一体”中国特色社会主义事业总体布局是实现社会主义现代化和中华民族伟大复兴宏伟蓝图的行动纲领。

“五位一体”总体布局的形成与演进

中国特色社会主义总体遵循人类社会发展的基本规律，伴随着社会的发展而变化。改革开放以来，中国特色社会主义总体布局从初创到逐步完善，经历了“两个文明”一起抓、“三位一体”总体布局协调发展、全面落实“四位一体”总体布局以及统筹推进“五位一体”总体布局这样几个发展阶段，留下了鲜明的演进轨迹。“五位一体”总体布局是中国特色社会主义理论与实践探索的重要组成部分。

十一届三中全会后，党和国家的工作重心从以阶级斗争为纲转移到经济建设上来，在经济建设取得巨大成就的同时，群众的思想道德观念却出现了分化。以邓小平为核心的第二代中央领导集体，果断提出了社会主义物质文明和精神文明“两手抓，两手都要硬”的战略方针。党的十二届六中全会审议通过的《中共中央关于社会主义精神文明建设指导方针的决议》明确指出：“我国社会主义现代化建设的总体布局是：以经济建设为中心，坚定不移地进行经济体制改革，坚定不移地进行政治体制改革，坚定不移地加强精神文明建设，并且使这几个方面互相配合，互相促进。”这是中国共产党历史上第一个关于精神文明建设的决议，也是我党第一次提出社会主义现代化建设总体布局的概念；决议中关于“三个坚定不移”的概括，也使得“三位一体”总体布局初具雏形。

苏联解体后，世界格局由两极向多极化发展，经济全球化趋势势不可挡。随着我国经济体制改革的不断深入，我们党的执政能力也面临着新的考验。江泽民同志在庆祝中国共产党成立七十周年的讲话中，第一次提出建设有中国特色社会主义经济、政治和文化的概念，并阐述了三者的内涵及相互关系。之后，党的十四大将建立社会主义市场经济体制、切实加强社会主义民主法治建设和精神文明建设作为有中国特色社会主义的基本目标；党的十五大报告第一次提出社会主义初级阶段的经济、政治和文化三大基本纲领，“三位一体”总体布局形成。

20世纪末，我国已经完成了“三步走”战略中前两步的目标，人民生活水平达到总体小康水平，综合国力大大增强，开始向全面建设小康社会迈进。党的十六届四中全会提出“社会主义和谐社会”的概念，自此，我们党关于全面建设小康社会、开创中国特色社会主义新局面的奋斗目标，被扩展为包含“社会主义和谐社会”在内的“四位一体”总体布局。党的十七大报告进一步明确“四位一体”总体布局，指出坚持走中国特色社会主义道路，就要在党的领导下“建设社会主义市场经济、社会主义民主政治、社会主义先进文化、社会主义和谐社会，建设富强民主文明和谐的社会主义现代化国家”，同时还提出了建设社会主义生态文明的任务。

党的十八大报告明确提出“建设中国特色社会主义，总依据是社会主义初级阶段，总布局是‘五位一体’，总任务是实现社会主义现代化和中华民族伟大复兴”，强调要“全面落实经济建设、政治建设、文化建设、社会建设、生态文明建设‘五位一体’总体布局，促进现代化建设各方面相协调，促进生产关系与生产力、上层建筑与经济基础相协调，不断开拓生产发展、生活富裕、生态良好的文明发展道路”。由此，经过改革开放的伟大实践，我国已形成经济建设、政治建设、文化建设、社会建设、生态文明建设中国特色社会主义事业“五位一体”总体布局。

“五位一体”总体布局的科学内涵及要求

党的十八大对“五位一体”总体布局作了简明扼要的概括，党的十九大则进一步明确了中国特色社会主义事业总体布局是“五位一体”，并提出应统筹推进“五位一体”总体布局，协调推进“四个全面”战略布局。党的十九大通过的新党章强调：“跨入新世纪，我国进入全面建设小康社会、加快推进社会主义现代化的新的发展阶段。必须按照中国特色社会主义事业‘五位一体’总体布局和‘四个全面’战略布局，统筹推进经济建设、政治建设、文化建设、社会建设、生态文明建设，协调推进全面建成小康社会、全面深化改革、全面依法治国、全面从严治党。”

中国特色社会主义经济建设，是指坚持和完善社会主义基本经济制度，坚持社会主义市场经济改革方向，坚持新发展理念，以供给侧结构性改革为主线，推动经济发展质量变革、效率变革、动力变革，不断解放和发展社会生产力，推动经济持续健康发展。十九大报告明确指出，我国经济已由高速增长阶段转向高质量发展阶段，目前正处在转变发展方式、优化经济结构、转换增长动力的攻关期，建设现代化经济体系已成为跨越关口的迫切要求和我国发展的战略目标。必须坚持质量第一、效益优先，以供给侧结构性改革为主线，推动经济发展质量变革、效率变革、动力变革，提高全要素生产率，着力加快建设实体经济、科技创新、现代金融、人力资源协同发展的产业体系，着力构建市场机制有效、微观主体有活力、宏观调控有度的经济体制，从而不断增强我国经济创新力和竞争力。党的十九大报告从深化供给侧结构性改革、加快建设创新型国家、实施乡村振兴战略、实施区域协调发展战略、加快完善社会主义市场经济体制、推动形成全面开放新格局等六个方面进行了工作部署。

中国特色社会主义政治建设，是指坚持党的领导、人民当家作主、依法治国有机统一，坚定不移地走中国特色社会主义政治发展道路。中国特色社会主义政治发展道路，是近代以来中国人民长期奋斗的历史逻辑、理论逻辑、实践逻辑的必然结果，是坚持党的本质属性、践行党的根本宗旨的必然要求。应当长期坚持、不断完善人民代表大会制度，发展我国社会主义民主政治，加强人民当家作主制度保障，发挥社会主义协商民主重要作用，巩固和发展爱国统一战线，把我国社会主义民主政治的优势和特点充分发挥出来。应当全面推进依法治国，深化依法治国实践，坚持厉行法治，推进科学立法、严格执法、公正司法、全民守法。在此基础上，还要积极稳妥推进政治体制改革，推进社会主义民主政治制度化、规范化、程序化，巩固和发展生动活泼、安定团结的政治局面。

中国特色社会主义文化建设，是指坚持社会主义核心价值体系，激发全民族文化创新创造活力，建设社会主义文化强国。发展中国特色社会主义文化，就是以马克思主义为指导，坚守中华文化立场，立足当代中国现实，结合当今时代条件，发展面向现代化、面向世界、面向未来的，民族的科学的大众的社会主义文化，推动社会主义精神文明和物质文明协调发展。要坚持为人民服务、为社会主义服务，坚持百花齐放、百家争鸣，坚持创造性转化、创新性发展，不断铸就中华文化新辉煌。党的十九大报告从牢牢掌握意识形态工作领导权、培育和践行社会主义核心价值观、加强思想道德建设、繁荣发展社会主义文艺、推动文化事业和文化产业发展等五个方面对文化建设工作作了部署。

中国特色社会主义社会建设，是指中国共产党领导人民构建社会主义和谐社会，坚持在发展中保障和改善民生，始终把人民利益摆在至高无上的地位，让改革发展成果更多更公平惠及全体人民，朝着实现全体人民共同富裕不断迈进。要完善公共服务体系，保障群众基本生活，在发展中补齐民生短板，促进社会公平正义，形成有效的社会治理、良好的社会秩序，在幼有所育、学有所教、劳有所得、病有所医、老有所养、住有所居、弱有所扶上不断取得新进展，使人民获得感、幸福感、安全感更加充实、更有保障、更可持续。为此十九大报告从优先发展教育事业、提高就业质量和人民收入水平、加强社会保障体系建设、坚决打赢脱贫攻坚战、实施健康中国战略、有效维护国家安全等七个方面作了工作部署。

中国特色社会主义生态文明建设，是指树立尊重自然、顺应自然、保护自然的生态文明理念，加快生态文明体制改革，建设美丽中国，实现中华民族永续发展。为了建设人与自然和谐共生的现代化，既要创造更多物质财富和精神财富以满足人民日益增长的美好生活需要，也要提供更多优质生态产品以满足人民日益增长的优美生态环境需要。要坚持节约资源和保护环境的基本国策，坚持节约优先、保护优先、自然恢复为主的方针，形成节约资源和保护环境的空间格局、产业结构、生产方式、生活方式，还自然以宁静、和谐、美丽。十九大报告从推进绿色发展、着力解决突出环境问题、加大生态系统保护力度、改革生态环境监管体制等四个方面作了工作部署。

“五位一体”总体布局的提出是在经济社会发展的诸多领域，抓住了与中国特色社会主义本质要求最为密切、最具决定性的五个方面。它们相互联系、相辅相成，共同构成了一个有机整体，即经济建设为根本、政治建设为核心、文化建设为灵魂、社会建设为条件、生态文明建设为保证。这五方面内容各有侧重又相互支撑，形成系统化的发展布局，为党和国家事业提供了总体架构和基本路径。

“五位一体”总体布局的重大意义

“五位一体”总体布局，是中国共产党的重要理论创新，是对中国特色社会主义事业总体布局理论的进一步深化和拓展，对于全面推进社会主义现代化建设事业，实现中华民族伟大复兴，具有重大理论和实践意义。

“五位一体”总体布局是中国共产党对社会主义建设实践探索与认识深化的重大成果。中国共产党的几代中央领导集体对社会主义建设布局进行了艰苦不懈的探索。新中国成立后，我们党制定了统筹兼顾、协调推进经济社会发展的方针政策；改革开放以来，随着我们党对社会主义现代化建设规律认识的不断深化，对中国特色社会主义事业总体布局的认识也不断趋于科学、全面。党的十八大将生态文明建设纳入总体布局，“五位一体”总体布局正式形成；党的十九大站在历史的新方位，从“五位一体”总体布局的五个方面，对新时代坚持和发展中国特色社会主义进行了战略谋划，为中国特色社会主义现代化建设事业指明了正确方向。

“五位一体”总体布局的形成是实现我国经济社会持续健康发展的必然选择。“五位一体”总体布局贯通社会主义现代化建设的各个方面，是我们党对中国特色社会主义事业作出的全面规划、整体部署，是对促进经济社会全面协调可持续发展的经验总结和认识升华。党的十七大以来，在落实科学发展观，整体推进中国特色社会主义经济建设、政治建设、文化建设和社会建设的过程中，生态文明建设的重要性和紧迫性日益凸显；党的十八大报告以现阶段我国发展的新特征新矛盾为重要依据，突出树立尊重自然、顺应自然、保护自然的生态文明理念，将生态文明建设纳入总体布局；党的十九大报告则明确新时代我国社会主要矛盾是人民日益增长的美好生活需要和不平衡不充分的发展之间的矛盾。要满足人民日益增长的美好生活需要，就必须在推动经济社会发展的基础上，着力解决好发展不平衡不充分问题。只有依据“五位一体”总体布局，统筹推进经济、政治、文化、社会、生态文明建设，才能使生产力与生产关系、经济基础与上层建筑相协调，才能实现更高质量、更有效率、更加公平、更可持续的发展；只有坚持走生产发展、生活富裕、生态良好的文明发展道路，才能实现经济发展和人口、资源、环境相协调，形成人与自然和谐发展的现代化建设新格局。

“五位一体”总体布局是全面建成小康社会和构建社会主义和谐社会的基本保障。党的十九大擘画的中国未来30多年战略宏图，对新时代中国特色社会主义发展作出明确的战略布置，开启了全面建设社会主义现代化国家新征程。大会提出，到2020年要全面建成小康社会，到2035年基本实现社会主义现代化。为达成这一目标，不仅要狠抓经济发展，推进供给侧结构性改革；还要不断推进社会主义民主政治建设和发展社会主义先进文化，满足人民当家作主的政治愿望和丰富多彩的精神文化生活需求；更要加快民主政治制度化、规范化、程序化进程，加强社会建设和生态文明建设,使经济、政治、文化、社会和生态文明建设协调、有续发展,从而构建社会主义和谐社会,实现社会主义现代化建设的战略目标和中华民族的伟大复兴。

总之,“五位一体”总体布局开阔了中国特色社会主义发展的新视野,从突出经济建设到经济建设、政治建设、文化建设、社会建设和生态文明建设齐头并进,从强调征服自然到强调人与自然和谐共生,体现了我们党对中国共产党执政规律、社会主义建设规律、人类社会发展规律的认识达到了新的水平。

——资料来源:秦颖慧.科学把握“五位一体”总体布局[EB/OL].(2020-04-17).http://www.hynews.net/p/108614.html.

案例讨论:

1.阅读案例,思考什么是“五位一体”和“四个全面”,它们有哪些丰富内涵?

2.“五位一体”总体布局的提出,体现了马克思主义科学方法论的什么原则?

案例点评:

中国特色社会主义是全面发展的社会主义。站在新的历史方位,党的十九大对我国社会主义现代化建设作出新的战略部署,并明确以“五位一体”总体布局和四个全面战略布局推进中国特色社会主义事业,从经济、政治、文化、社会、生态文明五个方面,以及全面建设社会主义现代化国家、全面深化改革、全面依法治国、全面从严治党四个方面,制定了新时代发展的总体布局和战略布局。这体现了整体性原则,中国特色社会主义事业建设是一个整体,我们要用整体的眼光来看问题。只有从“五位一体”和“四个全面”的大格局来建设中国,才能解决发展中的不全面、不协调、不可持续的问题。

教学建议:

1.本案例适用于《马克思主义与社会科学方法论》中第二章第四节的辅助教学。

2.在讲解本知识点时,可以阐明“五位一体”各部分的地位以及它们之间的相互关系,以便理解。

二、结构性原则

案例文本:

深化对供给侧结构性改革的认识

推进供给侧结构性改革,是适应和引领经济发展新常态的重大创新,是习近平经济思想的重要组成部分。党的二十大报告全面总结了新时代十年的伟大变革,其中很重要的内容就是,“我们提出并贯彻新发展理念,着力推进高质量发展,推动构建新发展格局,实施供给侧结构性改革,制定一系列具有全局性意义的区域重大战略,我国经济实力实现历史性跃升”。近些年来,供给侧结构性改革取得重大进展,为经济持续健康发展打造了新引擎、构建了新支撑,习近平总书记在党的二十大报告中强调“把实施扩大内需战略同深化供给侧结构性改革有机结合起来”。新时代新征程,我们要进一步深化对供给侧结构性改革的认识和理解,用好供给侧结构性改革这一调整经济结构、转变经济发展方式的治本良方,推动经济实现质的有效提升和量的合理增长。

我国经济发展进入新常态,面临“三期叠加”的复杂局面,传统行业产能过剩、高质量产品供给不足等供给侧问题较为突出,供给结构对需求结构的适应性减弱。为提高供给结构对需求结构的适应性,习近平总书记在2015年11月召开的中央财经领导小组第十一次会议上,首次提出供给侧结构性改革,要求“在适度扩大总需求的同时,着力加强供给侧结构性改革,着力提高供给体系质量和效率,增强经济持续增长动力”。此后,“供给侧结构性改革”在“十三五”规划纲要、党的十九大报告、“十四五”规划和2035年远景目标纲要、党的二十大报告中及近些年的中央经济工作会议上被多次提及。

供给侧结构性改革是以习近平同志为核心的党中央基于我国实践经验、面向我国经济发展过程中供给侧存在的不平衡不充分问题而提出的具有鲜明中国特色的新范畴。新时代的实践充分证明,深入推进供给侧结构性改革对有效调控宏观经济、推动经济高质量发展,发挥了重要作用。

实施供给侧结构性改革意义重大

习近平总书记多次阐述供给侧结构性改革的深刻内涵。2016年1月18日,习近平总书记在省部级主要领导干部学习贯彻党的十八届五中全会精神专题研讨班上的讲话中强调,“供给侧结构性改革,重点是解放和发展社会生产力,用改革的办法推进结构调整,减少无效和低端供给,扩大有效和中高端供给,增强供给结构对需求变化的适应性和灵活性,提高全要素生产率”。在2016年5月16日召开的中央财经领导小组第十三次会议上，习近平总书记进一步强调，“供给侧结构性改革的根本目的是提高供给质量满足需要，使供给能力更好满足人民日益增长的物质文化需要”“主攻方向是减少无效供给，扩大有效供给，提高供给结构对需求结构的适应性”“本质属性是深化改革”。准确把握供给侧结构性改革的深刻内涵，需抓住“供给侧”“结构性”和“改革”三个关键词。“供给侧”是指经济运行的主要矛盾在供给侧，“结构性”是指供给侧的矛盾主要是“结构”而非“总量”，“改革”是指解决供给侧结构性矛盾的途径是深化改革。

我国经济已由高速增长阶段转向高质量发展阶段，在高质量发展阶段全面推进供给侧结构性改革具有四方面重要意义。

第一，供给侧结构性改革有助于淘汰落后产能，提升资源配置效率，提高投资有效性。地方政府之间的不当竞争容易导致重复建设，引发产能过剩。当出现产能过剩时，有些地方政府又可能会通过补贴等方式给本应被市场淘汰的企业“输血”，使产能过剩问题持续存在。供给侧结构性改革有助于理顺政府与市场的关系，使市场在资源配置中起决定性作用，进而从体制机制层面治理产能过剩。通过深化财税体制改革以及完善干部考核评价机制，减少政府对企业投资活动的干预，避免地方政府间的过度竞争和重复建设。通过取消不必要的财政补贴，以市场优胜劣汰机制决定企业的去留。

第二，供给侧结构性改革有助于增加有效技术供给，提高全要素生产率。党的十九大报告明确要求，“以供给侧结构性改革为主线，推动经济发展质量变革、效率变革、动力变革，提高全要素生产率”。党的二十大报告强调，“加快建设现代化经济体系，着力提高全要素生产率”。供给侧结构性改革能够从多方面增加有效技术供给，包括加大基础研究投入力度、加强知识产权保护力度、构建更加完善的科技成果转化体系等。供给侧结构性改革有助于健全以企业为主体的产学研一体化创新机制，使创新成果尽快投入生产，更加迅速地转化为有效技术供给。

第三，供给侧结构性改革有助于增加有效制度供给，消除投资与消费面临的障碍。通过完善融资体系和税收制度体系降低企业融资成本和税费负担，并通过深化“放管服”改革进一步降低市场准入门槛，激发中小企业和民营企业投资活力。同时，通过优化收入分配结构提高中低收入群体的收入水平，并通过健全教育、医疗、养老等公共服务体系及社会保障体系消除中低收入群体的后顾之忧，增强其消费动力。

第四，供给侧结构性改革有助于增加高质量产品和服务供给，顺应居民高品质消费需求，有效扩大内需。当前，我国高质量产品和服务供给相对不足。实施供给侧结构性改革，有助于减少医疗、教育等领域的市场准入限制，激发民间资本投资活力，促进公平竞争，增加高质量产品和服务供给。供给侧结构性改革还有助于提高产品质量标准，强化产品质量安全监管，让高质量产品能够顺利走向市场、走向消费者。

供给侧结构性改革主要任务持续深化

国内外环境不断发生变化，我国经济和社会发展目标也在不断优化调整。这决定了供给侧结构性改革的主要任务并非一成不变。

在实施供给侧结构性改革前，我国面临部分行业产能过剩、成本上升等问题。高质量产品和服务供给、社会保障等还存在一些短板需要弥补。为有针对性地解决这些问题，2015年底召开的中央经济工作会议明确了供给侧结构性改革“三去一降一补”五大任务，即“去产能、去库存、去杠杆、降成本、补短板”。其中，“去产能”主要是化解传统产业的产能过剩问题，“去库存”主要是化解房地产库存问题，“去杠杆”主要是降低企业和地方政府等部门的债务负担，“降成本”主要是降低企业融资成本和税费负担，“补短板”主要是弥补高技术产业、公共服务等领域的供给短板。

2018年底召开的中央经济工作会议明确指出，“必须坚持以供给侧结构性改革为主线不动摇”“在‘巩固、增强、提升、畅通’八个字上下功夫”。“巩固”是指要巩固“三去一降一补”成果，加大破、立、降力度；“增强”是指要增强微观主体活力，发挥企业和企业家主观能动性，破除各类要素流动壁垒，促进正向激励和优胜劣汰；“提升”是指要提升产业链水平，注重利用技术创新和规模效应形成新的竞争优势，培育和发展新的产业集群；“畅通”是指要畅通国民经济循环，形成国内市场和生产主体、经济增长和就业扩大、金融和实体经济良性循环。

近年来，伴随世界百年未有之大变局加速演进，外部环境复杂严峻，凸显扩大内需的重要性。党的二十大报告强调，“把实施扩大内需战略同深化供给侧结构性改革有机结合起来”。2022年底召开的中央经济工作会议在部署今年经济工作时也强调了这一点。2023年7月24日召开的中央政治局会议进一步明确要求，“要积极扩大国内需求，发挥消费拉动经济增长的基础性作用，通过增加居民收入扩大消费，通过终端需求带动有效供给，把实施扩大内需战略同深化供给侧结构性改革有机结合起来”。

供给侧结构性改革与需求侧管理并重

在完善宏观经济治理的过程中，以习近平同志为核心的党中央提出深化供给侧结构性改革，还提出加强需求侧管理。“十四五”规划和2035年远景目标纲要提出:“必须坚持深化供给侧结构性改革,以创新驱动、高质量供给引领和创造新需求,提升供给体系的韧性和对国内需求的适配性。必须建立扩大内需的有效制度,加快培育完整内需体系,加强需求侧管理,建设强大国内市场。”

供给侧结构性改革与需求侧管理不是相互独立的,而是要相互配合的。供给侧结构性改革与需求侧管理相结合,有助于增强国内大循环内生动力和可靠性。随着经济社会发展,人们对高品质产品和服务的需求持续增加,国内部分产品难以有效满足消费者需求。深化供给侧结构性改革,能够有效淘汰落后产能,推动产业结构优化升级,适应高质量产品生产要求,从而满足人民日益增长的美好生活需要。加强需求侧管理则能够改善总需求结构,提升居民消费规模和质量,从而对供给侧形成牵引作用。

供给侧结构性改革与需求侧管理相结合,还有助于提升国际循环质量和水平。在贸易保护主义抬头等多重因素影响下,全球产业链面临重构压力。深化供给侧结构性改革有助于稳固我国在国际产业链中的地位,为国际大循环提供动力。加强需求侧管理则能够持续释放消费潜力,使我国成长为世界市场,推动国际大循环更加顺畅。

习近平总书记指出:“纵观世界经济发展史,经济政策是以供给侧为重点还是以需求侧为重点,要依据一国宏观经济形势作出抉择。放弃需求侧谈供给侧或放弃供给侧谈需求侧都是片面的,二者不是非此即彼、一去一存的替代关系,而是要相互配合、协调推进。”这一论断阐明了供给侧结构性改革、需求侧管理之间的关系。

需要注意的是,在经济运行过程中,既会面临供给结构失衡问题,也会面临短期经济波动问题。而且,推进供给侧结构性改革,由于需要淘汰一些落后产能,可能会引发短期内的就业压力和经济下行压力。为促进经济平稳运行,需要货币政策和财政政策等总需求管理政策加以配合。这有助于构建以国内大循环为主体、国内国际双循环相互促进的新发展格局。

供给侧结构性改革取得显著成效

供给侧结构性改革在实践层面和理论层面都取得了较为显著的成效。就实践而言,自提出供给侧结构性改革以来,中央与各级地方政府围绕“三去一降一补”五大任务、“巩固、增强、提升、畅通”八字方针以及“把实施扩大内需战略同深化供给侧结构性改革有机结合起来”等重要任务,采取了一系列举措,已经取得较为明显的阶段性成果。就理论而言,供给侧结构性改革有助于推动中国经济理论的创新发展和中国自主的经济学知识体系的建构。

第一，较好地完成了“三去一降一补”五大任务。去产能进展顺利，重点行业的大量过剩产能得到化解，产能利用率提高。数据显示，截至2022年底，全国共淘汰落后产能和化解过剩产能钢铁约3亿吨、水泥约4亿吨。去库存成效明显，房地产市场发展更趋平稳。去杠杆步履稳健，工业企业资产负债率连续下降，宏观杠杆率上升势头得到遏制。降成本立竿见影，2022年全年新增减税降费及退税缓税缓费超4.2万亿元，企业减负明显。补短板持续发力，实施乡村振兴战略，一批重大民生工程落地见效，医疗、生态环境保护等多个领域财政投入力度持续加大。

第二，高质量供给不断增加、新产业不断涌现，为经济发展注入新动能。在供给侧结构性改革的助推下，我国不断加强技术创新，高新技术产品越来越受青睐，2022年高新技术产品出口总额上升至近1万亿美元。一大批以物联网、大数据、人工智能为代表的新产业新业态不断涌现，2022年我国新产业、新业态、新商业模式经济增加值占GDP的比重达到17.36%。此外，我国经济发展新动能指数也大幅提升，反映出新产业的良好发展态势。

第三，把实施扩大内需战略同深化供给侧结构性改革有机结合起来，供给结构加快升级，需求结构不断优化。在供给侧结构性改革推动下，产业结构不断转型升级，国家统计局数据显示，2022年我国转型升级指数达到162.8，比2015年提高了53.1。供给结构升级进一步带动需求结构不断优化，今年上半年全国居民人均教育文化娱乐消费、医疗保健消费支出和交通通信支出占居民人均消费支出的比重约32%，供给结构与需求结构之间形成良性循环。

第四，助推我国宏观经济治理体系不断健全，体现了对西方宏观经济理论的超越。其一，西方宏观经济政策主要应对的是总需求冲击所引发的经济波动，调控范围聚焦需求侧。供给侧结构性改革则聚焦供给侧，并与需求侧管理相互配合。由此，我国宏观经济治理较好实现了对需求侧和供给侧的全面调控。其二，西方宏观调控工具主要是货币政策和财政政策等。供给侧结构性改革的主要目标之一是对供给侧结构失衡问题进行优化调整，货币政策和财政政策主要涉及总量层面，而结构层面的问题则需要结构政策加以应对。由此，供给侧结构性改革丰富了我国政策工具箱。其三，西方宏观经济政策的目标主要是短期稳定，供给侧结构性改革使我国宏观经济治理的目标体系涵盖了供给结构优化等其他重要目标。

——资料来源：陈彦斌．深化对供给侧结构性改革的认识[N]. 经济日报.2023-10-11(08).

案例讨论：

1.中国的经济发展存在哪些问题？我们为什么要进行供给侧结构性改革？

2.供给侧结构性改革会给经济发展带来哪些变化？这体现了什么原则？

案例点评：

我国消费需求潜力巨大，消费结构升级，但供给不足和供给的质量和服务有待进一步提高，造成消费环境不佳，导致了我国大量的需求外溢，消费能力严重外流，比如海购现象火热。为了使消费回流，满足消费升级的需要，拉动消费扩大内需，必须解决供给结构性问题，从供给端发力，以促进消费升级为导向，进一步优化宏观经济政策，加大供给侧结构性改革，使我国供给能力更好地满足人民日益增长的美好生活需要。结构是系统中诸要素相互联系相互作用的方式，其中包括要素之间一定的比例、秩序和结合方式，结构发生变化，功能也会随之发生变化。在社会科学研究中，必须重视对社会结构的研究。

教学建议：

1.本案例适用于《马克思主义与社会科学方法论》中第二章第四节的辅助教学。

2.可以通过视频使学生理解供给侧结构性改革的含义，并解释它对中国经济发展所带来的变化，体会当代中国经济的发展。

三、层次性原则

案例文本：

"看不见的手"和"看得见的手"都要用好

在现代经济条件下，政府和市场在经济社会发展中的作用缺一不可。习近平同志指出："在市场作用和政府作用的问题上，要讲辩证法、两点论，'看不见的手'和'看得见的手'都要用好，努力形成市场作用和政府作用有机统一、相互补充、相互协调、相互促进的格局，推动经济社会持续健康发展。"改革开放以来，我国经济建设取得举世瞩目的成就，一个重要原因就在于我们党坚持正确处理政府和市场关系，充分发挥政府和市场两方面作用。这里举几个例子。

十年"文革"之后，我国国民经济濒临崩溃的边缘，全国上下加快经济建设的心情十分迫切，投资规模迅速扩大。但由于投资超过财政能力，导致经济过热、结构严重失调、物价上涨。1979年4月，中共中央召开工作会议，提出"调整、改革、整顿、提高"的方针，调整国民经济比例关系。经过几年时间的调整，国民经济比例关系逐渐协调，人民生活改善。尽管当时仍实行计划经济体制，但由于是在"放权让利"改革的背景下进行经济调整，因此也可看成是政府宏观调控作用的有效发挥。

随着改革逐步深入，党的十二届三中全会提出实行"有计划的商品经济"，"改革过分集中的价格管理体制"。这打破了指令性计划一统天下的格局，使经济活跃起来，增强了企业活力，但同时经济运行也出现了波动。1988年9月，党中央对国民经济进行治理整顿，抑制通货膨胀，压缩固定资产投资规模，严格控制社会集团购买力，有效发挥了政府防止经济波动的功能和作用，推动整个经济形势向好发展。在治理整顿的同时，进一步加快市场化改革，理顺各种关系，为改革开放创造更加有利的条件。

2008年，由美国次贷危机引发的国际金融危机爆发，给世界经济造成严重冲击。党中央一方面加强和改善宏观调控，实施积极的财政政策和适度宽松的货币政策，采取一系列有力举措，把经济增长的基本立足点放在扩大国内需求上；另一方面坚持社会主义市场经济改革方向，持续推进国有经济结构调整和国有企业股份制改革，大力促进非公有制经济发展，不断夯实经济稳定发展的基础。政府作用和市场作用双管齐下，推动我国经济在世界经济普遍低迷的情况下实现稳定增长。

党的十八大以来，我们党更加重视正确处理政府和市场的关系。党的十八届三中全会提出"使市场在资源配置中起决定性作用和更好发挥政府作用"，标志着我们党对政府和市场关系的认识达到新的高度。在以习近平同志为核心的党中央坚强领导下，我们从广度和深度两方面积极稳妥推进市场化改革，大幅度减少政府对资源的直接配置，让市场在所有能够发挥作用的领域都充分发挥作用，推动资源配置实现效益最大化和效率最优化，激发社会活力，让企业和个人有更大空间发展经济、创造财富。同时，积极转变政府职能，加快"放管服"改革，创新和完善宏观调控，保持宏观经济稳定，加强和优化公共服务，保障公平竞争，加强市场监管，维护市场秩序，推动可持续发展，促进共同富裕，弥补市场失灵。我国经济发展质量和效益不断提高，抵御风险能力显著增强。

当前，我国经济已经进入高质量发展的新时代，应更加重视正确处理政府和市场关系，坚持新发展理念，坚持推动高质量发展，坚持以供给侧结构性改革为主线，统筹推进稳增长、促改革、调结构、惠民生、防风险、保稳定工作，进一步稳就业、稳金融、稳外贸、稳外资、稳投资、稳预期,保持经济运行在合理区间,促进经济持续健康发展。

——资料来源:韩保江."看不见的手"和"看得见的手"都要用好[N].人民日报.2019-08-23(17).(有删减)

案例讨论:

1.阅读案例,谈谈你对"看不见的手"与"看得见的手"的理解。

2.改革开放以来,我国经济建设取得了举世瞩目的成就,其重要原因是什么?

案例点评:

我国的经济有两个层次,一个是宏观层次,一个是微观层次。想要经济发展好,必须要处理好这两个层次方面的关系。对于宏观层次方面,我们要发挥政府这只"看不见的手"的作用,对于微观层次方面,我们要发挥市场这只"看得见的手"的作用。这就是层次性原则在经济发展中的运用,如果不遵守原则,把宏观经济和微观经济混为一谈,就会阻碍经济的发展,造成"一放就活、一活就乱、一乱就统、一统就死的"局面。习近平总书记关于正确处理好两只手关系的重要论断,体现了层次性原则,推动了国家经济的发展。

教学建议:

1.本案例适用于《马克思主义与社会科学方法论》中第二章第四节的辅助教学。

2.讲解本知识点时可以运用改革开放以来我国的宏观经济和微观经济政策的变化对于经济的影响等具体实例,加深同学们对于处理好宏观调控和市场调节的关系的认识。

四、开放性原则

案例文本:

改革开放深刻改变了中国,也深刻影响了世界

中国共产党的建立、中华人民共和国的成立、推进改革开放和中国特色社会主义事业是五四运动以来,我国发生的三大历史性事件,也是近代以来实现中华民族伟大复兴的三大里程碑。

首先,改革开放完成了中华民族从站起来、富起来到强起来的伟大飞跃。中国共产党领导中国人民经过艰苦斗争建立了新中国。中华民族从此重新站了起

来并独立于世界民族之林。1978年改革开放以来，国民经济得到快速发展，我们用几十年的时间走过西方发达国家几百年走过的现代化历程。

其次，改革开放完成了中国特色社会主义从创立、发展到完善的伟大飞跃。中国共产党创造性地提出社会主义初级阶段理论，确立以经济建设为中心，坚持四项基本原则，坚持改革开放的基本路线。我们建立和完善社会主义市场经济体制，坚持和完善社会主义的基本经济制度，坚持走中国特色社会主义发展道路。

最后，中国人民迎来从温饱不足到小康富裕的伟大飞跃。新中国成立70年来，我国经济规模不断扩大，国民经济持续快速增长，城乡居民收入大幅度提升，人民生活水平极大改善。

改革开放在深刻改变中国的同时也深刻影响了世界。其一，改革开放40年，中国7亿多贫困人口按照国际贫困线的标准脱贫，创造了人类发展史上的奇迹。2008年国际金融危机以来，中国经济率先复苏，连续多年对世界经济增长贡献率超过30%。这充分说明了中国将自己的事情做好就是对世界最大的贡献。

其二，中国特色社会主义给世界提供了一条不同于西方现代化的道路，中国特色社会主义道路、理论、文化不断发展，拓展了发展中国家走向现代化的途径，给其他期望得到发展并保持独立的国家和民族提供了全新选择。

其三，中国坚持走和平发展的道路，推动构建人类命运共同体。中国坚持对话协商，建设一个持久和平的世界；坚持共建共享，建设一个普遍安全的世界；坚持合作共赢，建设一个共同繁荣的世界；坚持交流互鉴，建设一个开放包容的世界。

其四，中国特色社会主义在中国取得的显著成就改变了世界的格局和发展趋势。由于中国特色社会主义不断成功，冷战结束后，社会主义同资本主义竞争中的被动局面得到很大程度的扭转，社会主义优越性得到大幅度彰显。

改革开放使中国特色社会主义显示出光明的发展前景。我们更加深刻地体会到，只有社会主义才能救中国，只有中国特色社会主义才能发展中国，只有坚持和发展中国特色社会主义才能实现中华民族的伟大复兴。

——资料来源：冯俊.改革开放深刻改变了中国，也深刻影响了世界[N].光明日报.2019-09-19(09).(有删减)

案例讨论:

1.阅读案例,中国为什么要实行改革开放?改革开放给中国带来了哪些影响?

2.故步自封不能带来发展,改革开放不仅影响了中国也影响了世界,这体现了什么原则?

案例点评:

改革开放使中华民族完成了从站起来、富起来到强起来的伟大飞跃。在改革开放过程中,引进来与走出去相结合,极大地推动了中国的经济和社会发展。改革开放形成了全方位、多层次、宽领域的基本格局,形成了经济特区、沿海开放城市和内地三个层次的开放格局,正是这样一个有层次的设计,给中国经济发展带来了巨大进步,我们做事情要有层次性,社会科学研究也是如此。世界是一个相互联系的整体,也是一个开放的世界,中国的发展离不开世界。在社会科学研究中,我们要有一个开放性的视野,并把其运用于研究中。

教学建议:

1.本案例适用于《马克思主义与社会科学方法论》中第二章第四节的辅助教学。

2.闭关锁国到改革开放,体现了两种截然不同的命运。在讲解开放性原则的时候,可以通过闭关锁国和改革开放的强烈对比来体现开放性原则的优越性。

第三章
社会矛盾研究方法

第一节　社会矛盾的普遍性与矛盾分析法

一、社会矛盾的普遍性

案例文本：

社会基本矛盾、主要矛盾，傻傻分不清？

关于主要矛盾，毛泽东同志在他著名的《矛盾论》中指出，“在复杂的事物的发展过程中，有许多的矛盾存在，其中必有一种是主要的矛盾，由于它的存在和发展，规定或影响着其他矛盾的存在和发展”。在研究和解决问题的时候，“要用全力找出它的主要矛盾”，因为，“捉住了这个主要矛盾，一切问题就迎刃而解了”。

来看看我们党在不同历史阶段是怎样正确“捉住这个主要矛盾”的。

从1956年党的八大算起，60多年间，关于我国社会主要矛盾的科学表述，经历了3次变动。

1956年，党的八大明确提出，我国社会主义改造基本完成以后，“我们国内的主要矛盾，已经是人民对于建立先进的工业国的要求同落后的农业国的现实之间的矛盾，已经是人民对于经济文化迅速发展的需要同当前经济文化不能满足人民需要的状况之间的矛盾”。

1981年，党的十一届六中全会通过《关于建国以来党的若干历史问题的决议》，指出：“我国所要解决的主要矛盾，是人民日益增长的物质文化需要同落后的社会生产之间的矛盾。”

2017年，党的十九大对中国特色社会主义新时代我国社会主要矛盾作出了新概括：“中国特色社会主义进入新时代，我国社会主要矛盾已经转化为人民日益增长的美好生活需要和不平衡不充分的发展之间的矛盾。”

看明白了吧？社会主要矛盾在一个相对较长的时期内是稳定的，但并不是一成不变的，而是随着时代的发展而相应地发生变化。变化的原因是复杂的，是多因素共同促成的。比如，对新时代我国社会主要矛盾发生的变化，习近平总书记在十九大报告中这样概括：我国稳定解决了十几亿人的温饱问题，总体上实现小康，不久将全面建成小康社会，人民美好生活需要日益广泛，不仅对物质文化生活提出了更高要求，而且在民主、法治、公平、正义、安全、环境等方面的要求日益增长。同时，我国社会生产力水平总体上显著提高，社会生产能力在很多方面进入世界前列，更加突出的问题是发展不平衡不充分，这已经成为满足人民日益增长的美好生活需要的主要制约因素。

再来看看社会基本矛盾。

生产力和生产关系、经济基础和上层建筑之间的矛盾运动，构成社会基本矛盾。一方面，社会基本矛盾是“运动的”，另一方面，基本矛盾的内核并没有发生变化，它的运动和变化，只是它的表现形式。

那么，社会主要矛盾的变化与社会基本矛盾是何关系？

深入到每一个历史阶段的社会主要矛盾的逻辑之中就会发现，这种变化都是由社会基本矛盾运动演变而来的，都是社会基本矛盾在特定历史阶段的表现形式。

在每个历史阶段，我们党对社会主要矛盾的判断都是以当时的社会存在为基础的，是把生产力和生产关系的矛盾运动同经济基础和上层建筑的矛盾运动结合起来观察的。习近平总书记说，把社会基本矛盾作为一个整体来观察，才能全面把握整个社会的基本面貌和发展方向。

掌握和运用好社会基本矛盾和社会主要矛盾分析法，我们观察社会、认识社会就有了很好的理论工具。对执政党来说，精准把握一个阶段社会主要矛盾，制定正确的路线、方针和政策就有了重要依据。这个很牛的理论工具，就是马克思恩格斯创立的历史唯物主义所赋予我们的。

中国共产党对我国社会主要矛盾的认识是随着时代发展和我国国情的具体变化而不断与时俱进的，党对我国社会主要矛盾的认识不断深化，推动着我们党对人类社会发展规律、对社会主义建设规律的认识不断迈上新境界。这是马克思主义矛盾学说的新发展，也是马克思主义中国化的新发展。

——资料来源：思力.社会基本矛盾、主要矛盾，傻傻分不清？[EB/OL].(2020-01-20).http://www.qstheory.cn/wp/2020-01/20/c_1125484789.htm.

案例讨论：

1.阅读案例谈谈，社会发展的各个时期都存在着相应矛盾，体现了矛盾的什么特点。

2.结合实际谈谈，我国不同时期不同主要矛盾下与之对应的社会基本矛盾有何变化，变化原因是什么。

案例点评：

社会基本矛盾运动总是从生产力的发展开始的。生产力处于永恒的运动变化之中。社会基本矛盾运动，就是生产关系与生产力之间、上层建筑与经济基础之间由基本适合到基本不适合，经过矛盾的解决再到新的基本适合的循环往复、不断前进上升的过程。新中国成立以来的三次主要矛盾变化的依据也在于社会基本矛盾运动的变化。新中国成立以来主要矛盾的变化表明，矛盾不是一成不变的，矛盾具有普遍性，矛盾无处不在，矛盾无时不在。

教学建议：

1.本案例适用于《马克思主义与社会科学方法论》中第三章第一节的辅助教学。

2.矛盾无处不在无时不有，这是矛盾普遍性特点，应联系我们国家不同时期的不同矛盾来加以分析。

二、社会的基本矛盾

案例文本：

马克思关于人类社会基本矛盾理论的理论及其当代意义

自新中国成立以来，我国各族人民在党的领导下，冲破惊涛骇浪，绕过激流险滩，历尽艰难曲折，在取得伟大成就的同时，也积累了丰富而宝贵的经验。仔细想来，无论是取得的成就，还是收获的诸多经验，大都与我们能否科学理解、正确处理和利用人类社会基本矛盾及其运动规律有关。

中华人民共和国的成立、新民主主义革命的胜利、国民经济恢复工作的胜利完成，为我国的社会主义改造创造了政治前提和经济前提。1953年，我党制定了“过渡时期的总路线”，随之便开始了轰轰烈烈的对农业、手工业和资本主义工商业的社会主义改造。

在对生产方式和生产关系进行变革的同时，我国也进行了上层建筑领域的变革。1954年召开的第一届全国人民代表大会制定并通过了《中华人民共和国宪法》，逐步形成了我们具有社会主义特色的国体、政体、国家结构、政党制度等为主要内容的政治上层建筑；通过对思想文化战线上的一系列革命和建设，逐步形成了以马列主义、毛泽东思想为指导的社会主义思想文化意识形态。

随着生产方式的变革，社会主义生产关系、经济制度的建立，社会主义政治上层建筑的巩固和以马列主义毛泽东思想为指导的社会主义意识形态上层建筑占据统治地位，社会生产力得到极大发展，人民群众的物质文化生活和精神面貌得到极大改善，我国经济社会也跨入了社会主义的发展阶段。

20世纪80年代初期，在总结经验教训的基础上，我们党做出了经济体制改革的决定。这场改革,是在坚持社会主义基本制度的前提下,改革生产关系和上层建筑中不适应生产力发展的环节和方面,不是对社会主义制度的根本否定,而是社会主义制度的自我完善和发展。改革的目的,是促进社会生产力的发展。改革的基本任务,是建立有中国特色的、充满生机和活力的社会主义经济体制。

多年来,在改革开放的伟大征程中,通过全党全国各族人民的共同努力,不仅极大地推动了生产力的发展,而且建成了世界上最完整的工业体系和国民经济体系,科技创新日新月异,重大工程捷报频传,使我国成为世界第二大经济体,在中华民族伟大复兴的道路上,迈出了坚实的具有决定意义的一步。但回顾我们改革开放走过的路程,总觉得仍有一些值得思考的问题。例如,如何认识生产方式以及生产方式在人类社会基本矛盾乃至人类社会发展中的地位和作用;在研究人类社会基本矛盾时,要不要把生产方式纳入其中,把人类社会基本矛盾的内涵定义为生产力与生产方式、生产方式与生产关系、经济基础与上层建筑之间的矛盾?这一看似理论的问题,在改革开放实践中,却涉及为什么改?改什么?什么能改?什么不能改?怎样改?先改什么?后改什么?改革蓝图的基本结构如何设计?其内在逻辑应该是什么?如何借鉴外国和古人?依据我国的国情,改革的目标应是什么、而不应是什么?等等。苏联解体东欧剧变尤其我国社会主义现代化建设和改革开放的实践告诉我们,正确认识、科学把握这一理论问题和实践问题,意义不仅十分重大,而且也极其深远。

——资料来源:张作云.马克思关于人类社会基本矛盾的理论及其当代意义[J].当代经济研究,2019(10):65-67.(有删减)

案例讨论:

1.试讨论为何党和国家如此重视对社会基本矛盾的研究。

2.结合我国社会主要矛盾的变化,试论我们应该如何正确处理社会基本矛盾与社会主要矛盾之间的关系。

案例点评:

人类社会充满矛盾,社会矛盾无处不在,无处不有。社会矛盾存在于社会生活各个领域。在社会矛盾系统中,生产力和生产关系、经济基础与上层建筑之间的矛盾构成了人类社会的基本矛盾。随着生产力与生产关系的不断运动变化,我国现今的主要矛盾已经转化为人民日益增长的美好生活需要和不平衡不充分的发展之间的矛盾。这样的变化来自社会各方面切实的变化,是由我国现阶段客观实际决定的。看到我国现阶段主要矛盾变化的同时也要看到我国仍处于社会主义初级阶段,社会主义初级阶段是一个很长的历史过程。

教学建议:

1.本案例适用于《马克思主义与社会科学方法论》中第三章第一节的辅助教学。

2.教学中,可以从我国现阶段主要矛盾的变化中联系社会生活实际探析社会基本矛盾。

三、社会主义社会依然充满矛盾

案例文本:

社会主要矛盾变化带来新特征新要求
——认识和把握新发展阶段

用全面、辩证、发展的眼光认识社会主要矛盾变化,要看到这是经济社会发展规律使然、生产力进步必然,增强解决矛盾的紧迫感和责任感进入高质量发展阶段,我国需求条件、要素条件和潜在增长率发生重要变化,需要更加注重发展质量和效益的提升进入新发展阶段,我们将开启全面建设社会主义现代化国家的新征程。深刻认识把握新发展阶段,就要深刻认识把握我国社会主要矛盾变化带来的新特征新要求。

党的十九届五中全会系统分析我国发展环境面临的深刻复杂变化,提出"我国已转向高质量发展阶段""继续发展具有多方面优势和条件,同时我国发展不平衡不充分问题仍然突出"。当前,随着我国经济社会快速发展,人民群众对美好生活的需要也不断提高。我国发展中不平衡不充分问题突出表现在:创新能力不适应高质量发展要求,农业基础还不稳固,城乡区域发展和收入分配差距较大,生态环保任重道远,民生保障存在短板,社会治理还有弱项。要看到,我国仍处于并将长期处于社会主义初级阶段,仍然是世界上最大的发展中国家,发展仍然是我们党执政兴国的第一要务。无论是实现人民群众对美好生活的向往,还是破解"发展起来以后的问题",抑或是跨过"进一步发展绕不开的坎",都需要牢牢把握社会主要矛盾变化带来的新特征新要求,迎难而上、奋勇前进。

认识和把握社会主要矛盾转变,关键在于坚持辩证唯物主义和历史唯物主义的世界观、方法论。改革开放40多年来特别是党的十八大以来,我国发展取得举世瞩目的成就,这是我国社会主要矛盾发生关系全局的历史性变化的原因所在。进入新发展阶段,发展不平衡,主要是各区域各领域各方面存在失衡现象,制约了整体发展水平提升;发展不充分,主要是我国全面实现社会主义现代化还有相当长的路要走,发展任务仍然很重。用全面、辩证、发展的眼光认识社会主要矛盾变化,既要看到这是经济社会发展规律使然、生产力进步必然,也要看到这些矛盾已经构成制约我国发展的突出短板,必须增强解决矛盾的紧迫感和责任感。

2019年,我国国内生产总值接近100万亿元大关,人均国内生产总值突破1万美元。当前,发展中的矛盾和问题集中体现在发展质量上。这就要求我们必须把发展质量问题摆在更为突出的位置,着力提升发展质量和效益。推动高质量发展是遵循经济发展规律、保持经济持续健康发展的必然要求,是适应我国社会主要矛盾变化和全面建成小康社会、全面建设社会主义现代化国家的必然要求。经济发展规律表明,一个国家进入工业化中后期,只有实现发展方式从规模速度型转向质量效益型,才能顺利完成工业化、实现现代化。进入高质量发展阶段,我国需求条件、要素条件和潜在增长率发生重要变化,需要更加注重发展质量和效益的提升。只有大力提高发展质量,才能解决好我国社会主要矛盾,以更加平衡更加充分的发展满足人民美好生活需要。

习近平总书记强调:"高质量发展就是体现新发展理念的发展,是经济发展从'有没有'转向'好不好'。"新发展理念是管全局、管根本、管长远的导向。"十三五"时期,我们大力实施创新驱动战略,为中国经济注入澎湃动能;坚持统筹协调,不断增强发展整体性、联动性;持续构建绿色发展方式和生活方式,进一步破解资源约束趋紧、环境污染严重、生态系统退化的问题;坚定不移全面扩大开放,以高水平对外开放打造国际合作和竞争新优势;践行以人民为中心的发展思想,使发展成果更多更公平惠及全体人民。实践充分证明,坚定不移贯彻落实新发展理念,着力推动经济发展质量变革、效率变革、动力变革,就能推动中国经济在高质量发展的壮阔大海中劈波斩浪、行稳致远。

聚焦发展中的不平衡不充分问题,既要坚定必胜信念、保持历史耐心和战略定力,也要坚持问题导向和目标导向相统一,付出持之以恒的努力。锚定高质量发展的目标,增强落实新发展理念的行动自觉,着力固根基、扬优势、补短板、强弱项,我们定能为全面建设社会主义现代化国家开好局、起好步。

——资料来源:人民日报评论部.社会主要矛盾变化带来新特征新要求——认识和把握新发展阶段[N].人民日报.2020-12-04(05).

案例讨论:

1.阅读案例,新时期我国主要矛盾变化的时代条件是什么。

2.你怎样看待"社会主义社会没有矛盾"这样的观点。

案例点评：

社会矛盾普遍存在，但每一矛盾又是具体的、特殊的。研究社会矛盾必须注重研究矛盾的特殊性，坚持具体问题具体分析这个马克思主义活的灵魂。社会主义在中国已经建立了近七十年，中国社会主义的主要矛盾也随着具体时代情境的变化发生着改变。今天，进入中国特色社会主义新时代，我们必须正视新的变化，承认新的矛盾，用新的理念解决矛盾，推动社会不断发展。

教学建议：

1. 本案例适用于《马克思主义与社会科学方法论》中第三章第一节的辅助教学。
2. 建议教学中引用更多史实进行论证。

第二节　社会矛盾的特殊性与具体问题具体分析方法

一、注重研究不同领域矛盾的特殊性

案例文本：

党史学习教育要兼顾一般性与特殊性

习近平总书记在党史学习教育动员大会上的重要讲话中明确指出："党史学习教育有自身的特点和规律，要发扬马克思主义优良学风，坚持分类指导，明确学习要求、学习任务，推进内容、形式、方法的创新，不断增强针对性和实效性。"坚持分类指导，遵循一般和个别相结合的原则，兼顾一般性与特殊性，对于推动党史学习教育走向深入、取得扎实成效具有重要意义。

一般性是学习教育的基础。毛泽东曾说："任何工作任务，如果没有一般的普遍的号召，就不能动员广大群众行动起来。"深入开展党史学习教育，既要让党员干部行动起来，也要让人民群众行动起来。党史学习教育对每一个党组织、每一名党员尤其是党员领导干部提出了一般性要求。在党史学习教育中，每个同志都要认真学习党史、新中国史、改革开放史、社会主义发展史，善于从历史中汲取经验，通过党史学习教育不断提高政治判断力、政治领悟力、政治执行力，自觉在思

想上政治上行动上同党中央保持高度一致，真正做到学史明理、学史增信、学史崇德、学史力行，确保全党上下拧成一股绳，心往一处想、劲往一处使。

特殊性是开展教育的关键所在。毛泽东深刻指出："如果只限于一般号召，而领导人员没有具体地直接地从若干组织将所号召的工作深入实施，突破一点，取得经验，然后利用这种经验去指导其他单位，就无法考验自己提出的一般号召是否正确，也无法充实一般号召的内容，就有使一般号召归于落空的危险。"要确保将党史学习教育的要求落到实处，就不能仅仅满足于表面的一般号召，而要坚持一切从实际出发，具体问题具体分析，结合工作实际有的放矢地开展党史学习教育。一方面，除了一般性的党史学习，各单位、各部门、各条战线的党员干部还要结合本职工作加强党史重点内容学习。如军队党员要重点加强习近平强军思想、人民军队历史的学习，大专院校的党员要重点加强党领导教育工作的历史以及习近平总书记关于教育工作重要论述的学习等等。另一方面，要将党史学习教育与本单位、本部门具体工作实践紧密结合起来，勇于向弱化党的先进性、损害党的纯洁性的问题开刀，真正将党史学习教育成果转化为改进工作的实际效能。具体到某一部门、单位，就是要搞清楚自己工作中的痛点、堵点、漏点、弱点在哪里？具体到党员干部个人，就是要在理想信念、作风能力、工作方式方法等方面查找究竟存在哪些短板和不足？整改措施如何设计方能精准有效？要解决上述问题，就需要从各部门、各单位以及党员具体实际出发，通过对照党中央要求与人民群众期待，经过认真细致地调查研究，摸准情况、找准症结，把好脉、开好方，逐一落实。同时，在党史学习教育中，还要持续抓好党员领导干部这一"关键少数"，充分发挥党员领导干部的示范引领作用。因此，不体现特殊性，教育目标就不能落地生根，党史学习教育的高标准、高要求也就难以实现。

兼顾一般性与特殊性，根本在于注重运用学习与实践两大武器，要在学习与实践的循环往复中提高认识、增强本领、改进工作。首先，要落实好党史学习教育的规定动作。通过学习党中央关于党史学习教育的指导思想、总体要求与具体安排，明确本部门、本单位开展党史学习教育的方案。其次，要将党史学习教育的自选动作做到位。要对照党中央部署要求对本部门、本单位情况做全面调查研究，注意听取普通党员、人民群众的意见建议，努力掌握真实情况，明确差距何在、问题何在。在掌握实际情况的基础上，将问题、差距与党中央要求、群众期盼进行全面系统的比对，确定整改的具体举措，明确整改落实的时间表、路线图。最后，要持之以恒狠抓落实。坚持以钉钉子精神抓好党史学习教育的整改落实工作，将整改措施一一组织实施，并加强监督检查，在实践中对整改措施加以验证，看看措施是否对症、得力、有效。在这一过程中，可能会发现问题找得不对、有漏项，或者措施不够精准，甚至还会延伸出新问题，这就需要及时对整改举措进行调整。只有经历了学习与实践、查找问题与整改落实的多次循环往复，我们才能够真正对本部门、本单位的问题了然于胸，对解决问题的办法了然于胸，对整改落实更有底气，也才能确保党史学习教育收到实效。

——资料来源：陈一远．党史学习教育要兼顾一般性与特殊性[N]．解放军报.2021-06-18(07).

案例讨论：

1.阅读案例，试讨论为何党史学习教育要兼顾一般性与特殊性。

2.你认为社会矛盾的普遍性与不同领域矛盾的特殊性相冲突吗？

案例点评：

党史学习教育是一名合格党员的必修课。确立党员党史学习教育的明确标准，对加强党史学习教育，提升党的先进性与纯洁性有着非常重要的现实意义。社会矛盾普遍存在，但不同领域的社会矛盾又是具体的、特殊的，这就需要根据不同领域的环境特征来调整，党史学习教育做到兼顾一般性与特殊性尤为重要。中国特色社会主义进入新的发展阶段，我们要从不同维度、不同领域去分析，因为每个领域的矛盾都是特殊的。新发展阶段要从经济角度、现代化维度、国家治理维度、民族复兴维度具体分析。研究社会矛盾我们需要注重研究不同领域矛盾的特殊性。

教学建议：

1.本案例适用于《马克思主义与社会科学方法论》中第三章第二节的辅助教学。

2.注意将理论知识与学生生活实际相联系，便于学生理解。

二、注重研究不同过程和阶段矛盾的特殊性

案例文本：

正确认识新发展阶段的新特征新要求

从国际形势看，世界正经历百年未有之大变局，国际环境日趋错综复杂。一方面，世界多极化、经济全球化、社会信息化仍在曲折中发展，新兴市场国家和发展中国家的崛起速度之快前所未有，国际力量对比深刻调整，世界经济版图正在

发生深刻变化;新一轮科技革命和产业革命带来的新陈代谢和激烈竞争前所未有,正在影响和改变着人类社会生产方式、生活方式和思维方式,加速重塑世界;全球治理体系和国际形势变化的不适应、不对称前所未有,全球治理体系变革正在加速推进;新冠肺炎疫情全球大流行使百年未有之大变局加速演进,人类命运共同体理念深入人心,世界和平力量在不断增长,和平与发展仍然是当今时代主题。另一方面,世界面临的不稳定性不确定性明显增加,新冠肺炎疫情影响广泛深远,世界经济增长乏力,贸易保护主义、孤立主义、排外主义、民粹主义等思潮不断抬头,经济全球化遭遇逆流;贫富分化日益严重,地区热点问题此起彼伏,恐怖主义、网络安全、重大传染性疾病、气候变化等非传统安全威胁持续蔓延,治理赤字、信任赤字、和平赤字、发展赤字等问题越来越严重。这意味着,今后一个时期,我们将面对更多逆风逆水的外部环境,必须做好应对一系列新的风险挑战的准备。

从国内形势看,我国发展环境面临深刻复杂变化,中华民族伟大复兴处于关键时期。一方面,改革开放以来尤其是党的十八大以来,我们党团结带领全国各族人民不懈奋斗,推动我国经济实力、科技实力、国防实力、综合国力进入世界前列,推动我国国际地位实现前所未有的提升,党的面貌、国家的面貌、人民的面貌、军队的面貌、中华民族的面貌发生了前所未有的变化;我国已转向高质量发展阶段,制度优势显著,治理效能提升,经济长期向好,物质基础雄厚,人力资源丰富,市场空间广阔,发展韧性强劲,社会大局稳定,继续发展具有多方面优势和条件。另一方面,新发展阶段我国发展还面临许多新的挑战:发展不平衡不充分问题仍然突出,重点领域关键环节改革任务仍然艰巨,创新能力不适应高质量发展要求,农业基础还不稳固,城乡区域发展和收入分配差距较大,生态环保任重道远,民生保障存在短板,社会治理还有弱项。这意味着,今后一个时期,全面协调推动各领域工作和社会主义现代化建设,必须解决好突出问题和明显短板。

总体而言,进入新发展阶段,我国具备过去难以想象的良好发展条件,也面临着许多前所未有的困难挑战。推动经济社会高质量发展,就要辩证看待新发展阶段的新机遇新挑战。一方面,增强机遇意识,充分认识世界百年未有之大变局带来的历史机遇,充分认识改革开放以来尤其是党的十八大以来我们党带领人民艰苦奋斗取得的辉煌成就、积累的丰富经验以及为新发展阶段创设的良好条件,在激烈国际竞争中抢占先机、顺势而为、赢得主动,于变局中开新局;另一方面,增强风险意识,深刻认识错综复杂的国际环境带来的新风险新挑战,深刻认识我国社会主要矛盾变化带来的新特征新要求,统筹中华民族伟大复兴战略全局和世界百年未有之大变局，善于迎接挑战、逆势而上，于危机中育新机。

——资料来源：秦宣．正确认识新发展阶段的新特征新要求[N].光明日报.2020-12-25(15).(有删减)

案例讨论：

1.案例中对新发展阶段特征的阐述基于什么原理？

2.新发展阶段的新特征对我国的国家治理提出了哪些新要求？

案例点评：

人类社会总是不断地从低级形态向高级形态转变，每一个社会形态之中又会经历不同的发展阶段。不同的社会发展阶段具有不同的时代特征，充分体现了该阶段矛盾的特殊性，具有强烈的时代痕迹。新发展阶段，就是全面建设社会主义现代化国家向第二个百年奋斗目标进军的阶段。案例中，作者立足于不同阶段矛盾的特殊性，在充分把握当前时代背景下，明确了新发展阶段所具有的时代特征，这些时代特征也为我国经济社会发展提出了新的要求。

教学建议：

1.本案例适用于《马克思主义与社会科学方法论》中第三章第二节的辅助教学。

2.本案例的讲解可以联系历史与生活实际进行，深入浅出。

三、注重研究矛盾地位和作用的特殊性

案例文本：

不断深化对社会主要矛盾变化的认识

党的十九大报告指出，中国特色社会主义进入新时代，我国社会主要矛盾已经转化为人民日益增长的美好生活需要和不平衡不充分的发展之间的矛盾。这是一个重大政治论断，对党和国家工作提出了许多新要求。理论界对这一重大政治论断作了许多分析，形成了许多研究成果。进一步把握社会主要矛盾变化的客观性和我们党作出这一重大政治论断的科学性，需要不断深化认识。

我们党作出社会主要矛盾发生转化的重大政治论断，有着深厚的马克思主义理论基础。按照历史唯物主义的观点，生产力与生产关系、经济基础与上层建筑相互作用、相互制约，形成社会基本矛盾，制约着整个社会结构体系的存在和发展，这是马克思主义的基本原理。新时代我国社会主要矛盾发生转化，但我国仍

处于并将长期处于社会主义初级阶段的基本国情没有变，这是社会基本矛盾在当代中国运动发展的具体表现。深化对社会主要矛盾变化的认识，需要深入研究社会基本矛盾同社会主要矛盾的关系，因为对各种社会矛盾的分析、归纳，归根结底都要落到马克思所揭示的社会基本矛盾上来。

毛泽东同志指出："在复杂的事物的发展过程中，有许多的矛盾存在，其中必有一种是主要的矛盾，由于它的存在和发展，规定或影响着其他矛盾的存在和发展。"党的十九大报告对我国社会主要矛盾转化的判断，是从各种社会矛盾的变化中提炼出来的。新时代，我国各种社会矛盾都发生了新的变化，这些变化对发展和需求都带来了深刻影响。正是通过对发展和需求的深入分析，我们党作出了我国社会主要矛盾已经转化的重大政治论断。进一步深化对我国社会主要矛盾变化的认识，需要运用矛盾分析方法正视和剖析各种社会矛盾。

党的十九大报告强调，我国社会主要矛盾的变化，没有改变我们对我国社会主义所处历史阶段的判断，我国仍处于并将长期处于社会主义初级阶段的基本国情没有变，我国是世界最大发展中国家的国际地位没有变。这就要求我们善于运用辩证思维深化对社会主要矛盾变化的认识。邓小平同志在对社会主义初级阶段作出深刻阐述时，就运用了辩证思维。当前，我国社会主要矛盾已经转化，这是一个客观事实，但不能因此就认为我国已经跨越社会主义初级阶段，就认为我国已经不是发展中国家，而是要牢牢把握社会主要矛盾"变"和社会主义初级阶段"不变"的辩证关系。通过这样的辩证研究，我们也能进一步深化对生产力标准、社会主义的本质、社会主义初级阶段的实质等的认识。

还需要指出的是，对社会现象的任何判断都渗透着判断者的价值立场。无论是"人民日益增长的物质文化需要同落后的社会生产之间的矛盾"，还是"人民日益增长的美好生活需要和不平衡不充分的发展之间的矛盾"，我们党对社会主要矛盾的把握，始终将社会主要矛盾的一个方面聚焦于人民的需要，这体现了我们党全心全意为人民服务的根本宗旨。如果没有全心全意为人民服务的价值立场，就不可能始终把人民的需要作为社会主要矛盾的一个方面。因此，我们要进一步研究习近平同志提出的"坚持以人民为中心"在对社会主要矛盾变化的判断中所起到的作用。

——资料来源：陈锡喜．不断深化对社会主要矛盾变化的认识[N].人民日报.2019-09-05(08).

案例讨论：

1.我国主要矛盾的转化如何体现矛盾地位的特殊性？

2.结合实际谈谈，我们应如何辩证把握新时代社会主要矛盾的变与不变。

案例点评：

社会发展的不同阶段中，各种矛盾的地位和作用是不平衡的，有且只有一种矛盾在社会基本矛盾的运行过程中居于支配地位，起着规定或影响其他矛盾的作用，这就是社会主要矛盾。我国社会主要矛盾的变化，没有改变我们对我国社会主义所处历史阶段的判断，我国仍处于并将长期处于社会主义初级阶段的基本国情没有变，我国是世界最大发展中国家的国际地位没有变。一般来说，社会基本矛盾和社会主要矛盾处于相对稳定统一的状态，但在不同历史时期和阶段，社会主要矛盾往往会发生相应变化，呈现出不同的表现形式，这就要求中国共产党人坚持具体问题具体分析，适时提出并正确处理社会不同时期的主要矛盾，以此实现社会的持续健康发展。

教学建议：

1.本案例适用于《马克思主义与社会科学方法论》中第三章第二节的辅助教学。

2.除了加深同学们对矛盾特殊性的理解，还可以培养他们时刻关注时事政治，时刻关心国家大事，共同努力解决主要矛盾的意识。

四、注重研究矛盾性质和矛盾斗争形势的特殊性

案例文本：

同心共筑平安梦——共建共治共享的社会治理制度如何搭建？

社会治理的成效，关乎人民安居乐业，关乎社会安定有序。共建共治共享的社会治理制度，是我们党在长期探索中形成的，是被实践证明符合中国国情、符合人民意愿、符合社会治理规律的科学制度，是党的十九届四中全会提出要着力坚持和完善的重要制度之一。只有深刻领会贯彻这一制度的基本要义和重点任务，才能形成社会治理的新思路新格局，建设人人有责、人人尽责、人人享有的社会治理共同体，建设更高水平的平安中国。

人类社会是在矛盾运动中不断向前发展的，矛盾无处不在、无时不有，指望没有矛盾是不现实的。在社会生活中，存在着各种各样的矛盾，按其性质不同，可分

为对抗性矛盾和非对抗性矛盾两种类型。人民内部矛盾,相对于对抗性的敌我矛盾而言,具有非对抗性,是人民利益根本一致基础上的矛盾,可以通过正确的方法加以调和解决。

1957年,毛泽东同志发表《关于正确处理人民内部矛盾的问题》,第一次系统阐述了这一重大问题,为正确处理社会主义条件下的人民内部矛盾指明了方向。改革开放特别是新时代以来,经济社会发生深刻变革,带来利益格局的深刻调整,人民内部矛盾出现了许多新情况新问题。一是高发性。我国已进入人均GDP8000美元至1.2万美元的发展阶段,根据一些国家的经验,这一时期是社会矛盾的凸显期和易发期,不同群体利益分化和冲突呈加剧趋势。二是多样性。随着人们对民主、法治、公平、正义、安全、环境等方面的要求日益提高,人民内部矛盾不仅表现为物质利益的经济纷争,还体现在政治、文化、社会、生态等方面,涉及经济社会多个领域。三是扩张性。在信息高度发达的当今社会,一些看似平凡的小事被网络发酵放大,极易引发大范围的情绪对立和社会撕裂。这些问题是在发展过程中出现的,需要适应时代发展要求和人民更好期待,努力加以解决。

党的十九届四中全会深刻把握新时代人民内部矛盾的特点和规律,从保持社会稳定、维护国家安全的战略高度,提出了完善正确处理新形势下人民内部矛盾的有效机制,为从源头上、根本上预防和化解人民内部矛盾提供了方法论指导。

关口前移,矛盾不上交。"枫桥经验"的一个突出特点,就是"小事不出村、大事不出镇",最大限度地把矛盾风险防范化解在基层。从现实情况看,有的地方和单位"后知后觉",对苗头性问题不敏感,出现了矛盾也办法不多、处置不当,要么"捂盖子",要么"撂挑子",最后"小事拖大、大事拖炸"。要避免这种情况,最重要的就是要关口前移,切实把好"源头关""监测关""管控关""责任关",做到前置防线、前瞻治理、前端控制、前期处置,完善重大决策社会稳定风险评估机制,加快监测预警体系建设,健全整体防控体系,严格落实领导责任、属地责任和监管责任,确保守土有责、守土负责、守土尽责。

联调联动,矛盾共化解。现代医疗卫生制度的一个重要特点,就是根据病人的不同情况,实施分类分流的诊疗。化解矛盾纠纷就好像看病一样,也必须把人民调解、行政调解、司法调解有机统一起来,形成科学分流、效力对接的"三调"联动机制,确保其精确性和有效性。同时,完善资源整合的制度机制,促成司法机关、行政机关、企事业单位、社会组织等多主体联合开展调解,重点化解跨地域、跨行业、跨部门重大疑难复杂纠纷,形成解决矛盾问题的强大合力。

疏解引导，矛盾少产生。古人语，良医治未病。化解矛盾重在预防矛盾。当前，随着我国社会快速转型，一些人心理波动不断加大，焦虑、急躁、冷漠和偏激等负面情绪日益增多，"一言不合就开撕""看什么都是阴谋""仇官仇富仇政府"……成为矛盾产生的导火索。人心不平，社会难安。"能攻心则反侧自消"，很多矛盾背后并没有什么严重的利害冲突、难解的深仇大恨，有的就是为了"争口气"。化解矛盾首在"攻心"，根据不同人群、不同情况，有针对性地加强帮扶救助、心理疏导、法律援助，最大限度消解社会戾气，塑造自尊自信、理性平和、积极向上的社会心态。

凡事出新，必有策应。面对新情况新问题，化解矛盾有了新招数新办法，社会环境就会展现新面貌，新时代中国特色社会主义就会获得更加强劲的发展动力。

天下大同，人人为公。只有依靠人民，社会治理才能获得取之不尽、用之不竭的源源动能；只有动员人民，社会治理才能形成同心同德、团结协作的强大合力；只有为了人民，社会治理才能占领大公至正、造福百姓的价值高地。站在今天社会治理的新起点上，一个共建共治共享的美好社会更加令人期待。

——资料来源：曹昆，马昌．同心共筑平安梦——共建共治共享的社会治理制度如何搭建？[N]人民日报.2020-08-12(07).（有删减）

案例讨论：

1. 试比较我国非对抗性的社会矛盾与资本主义国家中社会矛盾的异同。
2. 试讨论对抗性矛盾与非对抗性矛盾的异同以及各自的解决方式。

案例点评：

社会是在矛盾运动中不断向前发展的，矛盾无处不在、无时不有，指望没有矛盾是不现实的。在社会生活中，存在着各种各样的矛盾，按其性质不同，可分为对抗性矛盾和非对抗性矛盾两种类型。人民内部矛盾，相对于对抗性的敌我矛盾而言，具有非对抗性，是人民利益根本一致基础上的矛盾，可以通过正确的方法加以调和解决。我国的各种矛盾归根到底都属于非对抗性矛盾，我们要深刻理解我国矛盾的性质并据此提出对应的解决办法。社会主义国家的非对抗性矛盾中的敌我矛盾要以专政方法解决，而人民内部矛盾则要以说服教育等方式解决。

教学建议：

本案例适用于《马克思主义与社会科学方法论》中第三章第二节的辅助教学。

第三节　利益分析和阶级阶层分析方法

一、利益矛盾与利益分析方法

案例文本：

G7扩容矛盾加剧韩日紧张关系

据日本媒体报道，日本首相安倍晋三日前对美国有意扩大七国集团(G7)架构并邀请韩国参加今年峰会表达了反对意见。6月29日，韩国总统府青瓦台不具名高官指责日本习惯于“祸害”周边国家却拒不认错反省，简直“无耻之极”。

分析人士认为，日本反对韩国参与G7峰会，既是担心韩国在国际场合宣传历史问题，也是想维护其G7唯一亚洲成员国的地位，还有借对韩强硬挽救安倍支持率的目的。韩日之前已在历史问题、经贸关系等方面摩擦不断，如今在G7扩容等国际问题上又发生矛盾，令韩日关系愈发紧张。

韩国积极回应

韩国总统文在寅6月1日在与美国总统特朗普的通话中欣然接受参加今年G7峰会的邀请。文在寅同意特朗普认为G7体制“已经落后”的说法，并表示G7扩大会议若能召开，将成为后疫情时代的里程碑事件。

对韩国而言，这一邀请无疑是美国伸出的橄榄枝。韩国有望借此提升国际形象和地位，增加其在国际社会的威望和领导力，同时也能在全球议题设置上享有更多话语权，在韩日历史问题、朝鲜半岛问题等事关韩国国家利益的问题上赢得更多主动权。

韩国分析人士认为，这次特朗普邀请韩国参加G7峰会，一定程度上反映出韩国在应对疫情方面措施得力、效果显著。若韩国参会，文在寅将积极向G7成员国介绍韩国防控疫情和提振经济的经验和做法，向国际社会传递通过支持多边主义克服危机、恢复经济的信息。

韩国建国大学经济学教授崔培根说，在G7多边框架下，韩国能更好地发挥国家软实力，同时在维护半岛和平这一核心议题上也有望获得更广泛的国际支持。

日本明确反对

日本内阁官房长官菅义伟6月29日在记者会上表示，最终以怎样的形式召开G7峰会，主席国美国正在协调，但日方认为，维持G7原有框架是极其重要的。这一表态被认为是日本明确反对韩国加入G7。

日本共同社分析说，日本政府明确反对韩国加入G7，或许是对韩国有可能围绕历史认识问题在国际舞台上单方面进行宣传怀有戒心。韩国舆论也认为，韩国如果加入G7，将增加其在“慰安妇”、被强征劳工索赔等历史问题上的发声机会，使日本面临国际社会尤其是西方世界的压力，这是日本高度警惕的。

韩国舆论还认为，日本反对的另一个原因是想维护自己是G7内亚洲唯一代表的地位。如果韩国借参加峰会之机成功跻身G7成员国之列，将削弱日本在G7的影响力。日本难以接受同属亚洲国家的韩国在G7与自己平起平坐。韩国韩神大学日本学教授河钟文说，日本政界一贯对韩国采取居高临下的态度，不愿接受和承认韩国形象与地位的提高，所以对韩国加入G7反应异常敏感。

另外，日本此举还被认为有国内政治考量。河钟文说，安倍目前支持率不断下滑，如果此时轻易缓和对韩立场，将招致支持他的保守群体的批评。

关系继续恶化

近来，韩日两国因劳工索赔以及“明治工业革命遗址”等历史问题引发的矛盾持续发酵，日本对韩贸易出口限制没有松动迹象，此时两国又在G7峰会扩容问题上发生龃龉，将不可避免导致本已陷入低谷的韩日关系进一步恶化。

与此同时，韩国6月24日提名本国产业通商资源部通商交涉本部长俞明希参选世界贸易组织新一任总干事。据韩媒报道，日本有意阻挠韩国官员参选。

去年7月，日本宣布对出口韩国的3种半导体工业原材料加强审查和管控，此举被韩方认为是日方在历史问题上对韩国的“经济报复”。今年6月，韩国再次就日本的出口限制向世贸组织提起诉讼。日方担心，若韩国官员成功就任世贸组织总干事，日方将在韩日贸易争端中处于下风。

有分析指出，目前安倍政府在韩日关系上立场强硬，对话意愿不足，短期内两国矛盾恐进一步加深。由于世贸组织总干事人选和G7峰会扩容都需要各成员一致同意，因此日本可能制造阻力，韩国或将采取反击措施。

韩国国立外交院日本研究中心顾问金在信认为，从日方一系列反应看，日本不希望看到韩国在国际舞台的声望提高，现阶段韩国政府应积极游说有关国家，加强外交努力，营造有利的国际舆论。

——资料来源：陆睿.G7扩容矛盾加剧韩日紧张关系[EB/OL].(2020-07-02). http://korea.people.com.cn/n1/2020/0702/c407881-31767805.html.

案例讨论：

1.结合利益分析法分析，为何日本反对韩国参与G7？

2.G7扩容为何使日本和韩国关系愈发紧张？

案例点评：

美国作为发达国家，许多国家都选择依附它，以期得到它的帮助。美国的邀请，对韩国而言，是美国伸出的橄榄枝，韩国可以借此提升自己的国际地位和国际影响力。韩国试图利用G7集团的加持，使自己在国际上拥有更多的话语权。所以日本在韩国加入G7一事上，表现得十分敏感。在这一问题上，分析各个国家的利益倾向、利益分化、利益关切和利益诉求，才是看待这一问题的关键，各个国家的利益关系影响着各自的立场和态度。

教学建议：

1.本案例适用于《马克思主义与社会科学方法论》中第三章第三节的辅助教学。

2.在教学中可结合政治、经济、文化、国际等方面的具体案例进行讲解。例如国际关系上的利益冲突、宏观调控政策、民族政策等。

二、阶级矛盾与阶级分析方法

案例文本：

理解中国革命的"金钥匙"——重温《中国社会各阶级的分析》

1925年，第一次国共合作推动的反帝反封建大革命风起云涌，中国社会各阶级几乎都参与这场大革命。在革命逐步推向高潮之际，统一战线内部无产阶级同资产阶级争夺领导权的斗争也日益尖锐。国民党内部分化加剧，右派反对共产党及其领导的工农群众的阶级斗争。中共党内一些人对局势把握不准，认识混乱，也出现了两种错误倾向。《毛泽东选集》在介绍收录这篇文章的写作背景时指出："为反对当时党内存在着的两种倾向而写的。"当时党内的第一种错误倾向，只注意同国民党合作，认为工人阶级不能成为领导阶级，忽视和否认农民在革命中的地位和作用，以陈独秀为代表。第二种错误倾向以张国焘为代表，只重视工人运动，对国共合作持反对态度，不愿意团结国民党内的革命力量。这两种错误倾向都感觉到了自己力量的不足，但不知道如何赢得广大的同盟军，同时也没有真正弄清革命的敌人是谁。无产阶级革命，如果既没有找到和确立领导力量，又没有找到可靠的支持力量，则革命成功无从谈起。

毛泽东参加中央领导工作后，深切感受到党内这两种错误思想倾向及其危害，并同这些错误倾向展开了斗争。1924年12月，毛泽东带着问题和思考从上海回到家乡湖南韶山，开始深入调查研究和组织发动农民的工作。在开展斗争和调查研究的过程中，毛泽东更加坚定地认识到陈独秀、张国焘的错误倾向。为了让党内早一些认识到“中国无产阶级的最广大和最忠实的同盟军是农民”，认识到“无产阶级是革命的领导力量”，同时，也认识到国民党的“革命”性，解决中国革命的领导、动力、对象等一系列根本问题，毛泽东于1925年秋，在深入调查研究的基础上，以唯物史观为指导，运用阶级理论和阶级分析方法，写下了这篇光辉著作。

这篇文献运用阶级分析法，在扑朔迷离的社会关系和阶级关系中明确了阶级斗争与革命目标问题。特别是毛泽东对中国的农民问题和民族资产阶级的重要认识，为不断推进和实现马克思主义中国化作出了独特贡献。毛泽东用阶级分析法分析中国社会各阶级的方法，对我们今天适应时代和环境的新变化，客观、全面地分析和对待我国社会阶层结构的新变化，使我们党的各项方针政策更好体现社会不同阶层的利益和意愿，最广泛最充分地调动一切积极因素为实现中华民族伟大复兴的中国梦凝聚力量，具有重要启发意义。

——资料来源：魏志奇.理解中国革命的“金钥匙”——重温《中国社会各阶级的分析》[N].四川日报，2021-05-24(09).

案例讨论：

1.当前我国是否还存在阶级矛盾与阶级斗争？

2.结合实际，谈谈阶级分析方法是否还适用于我国解决社会治理中的问题。

案例点评：

马克思阶级分析方法的永恒魅力在于它的简洁性和一元性。在政治多极化、经济全球化和社会世俗化的当代社会，人们必须时刻关注错综复杂的社会分层现象，学会马克思的唯物辩证法，借鉴阶层分析法的系统整体观点。我国已进入新发展阶段，当前的社会主要矛盾已不再是阶级矛盾，阶级斗争也不再是主要的斗争方式，但阶级矛盾与阶级斗争在一定范围内仍长期存在，并且在一定条件下还可能激化。阶级分析方法始终是我们研究社会现象和社会问题，分析各种社会思潮的阶级实质的重要方法。

教学建议：

1.本案例适用于《马克思主义与社会科学方法论》中第三章第三节的辅助教学。

2.教学时，可结合具体生活中的案例进行教学。

三、阶层矛盾与阶层分析方法

案例文本:

把新的社会阶层人士紧密团结在党的周围

习近平总书记强调,"实现中华民族伟大复兴的中国梦,需要广泛汇聚团结奋斗的正能量""要健全同党外知识分子、非公有制经济人士、新的社会阶层人士的沟通联络机制"。

新郑是河南省会郑州下辖的县级市,常住人口100万,市场主体6.3万家,居郑州下辖县(市)首位,中介组织和社会组织3365家。为充分发挥新的社会阶层人士重要作用,新郑市探索"全镇域"模式,以"全镇域"带动"全县域"覆盖,把新的社会阶层人士组织起来,推动新的社会阶层人士统战工作实现良好开局、取得初步成效。

1.将新的社会阶层人士有效组织起来

"全镇域"模式,是指在新的社会阶层人士统战工作中,突破项目统战、楼宇统战思维,坚持主体在乡、延伸到村、覆盖到点、联系到人,确立以乡镇为单元的理念,以新的社会阶层人士联谊组织为载体,先在新的社会阶层人士较为聚集、新经济业态相对聚集,以及党建、统战工作基础较好的乡镇(街道)进行试点,而后全面推开,建立横向到边、纵向到底、覆盖全面的组织体系,把各领域新的社会阶层人士有效组织起来的一套工作方法。

明确指导思想。河南省委统战部非常重视新的社会阶层人士统战工作,要求把创新作为新的社会阶层人士统战工作的核心和灵魂,切实抓实抓细出成效。郑州市委连续三年把新的社会阶层人士统战工作列入市委全面深化改革重点项目。2019年,郑州市提出在新郑打造"全镇域"新的社会阶层人士统战工作实践创新基地。新郑市委全力支持,积极探索新的社会阶层人士"全镇域"统战工作,为其他地区提供了可以借鉴的"新郑模式"。坚持党委给力、统战卖力、各方接力、阶层发力、上下合力,按照"有党的组织、有统战力量、有骨干队伍、有工作阵地、有制度规范、有专门经费、有主题活动、有工作品牌"的标准,打造点、串成线、连成片、扩到面、织成网,实现"全力度支持、全层级纳入、全行业覆盖、全链条融合、全流程指导、全方位服务、全社会参与"。

确立工作原则。坚持摸清底数、建立阵地、成立组织、搭建平台、健全机制,建立党委领导、依法管理、社会化运作模式,做到"党建"与"统战"互融、"理论"与"实践"结合、"公转"与"自转"协调、"出力"与"出彩"并重、"个人"与"组织"共赢,确保组织功能完善、经常开展活动、制度机制健全、作用发挥明显。通过以点带面，实现全市新的社会阶层人士社会化大统战工作格局。

制定实施步骤。第一步，在新的社会阶层人士较为聚集的乡镇成立新联会。按照“一镇一特色”，在全市经济实力最强、流动人口最多、新的社会阶层人士最密集的龙湖镇，临空临港优势最突出、实体产业链最完善的薛店镇和“两新”组织最集中、占城市建成区面积最大的新华路街道成立新联会，并按照群体或行业划分成立各类分会。镇级新联会和党支部成立后，依托3个试点乡镇的60个村（社区）党群服务中心，建立新的社会阶层人士服务站，构建贯通市、乡镇（街道）、村（社区）三级工作网络，实现全镇域覆盖。

第二步，把试点模式复制到其他乡镇，把实践创新工作从楼宇、园区、校区辐射到全市所有村镇和社区，使每一位新的社会阶层人士都能找到“组织”。同时，在“全镇域”实践探索的基础上，因地制宜依托郑州升达经贸管理学院，发挥民办高校灵活的体制优势和雄厚的师资力量，组建新的社会阶层人士统战工作理论研究和人才培养中心，着力研究解决制约新的社会阶层人士统战工作长效发展的瓶颈和机制体制问题，以坚强的理论支撑保障新的社会阶层人士统战工作不断创新发展。

第三步，成立市级新的社会阶层人士联谊组织和党组织，充分发挥党组织的政治核心作用，不断延伸工作手臂，扩大工作覆盖面和团结面，不断增进凝聚政治共识，呈现“滚雪球”效应，巩固和扩大党执政的群众基础与社会基础。

2.把新的社会阶层人士“引上路、领进门”

以“党建”为统领，在抓好“两手”上见实效。一手抓引领。主要是通过同步成立党支部，加强政治引领、思想引领，把新的社会阶层人士“引上路、领进门”。一手抓服务。主要是通过政策服务、创业服务、生活服务等，暖心留人助发展，为“组织起来”打好基础。

以“阵地”为圆心，向三级组织全覆盖。建立“市级联谊组织＋乡镇联谊服务中心＋村（社区）联络站”，构建横向到边、纵向到底，覆盖市、乡、村三级的组织网络，使新的社会阶层人士能随时随地找到组织，就近就地开展活动。在摸清底数上，新郑市委召开党政联席会议，安排部署新的社会阶层人士调查摸底工作。市委统战部印制《新的社会阶层人士宣传手册》，广泛发放，让各级干部知道哪些人是新的社会阶层人士，让新的社会阶层人士知道自己属于哪个群体，并采取组织点名与个人报到、行业推荐与自荐、线上招募与线下选拔相结合，把新的社会阶层人士找出来。新华路街道与辖区新联会成员单位“新郑网”合作，开展“寻找新华小新”等活动，鼓励新的社会阶层人士毛遂自荐。

在具体操作上，建立新的社会阶层人士人物库，以乡镇为单位建立新的社会阶层人士活动阵地。推选立场坚定、业绩突出、群众认同、热心公益、有影响力的新的社会阶层人士担任联谊组织负责人，建强领导班子，给予启动资金，为其“扶上马、送一程”。按照群体、行业成立分会，搭建平台载体，开展各类活动。运用社会化的方法，以政府购买服务形式聘用专职人员开展工作，形成了党委引路、社会化运作、内外合力推动新联会良性运转的工作局面。

3.充分发挥新的社会阶层人士作用

新郑市坚持以共同的事业凝聚人，最大限度地把新的社会阶层人士团结起来，充分发挥新的社会阶层人士在打赢“三大攻坚战”中的重要作用。

一是推动他们成为经济发展的“新引擎”。新郑市编印发放《新的社会阶层人士服务手册》，针对不同需求，从政策和服务两个方面，及时、精准地为新的社会阶层人士协调解决各类现实困难，提升他们的“参与度”和“获得感”，让他们觉得自己不是“局外人”，而是“局内人”，激励他们发挥自身优势，为促进经济转型发展、助力脱贫攻坚作贡献。

二是引导他们成为政治建设的“参与者”。为了保证他们的政治参与，新郑市建立了党政领导列名联系制度，畅通经常性联系渠道，完善知情明政机制，邀请他们参与议政建言、课题调研和项目合作等活动，有计划地将代表性人士吸纳到政治体系中来，通过建言献策、参政议政等，引导其有序参与政治建设。

三是引领他们成为先进文化的“宣传员”。新郑市把新的社会阶层人士作为意识形态舆论引导的一支重要力量，坚持党建引领，加强红色教育，使新的社会阶层人士在政治上“熟”起来，在思想上“红”起来，更加主动地言党所言，更加自觉地为党发声。

四是激励他们成为社会责任的“担当者”。新郑蓝天救援队在新的社会阶层人士秦军峰的带领下，先后参与救援29次，共抢救36人，开展防灾减灾紧急避险安全知识进校园、社区活动，帮助群众寻回走失亲人46人，实施大型赛事与群众性活动安全急救保障28次，受益群众、运动员32万人次。

五是支持他们成为生态文明的“践行者”。新郑市在“双迎攻坚”、污染防治等重大行动中，鼓励和引导新的社会阶层人士参加志愿者服务活动，从自身做起，从企业做起，自觉践行绿色生活方式和发展方式，倡导绿色出行、垃圾分类、节约用水、绿色消费等新风尚。通过表彰奖励、典型选树，增强他们的责任感和荣誉感。

潮平两岸阔，风正一帆悬。在实践探索和理论创新的“双轮驱动”下，新郑市新的社会阶层人士统战工作在实现“全县域”覆盖的同时，各级正在齐心协力“把这件有意义的事情做得更有意思”。下一步，新郑将继续以创新的思维和办法，奋力谱写新的社会阶层人士统战工作的新篇章。

——资料来源：刘建武．把新的社会阶层人士紧密团结在党的周围[N].光明日报.2019-11-08(05).

案例讨论：

1.阅读案例，试讨论新社会阶层有什么特点。

2.结合实际分析当前社会应如何处理各阶层间的关系。

案例点评：

社会历史发展的不同阶段，有着不同的社会阶层结构。同一社会阶层的人，由于经济地位、社会地位、谋生方式、从业范围接近，会产生共同的利益诉求、利益关切和利益驱动。分析社会矛盾，必须重视对社会阶层的分析，运用阶层分析方法。国家凝聚新的社会阶层人士的力量充分体现了运用阶层分析指导实践的方法。

教学建议：

1.本案例适用于《马克思主义与社会科学方法论》中第三章第三节的辅助教学。

2.讲解本案例时可以结合时政进行，并扩展社会科学相关知识学习。

第四章
社会过程研究方法

第一节　人类社会是一个过程

一、世界是过程的集合体

案例文本：

美育如何考——过程性评价更重要

美育进中考，如何考备受关注。据悉，目前湖南、江苏等4个省已经全面启动美育中考，将美育科目作为正式考核内容加入中考范围；同时还有四川、山东等5省12市已经开始中考美育的计分，分值在10分至40分之间。

美育是一个大话题，涉及方方面面，我长期从事艺术教育工作，对美育进中考的问题有一些思考。

美育是立体的，渗透在方方面面

相较于专业艺术教育而言，美育更多面向非艺术专业学生，是通过普及艺术的基本知识和方法技巧，健全审美心理结构，激发想象力和创造力、完善人格的一种教育手段，其根本目的在于培养全面发展的人。美育开展是立体的，渗透至学习生活中的方方面面，艺术审美修养的提升是由表及里、由浅入深、由实践到思想不断反复的过程。

立德树人、培养德智体美劳全面发展的社会主义建设者和接班人是学校办学的根本任务。把美育纳入各级各类学校人才培养全过程，贯穿学校教育各学段，可以有效提高中小学生的艺术素养，真正实现人的全面发展，并有助于缓解学生的应试压力，促进身心健康。

注重个体差异，将考核内容的选择权交给学生

艺术兴趣的培养更多应是自发形成的过程，由于不同艺术门类之间的差异性，很难将其转化为类似数学、语文等面向全体的统一考试科目，如果在考试的过程中强行推行刻板的标准，反而会剥夺很多学生学习艺术的热情。为了保证美育进中考这一改革保持正确的发展方向，课程考核的形式应避免模式化、应试化。美育中考在“过程性考核”和“最终考核”两部分的执行中，要特别注重学生的个体差异，艺术之美在于人与人之间的“殊相”，在于情感的个性化表达，由于艺术门类的多样性，仅选择特定项目作为艺术表现考核内容是不科学的，应将选择权交给学生。

近年,专业美术高考遭遇的问题比较突出,千篇一律的背诵式的考题,使得原本应该生动的造型艺术变成了机械式的默写,学生往往面对的是“命题作文”,正如我们在媒体报道中所见到的,成千上万幅描绘同一个静物的作品被平摊到空地上,等待着阅卷老师的巡阅评分。这无疑已与艺术的真谛渐行渐远,甚至南辕北辙,这一现象值得我们深刻反思,并引以为戒。为了避免中考美育科目也落入类似“僵化应试教育”的窠臼,相关部门应组织专家花大力气,开展相关的研究,制定设计一套完整的,真正能够考查学生艺术素质的试题。

力戒急功近利,不能“一考了之”

塑造一个人是一个漫长的过程,美育教育需要家庭、学校、社会共同发力,营造向善向美的社会氛围,构建人人参与、处处渗透的美育环境。美育内涵之大不是通过一两门课程的讲授、一两种技能的学习就能掌握的,美育纳入中考更不能“一考了之”,美育教育更是一种浸润人心、润物细无声的认识影响和审美塑造。因此,在美育开展的过程中,学生家长要力戒急功近利的想法和做法,而应更多地以平和的心态来面对美育教学和考试的改革。不能仅仅依靠学校的课堂学习,家庭、学校、社会要合力打造美育教育完整生态。学校牢牢把握课程建设主线,提升美育课程教学质量和效果;家庭和社会要通过营造美丽和谐的环境、培养高尚品德、弘扬真善美的社会风尚,共同打造“大美育”育人格局。

——资料来源:张淳.美育如何考——过程性评价更重要[N].光明日报.2020-12-01(15).(有删减)

案例讨论:

1.阅读案例思考为何美育更强调过程性评价,相对于“最终考核”,“过程性考核”有何优越性。

2.“世界是过程的集合体”,结合实际,谈谈你的看法。

案例点评:

美育是审美教育、情操教育、心灵教育,也是丰富想象力和培养创新意识的教育,能提升审美素养、陶冶情操、温润心灵、激发创新创造活力。美育是针对艺术兴趣的培养,对其采取刻板统一的评价标准是非常不明智的,会在很大程度上削减学生的热情,导致美育成效锐减,因此,过程性评价非常重要。世界是过程的集合体,万事万物都处于不断变化发展中。从世界是过程的集合体的思想出发,不仅要把事物当作系统整体来理解,还要把事物当作动态过程来理解;不仅要分析作为系统整体的事物中各种要素、各个组成部分之间的关系，还要研究事物发展的各个过程以及每个过程中各个阶段之间的关系，从而发现事物发展的客观规律，用发展变化的眼光看待世界。

教学建议：

1. 本案例适用于《马克思主义与社会科学方法论》中第四章第一节的辅助教学。

2. 教学过程中，可以组织学生分组讨论，谈谈对“世界是过程的集合体”这一命题的理解，并列举相应的例子。

二、社会历史过程的连续性和非连续性

案例文本：

华为出售荣耀　产业链集体自救

11月17日早间，多家企业发布联合声明称，深圳市智信新信息技术有限公司已与华为投资控股有限公司签署了收购协议，智信新作为收购方，完成对华为荣耀品牌相关业务资产的全面收购。华为完成出售后，不再持有新荣耀公司的任何股份。

关于收购方，该联合声明中称，智信新由深圳市智慧城市科技发展集团与30余家荣耀代理商、经销商共同投资设立。出资名单中，包括天音通信有限公司、苏宁易购集团股份有限公司等。而此前传言中的神州数码、TCL等公司均未出现在名单中。

天眼查的信息显示，智信新成立于2020年9月27日，其股东包括两家机构：深圳国资委全资控股的深圳市智慧城市科技发展集团持股98.6%；深圳国资协同发展私募基金合伙企业持股1.4%，该基金出资人包括前述30余家荣耀代理商、经销商。

联合声明宣称，此次收购既是荣耀相关产业链发起的一场自救和市场化投资；更是一次产业互补，全体股东将全力支持新荣耀，让新荣耀更高效地参与到市场竞争中。所有权的变化不会影响荣耀发展的方向。

随后，华为发表声明称，在产业技术要素不可持续获得、消费者业务受到巨大压力的艰难时刻，为让荣耀渠道和供应商得以延续，华为方面决定整体出售荣耀业务资产。对于交割后的荣耀，华为不占有任何股份，也不参与经营管理与决策。

至于此次收购的价格，以上声明中均未披露。关于荣耀可以继承多少华为的研发费用和管理层人员等问题，荣耀方面对《经济参考报》记者表示，以华为声明为准。

Canalys的统计数据显示，2020年第二、第三季度，华为出货的智能手机中，荣耀占比均为26%。除手机外，荣耀品牌还包括PC、平板、智能电视和手表等IoT产品线，在市场定位和产品体系方面，与小米品牌产品多年来形成直接竞争。

关于华为剥离荣耀的原因，浦银国际分析称，一是可以缓解明后两年华为智能手机业务无“芯”可用的困境；二是保留部分智能手机的优质业务，让华为的基因得以延续；三是优质的荣耀资产可以为华为本体带来现金补充，可以更好地抵御外部不确定性，为华为其他业务的长期发展提供弹药。

行业分析人士徐上峰表示，荣耀成立以来，发展迅速，积累了大量的忠实用户。荣耀从华为剥离后将不再受外部环境影响，将对竞争对手小米形成直接威胁和冲击。

浦银国际则表示，被剥离后，总体看，荣耀仍需时间向头部品牌靠拢和成长。相应地，在这期间，国内手机竞争环境会相对趋于缓和，其他国内手机品牌如小米、OPPO和vivo等会有更多空间。

——资料来源：李静.华为出售荣耀 产业链集体自救[N].经济参考报.2020-11-18(03).(有删减)

案例讨论：

1.阅读案例谈谈华为断臂求生在华为的发展过程当中应该视为前进还是退步。

2.结合社会历史发展过程的连续性与非连续性，谈谈你是如何看待华为现今的处境的。

案例点评：

华为，“中华有为”，这是华为公司的定位，也是华为的发展牵动每个中国人的原因之一。2020年，美国停止了对华为公司的芯片供应，美国原本以为这将会给华为致命一击，但是，华为无惧压力，研制出了中国自己的芯片“鸿蒙”。从社会历史发展的连续性和非连续性来说，社会历史的发展是渐进性和飞跃性的统一。曾经，华为针对市场需求，将“荣耀”设计为对接市场中低端需求的电子产品，帮助华为登上荣耀的顶端，这是华为发展的一个飞跃。而今，华为不得不断臂求生，这是华为发展过程中的一个需要积累的渐进过程。无论是华为还是荣耀，都会在实践中继续蓄力，这或许是发展中的一个非连续阶段，但是，它们的最终发展都会遵循社会历史的连续性与非连续性规律，持续量变，最终会达到质的飞跃。

教学建议：

1.本案例适用于《马克思主义与社会科学方法论》中第四章第一节的辅助教学。

2.华为是我国通信科技领域的标杆企业，既有科技支撑又有爱国情怀，在教学中应注意对学生的引导，培养大学生的爱国主义情怀。

三、社会历史过程的前进性和曲折性

案例文本：

经济恢复是一个波浪式发展、曲折式前进的过程

中国经济是一片大海，从来都在经历风雨中发展壮大。从发展趋势看，我国经济韧性强、潜力大、活力足，长期向好的基本面没有改变。只要我们在以习近平同志为核心的党中央坚强领导下，坚定信心、保持定力、奋发作为，中国经济一定能战胜风险挑战，再上新台阶。

习近平总书记指出："我国经济恢复速度在全球主要经济体中处于领先地位，长期向好的基本面没有改变，发展前景光明""做好下半年经济工作，要坚持稳中求进工作总基调，完整、准确、全面贯彻新发展理念，加快构建新发展格局，全面深化改革开放，加大宏观政策调控力度，着力扩大内需、提振信心、防范风险，不断推动经济运行持续好转、内生动力持续增强、社会预期持续改善、风险隐患持续化解，推动经济实现质的有效提升和量的合理增长。"今年以来，在以习近平同志为核心的党中央坚强领导下，我国国民经济持续恢复、总体回升向好，同时经济运行也面临新的困难挑战。我们要进一步把思想和行动统一到党中央对经济形势的分析判断和对经济工作的决策部署上来，合力战胜前进中的各种困难挑战，确保完成全年目标任务，扎实推动高质量发展。

国民经济持续恢复、总体回升向好

今年以来，我国经济运行总体回升向好，为实现全年目标任务打下了良好基础。

经济运行总体回升向好。创新和完善宏观调控的力度进一步加大，宏观调控成效逐步显现。上半年，我国国内生产总值(GDP)同比增长5.5%，比去年全年增速快2.5个百分点，比今年一季度增速快1个百分点，呈现明显的边际改善态势，经济增速在世界主要经济体中保持领先。

内需拉动作用明显增强。坚持实施扩大内需战略，把恢复和扩大消费摆在优

先位置，市场销售明显回升，受疫情冲击较大的服务消费加快恢复。1—7月份，社会消费品零售总额同比增长7.3%，服务零售额同比增长20.3%；固定资产投资持续增长，基础设施（不含电力、热力、燃气及水生产和供应业）、制造业投资同比分别增长6.8%和5.7%，重大工程项目建设加快推进，对投资的支撑作用增强。

产业发展态势良好。农业生产保持平稳，夏粮产量居历史第二高位。工业生产稳步恢复，1—7月份，规模以上工业增加值同比增长3.8%，比去年全年增速快0.2个百分点。服务业加快恢复，1—7月份，全国服务业生产指数同比增长8.3%，住宿餐饮、批发零售、交通运输、文化娱乐等接触型聚集型服务业增速加快。

基本民生保障有力。1—7月份，全国城镇调查失业率均值为5.3%，比去年全年下降0.3个百分点。居民收入稳步增长，上半年居民人均可支配收入实际增长5.8%，高于GDP增速。民生投入持续增加，公共服务和社会保障水平持续提高。

与此同时，我国货物净出口规模扩大，外汇储备规模连续两个月增长，7月末外汇储备增至3.2万亿美元以上，国际收支保持平衡。综合来看，今年以来我国经济在世界主要经济体中表现突出。随着我国加大宏观政策调控力度，经济运行积极因素不断积累，经营主体预期持续改善，经济将延续回升向好势头，有条件、有能力实现全年目标任务。

在世界经济复苏艰难背景下，我国经济显现出强劲发展韧性

在世界经济复苏步履艰难，全球通胀水平仍处高位，主要经济体收紧货币政策的外溢效应凸显，单边主义、保护主义和地缘政治等风险上升的背景下，我国经济持续回升向好，深层次原因是我们坚持推动发展方式转变、经济结构调整和增长动力转换，以高质量发展的新进展为经济发展注入了新的源头活水。

转变发展方式持续推进。内需对经济增长的贡献率提高，上半年最终消费贡献率达到77.2%，明显高于去年。创新对经济发展的驱动作用增强。强化基础研究前瞻性、战略性、系统性布局，新建一批重大科学基础设施，关键设备、材料、零部件国产化攻关取得重要进展。绿色转型和经济增长的协同成效逐步显现，上半年风力、太阳能发电量同比分别增长16.0%、7.4%，电动载人汽车、锂离子蓄电池、太阳能电池等"新三样"产品合计出口增长61.6%。

结构调整取得进展。服务业增长明显加快，上半年服务业增加值占GDP比重达到56%，对经济增长贡献率达到66.1%。制造业比重保持稳定，上半年制造业增加值占GDP比重为27.8%，装备制造业增加值占规模以上工业增加值比重提高到32.3%。投资结构得到优化，1—7月份，高技术产业投资同比增长11.5%，快于全

部投资增速8.1个百分点。区域重大战略和区域协调发展战略加快落实，农业农村现代化和新型城镇化加快推进。

增长动能加快转换。新产业、新产品增势强劲，上半年规模以上航天器及设备制造业、锂离子电池制造业、智能车载设备制造业增加值分别增长22.9%、29.7%、36.3%，信息传输、软件和信息技术服务业增加值增长12.9%，新能源汽车、太阳能电池、充电桩产量分别增长35.0%、54.5%、53.1%。新业态发展活跃，新一代信息技术、人工智能、大数据等技术向各领域广泛渗透，"5G+工业互联网"创新发展进入快车道，应用的广度和深度不断拓展，智能制造、智慧矿山、智慧港口等新业态不断涌现，为我国经济发展拓展新空间。

正确认识我国经济运行面临新的困难挑战

当前，世界政治经济形势错综复杂，我国正处在经济恢复和产业升级的关键期，经济运行面临新的困难挑战。一是外部环境复杂严峻。全球经济复苏步履艰难，虽然国际货币基金组织7月份的最新预测将今年全球经济增速较4月份的预测上调0.2个百分点至3.0%，但仍低于去年3.5%的增速，更远低于2000—2019年3.8%的年均增速。美国等发达国家货币政策紧缩的外溢效应持续显现，新兴市场和发展中国家面临货币贬值、资本外流和债务风险。世界经济和贸易增速放缓，增大了我国外贸出口下行压力。与此同时，美西方升级对我围堵打压，乌克兰危机持续发酵，地缘政治格局深刻调整，都增加了外部环境的不确定性。二是国内需求不足。消费增长内生动力有待增强。受收入预期和消费信心影响，居民消费较为谨慎，大宗商品销售放缓，居住类商品消费走弱。投资增速有所放缓，民间投资意愿有待增强。受需求不足影响，价格下行压力较大。三是一些企业经营困难。受需求不足、价格下行等方面影响，企业经营压力有所增加。一些企业去库存压力增大，扩大投资动力不足。此外，在房地产、地方债务、中小金融机构等领域风险隐患仍然较多。

我国经济运行面临的困难挑战，是外部环境变化和国内需求不足相互叠加、疫情滞后影响等周期性因素和经济转型升级面临的结构性问题相互作用的结果。应当认识到，疫情防控平稳转段后，经济恢复是一个波浪式发展、曲折式前进的过程，不可能一日修复，也不可能单边上升。中国经济是一片大海，从来都在经历风雨中发展壮大。从发展趋势看，我国经济韧性强、潜力大、活力足，长期向好的基本面没有改变。只要我们在以习近平同志为核心的党中央坚强领导下，坚定信心、保持定力、奋发作为，中国经济一定能战胜风险挑战，再上新台阶。

进一步提振经济、推动高质量发展的发力点

7月24日召开的中共中央政治局会议，对做好下半年经济工作作出全面部署。日前，国务院办公厅转发国家发展改革委《关于恢复和扩大消费的措施》，国家发展改革委等部门为落实《中共中央国务院关于促进民营经济发展壮大的意见》发布《关于实施促进民营经济发展近期若干举措的通知》，各地房地产政策正在调整优化……我国宏观政策工具箱工具充足，经济发展具有良好支撑和有利条件。我们要坚决贯彻落实党中央决策部署，在攻坚克难中不断推动经济运行持续好转、内生动力持续增强、社会预期持续改善、风险隐患持续化解，坚定不移推动高质量发展。

精准有力实施宏观调控。继续实施积极的财政政策，延续、优化、完善并落实好减税降费政策。有效实施稳健的货币政策，发挥总量和结构性货币政策工具作用，延长普惠小微贷款支持工具实施期限，继续加大对小微企业的信贷支持。大力支持科技创新、实体经济和中小微企业发展，推动融资成本稳中有降。保持人民币汇率在合理均衡水平上的基本稳定。

积极扩大国内需求。加大促进消费的政策力度，通过增加居民收入、改善收入预期、增强消费信心有效扩大消费。通过扩大有效需求带动供给结构升级，把实施扩大内需战略同深化供给侧结构性改革有机结合起来。发挥政府投资的带动作用，激活民间投资内生动力，推动利用外资稳存量、扩增量、提质量，加力活跃资本市场，提振投资者信心。

大力推动现代化产业体系建设。加快培育壮大战略性新兴产业、加快改造升级传统产业，推动产业链供应链补链、延链、升链、强链，提升产业链供应链自主可控能力和现代化水平。推动数字经济与先进制造业、现代服务业深度融合。促进平台企业规范健康持续发展，鼓励平台企业加大对新领域新赛道的投入，培育经济增长新动能。

持续深化改革开放。坚持"两个毫不动摇"，不断提高国有企业核心竞争力，切实回应民营企业关切，依法保护民营企业产权和企业家权益，优化民营企业发展环境。鼓励和吸引更多民间资本参与国家重大工程、重点产业链供应链项目建设。建立健全与企业的常态化沟通交流机制，增强政策针对性有效性。支持有条件的自贸试验区和自由贸易港对接国际高标准经贸规则，推动改革开放先行先试。

防范化解重点领域风险。适应我国房地产市场供求关系发生重大变化的新形势，适时调整优化房地产政策，因城施策用好政策工具箱，更好满足居民刚性和

改善性住房需求,促进房地产市场平稳健康发展。有效防范化解地方债务风险,制定实施一揽子化债方案,适时推进相关领域改革。稳妥处置中小金融机构风险,稳步推动高风险中小金融机构改革化险。

加大民生保障力度。把稳就业提高到战略高度通盘考虑,落实强化就业优先政策,努力做好高校毕业生等重点群体就业工作。巩固拓展脱贫攻坚成果,全面推进乡村振兴。抓好保交楼、保民生、保稳定工作,兜牢兜实民生底线。持续增加居民收入,提高公共服务和社会保障水平,扩大中等收入群体,有效提升终端需求。

——资料来源:王一鸣.经济恢复是一个波浪式发展、曲折式前进的过程[N].人民日报.2023-08-23(09).

案例讨论:

1.阅读案例谈谈全球复工复产面临哪些困境。

2.新冠疫情是我国历史上又一次与疫情、病毒对抗的艰难历史,这次疫情阻击战给我们带来了哪些启示,结合社会历史发展过程的前进性与曲折性谈谈你的看法。

案例点评:

当前世界经济逆全球化、全球经济碎片化仍影响着世界经济,全球经济增长缓慢。全球经济增速放缓,需求不足等问题使发展中国家的经济发展面临困难,一些发达国家采取"小院高墙"政策,使得全球经济恢复道路非常曲折。我国正处在经济恢复和产业升级的关键期,经济运行面临新的困难挑战,我国针对这些困难和挑战,制定了一系列应对策略,并使得国内经济发展稳中向好。全球经济发展困难对我国的影响也是巨大的。但是历史发展总是前进性与曲折性并存的,我们也应该看到,在此次经济危机中,我国经济有着十分强大的韧性,这也让全世界更进一步地认识了中国。我国在此次经济恢复过程中所展现出的制度优势,必将引领我们向着实现中华民族伟大复兴的目标大步前进。

教学建议:

1.本案例适用于《马克思主义与社会科学方法论》中第四章第一节的辅助教学。

2.教学过程中,可结合抗疫中的鲜明故事和生动视频素材进行,教学效果会更佳。

四、社会历史过程的统一性与多样性

案例文本：

中国特色社会主义道路自信的唯物史观阐释

——基于跨越“卡夫丁峡谷”理论的研究

方向决定道路,道路决定命运。中国特色社会主义道路是实现社会主义现代化、创造人民美好生活的必由之路。坚定不移地走中国特色社会主义道路需要牢固树立道路自信,这种自信来自对中国道路合理性的科学分析。马克思晚年提出的跨越“卡夫丁峡谷”理论进一步丰富发展了唯物史观,结合这一理论研究能够深入解答中国特色社会主义从何而来、如何建设发展、将会走向何处等问题,从而更好地树立中国特色社会主义道路自信。

中国特色社会主义道路是理论逻辑和历史逻辑的辩证统一

中国走上社会主义道路原本是一个历史实践的问题,然而有些人却将其转化为抽象的理论分析,以“社会形态理论”断章取义地质疑中国走社会主义道路的合理性。早在19世纪80年代,马克思就提出过跨越“卡夫丁峡谷”理论,对东方落后国家建立社会主义制度是否具有合理性以及如何发展社会主义的问题进行了阐述。

1.跨越“卡夫丁峡谷”理论揭示社会发展是规律性与多样性的辩证统一

马克思在《〈政治经济学批判〉序言》中详细阐述了唯物史观思想,提出“社会的物质生产力发展到一定阶段,便同它们一直在其中运动的现存生产关系或财产关系(这只是生产关系的法律用语)发生矛盾。于是这些关系便由生产力的发展形式变成生产力的桎梏。那时社会革命的时代就到来了”。社会形态的变革必须从物质生活的矛盾中,从生产力和生产关系之间的现存冲突中去解释,是不以人的主观意志为转移的客观历史过程。在《资本论》中,马克思又进一步明确表达了这一思想,“我的观点是把经济的社会形态的发展理解为一种自然史的过程”,因此,“一个社会即使探索到了本身运动的自然规律……它还是既不能跳过也不能用法令取消自然的发展阶段”。唯物史观所提供的是一种分析社会形态演变的视角和方法,即社会存在决定社会意识,生产方式在社会形态演变中具有决定性作用,社会基本矛盾运动推动着社会形态的更替,生产方式的演变就可以把握人类社会发展的基本规律。

在对待具体国家社会发展演变的问题上,马克思一直坚持具体问题具体分析的做法,从未否定过社会形态演变的特殊性。唯物史观的一般规律是建立在对众多国家社会历史发展考察基础之上的，它提供的是一般的方法和视角，当用它来分析解决具体民族国家发展道路问题时，必须结合社会现实方能得出结论。跨越“卡夫丁峡谷”理论深刻阐释了社会形态演变的一般规律与具体实现的辩证关系，它的提出标志着马克思对社会发展规律的认识更加科学完善。

2.中国道路的选择是社会形态演变理论与民族历史实践的辩证统一

列宁早就指出，“一切民族都将走向社会主义，这是不可避免的，但是一切民族的走法却不会完全一样”。目的的一致并不意味着途径的一致，恰恰相反，各民族国家的发展路径各不相同，“世界历史发展的一般规律，不仅丝毫不排斥个别发展阶段在发展的形式或顺序上表现出特殊性，反而是以此为前提的”。各个民族国家由于自身条件的差异必然有各不相同的实现路径，唯物史观所揭示的是一般规律而不是具体规定，因此，“在中国这样一个人口众多和经济文化落后的东方大国进行革命和建设的国情与使命，决定了我们只能走自己的路”。走自己的路，也就是在具体的历史实践过程中探索出适合本国具体国情的道路，而不是照抄照搬别国的发展道路或书本理论。

历史雄辩地证明，只有社会主义才能救中国，只有中国特色社会主义才能发展中国，走社会主义道路是中华民族唯一正确的选择。正如习近平指出的，“中国特色社会主义，是科学社会主义理论逻辑和中国社会发展历史逻辑的辩证统一，是根植于中国大地、反映中国人民意愿、适应中国和时代发展进步要求的科学社会主义”。中国人所走的道路是符合人类社会发展趋势的道路，是坚持科学社会主义基本原则的道路，是在历史唯物主义指导下结合民族实际所选择的正确道路。

——资料来源：赵阵.中国特色社会主义道路自信的唯物史观阐释——基于跨越“卡夫丁峡谷”理论的研究[J].马克思主义研究，2019(09)：95-100.(有删减)

案例讨论：

1.“卡夫丁峡谷”指的是什么？根据案例，查阅相关资料，谈谈你的看法。

2.我国成功跨越“卡夫丁峡谷”，从封建社会直接过渡到社会主义社会，这揭示了历史发展的什么规律？

案例点评：

历史的发展阶段是根据生产力的发展划分为原始社会—奴隶社会—封建社会—资本主义社会—社会主义社会(共产主义社会的过渡阶段)—共产主义社会的。中国在发展过程中，从封建社会通过革命和建设直接跳过了资本主义社会，进入了社会主义社会,也就是跨越了“卡夫丁峡谷”。各个国家由于自身条件的差异必然有各不相同的实现路径,因此,“在中国这样一个人口众多和经济文化落后的东方大国进行革命和建设的国情与使命,决定了我们只能走自己的路”。走自己的路,也就是在具体的历史实践过程中探索出适合本国具体国情的道路,而不是照抄照搬别国的发展道路或书本理论。我国成功跨越“卡夫丁峡谷”是这一理论观点的有力支撑,也是社会历史过程统一性与多样性的有力论证。

教学建议:

1.本案例适用于《马克思主义与社会科学方法论》中第四章第一节的辅助教学。

2.教学时,师生可共同搜集有关社会主义在其他国家发展的资料,进行分析,进一步探索是不是所有的社会主义国家都能跨过“卡夫丁峡谷”呢?深刻理解历史的统一性与多样性。

第二节 社会历史过程的客观规律性与主体选择性

一、社会历史过程的客观规律性

案例文本:

5G-A:网络能力提升十倍的5G“升级版”

商用4年多以来,5G产业发展速度前所未有。近日召开的2023年中国5G发展大会上,工信部副部长张云明表示,要前瞻布局5G-A技术研究、标准研制和产品研发,加快推进5G轻量化(RedCap)技术演进和商用部署,持续开展5G新技术测试验证,加快推进产业成熟。

上海市副市长陈杰也表示,上海将加快试点部署5G-A网络,加快发展万兆到户试点,到2026年成为全球网速最快、覆盖最全、时延最低的城市之一,率先迈入全球双万兆城市行列。

何为5G-A?它为何成为5G产业的热门词?

5G技术演进的下一阶段

“5G-A正当其时,支撑新体验、新联接、新业务发展。”2023全球移动宽带论坛期间，华为公司无线网络产品线总裁曹明在发布全球首个全系列5G-A产品解决方案时表示。

移动通信技术一般代际生命周期为10年。由于代与代之间技术差距太大，在这十年的中间时间点，往往会出现技术过渡的分水岭，如2.5G、3.5G、4.5G。

5G-A(5G-Advanced/5.5G)就是5G标准的第二阶段。如曹明所说，5G-A可以提供十倍网络能力及多维度新能力。从传统性能指标来看，5G-A的下行峰值速率将从5G初期的千兆提升到万兆，将全面支撑XR、裸眼3D等新业态所需的大带宽、低时延和高可能性；上行从百兆提升到千兆，支持海量数据全面上云端、直播全民化、全息交互的对称体验等。从蜂窝物联的角度来看，5G-A支持全场景全能力千亿连接。从网络确定性来看，5G-A将支持毫秒级时延和厘米级的定位精度，相比5G网络有倍数级提升。

整体来看，作为5G的演进和增强，5G-A连接速率和时延等网络能力均可实现10倍提升，有效支撑5G应用规模增长和数字化创新发展。同时，作为5G通向6G的必由之路，5G-A将对部分6G关键技术进行提前验证，为6G标准制定和技术落地积累宝贵经验。"5G-A是很大的技术突破和飞跃，给整个社会带来很大的想象空间。"同济大学人工智能与物联网创新实验室教授刁志峰表示。

商用落地快速推进

不久前，5G-A在杭州亚运会上大展身手。浙江移动联合华为公司等，在杭州打造了标杆5G-A应用示范区。观澜路上，全球首条5G-A万兆网络示范路线正式建成，基于5G-A网络覆盖，这条著名的杭州景观带率先实现万兆精品网络的部署，路上的无线网络峰值速率超过10比特每秒(Gbps)，移动状态下速率超过5Gbps。

据悉，华为公司联合全球30多家运营商已完成5G-A创新技术验证，包括超大带宽频谱、灵活频谱、无源物联等。

面向5G-A网络演进需求，国内各大运营商也动作频频。中国移动宣布将开展通感一体、无源物联等5G-A技术试点，同时也将前瞻研发6G，推进5G-A技术产业成熟和应用创新。自2021年起，中国联通联合长城精工、华为公司等探索基于5G-A URLLC(超可靠低时延)的创新技术，并于2022年成功建成首条5G-A汽车焊装柔性试制产线，首次将5G技术应用在工业控制核心生产环节。中国电信在超级频率聚变、动态帧共享、中低频段共建共享等方面牵头30余项3GPP国际标准，形成600余项专利，5G-A动态帧共享(DFS)在亚运场馆全球首次应用。

“5G-A是由5G向6G演进的关键阶段，2023年是5G-A国际标准制定的关键之年。”中国通信标准化协会理事长闻库建议，以5G-A新能力牵引产业创新发展，以跨界融合释放5G-A价值，以开放合作共建5G-A创新生态。

——资料来源：崔爽.5G-A：网络能力提升十倍的5G“升级版”[N].科技日报.2023-10-26(03).

案例讨论：

1.请结合案例，分析5G技术与生产力发展之间的关系。

2.你认为5G技术的大范围推广会引起下一场科技革命吗？将会对社会发展产生什么影响？

案例点评：

物质资料的生产方式是人类社会赖以存在和发展的物质基础，是人类其他一切活动的首要前提。物质资料生产方式的发展变化决定整个社会历史的发展变化和社会形态的更替。人类社会的历史首先是物质资料生产方式的历史。一直以来，生产力的发展状况都是衡量一个时代的标准，瓦特改良蒸汽机，推动人类走进了蒸汽时代；电力的出现使全人类进入了电气时代。5G技术的面世，无疑又是生产力发展的一个重要关头，5G技术的出现使无人车间、无人驾驶等更加成熟，一些高危的工作也有了科技替代人工操作的可能，极大地满足了生产力进一步发展的要求，赋能千行万业。

教学建议：

1.该案例适用于《马克思主义与社会科学方法论》中第四章第二节的辅助教学。

2.教学中，可结合无人驾驶、无人车间等视频进行讲解，让学生既可了解5G技术，又可进一步认识生产力是推动社会发展的最大动力这一客观历史规律。

二、社会历史过程的主体选择性

案例文本：

把握未来发展主动权的战略部署

要着力破除制约加快构建新发展格局的主要矛盾和问题，夯实我国经济发展的根基，增强发展的安全性主动权，以中国式现代化全面推进中华民族伟大复兴。

2023年1月31日，习近平总书记主持中央政治局第二次集体学习并发表重要讲话，强调“加快构建新发展格局，是立足实现第二个百年奋斗目标、统筹发展和安全作出的战略决策，是把握未来发展主动权的战略部署”。习近平总书记的重要讲话深刻阐明了加快构建新发展格局的重大意义，对加快构建新发展格局作出新论述、提出新要求。新征程上，我们要着力破除制约加快构建新发展格局的主要矛盾和问题，夯实我国经济发展的根基，增强发展的安全性主动权，以中国式现代化全面推进中华民族伟大复兴。

从把握未来发展主动权的高度认识加快构建新发展格局的重大意义。党的二十大报告提出，未来五年“构建新发展格局和建设现代化经济体系取得重大进展”，明确到2035年基本实现社会主义现代化时我国要“形成新发展格局”。加快构建新发展格局，是根据我国发展阶段、环境、条件变化，特别是基于我国比较优势变化审时度势作出的重大决策，有利于以稳固的国内经济循环吸引全球要素资源，增强国内国际两个市场、两种资源的联动效应，实现高水平科技自立自强，实现基于新比较优势的更高质量、更为安全的发展。应当看到，我国已进入新发展阶段，是经济总量世界第二、制造业增加值世界第一的超大规模经济体，经济韧性强、潜力大、活力足，具有经济纵深广阔、规模经济和集聚经济特征显著等多方面优势，具有超大规模市场这个全球最稀缺的资源。也应看到，世界百年未有之大变局加速演进，我国发展进入战略机遇和风险挑战并存、不确定难预料因素增多的时期，不仅面临各种可以预料和难以预料的风险挑战，而且推进高质量发展还有许多卡点瓶颈。只有加快构建新发展格局，才能夯实我国经济发展的根基、增强发展的安全性稳定性，才能在各种可以预见和难以预见的狂风暴雨、惊涛骇浪中增强我国的生存力、竞争力、发展力、持续力，确保中华民族伟大复兴进程不被迟滞甚至中断，胜利实现全面建成社会主义现代化强国目标。

把握加快构建新发展格局的关键，着力实现经济循环的畅通无阻。习近平总书记指出：“构建新发展格局的关键在于经济循环的畅通无阻”。实现经济循环的畅通无阻，一方面，要统筹实施好扩大内需战略和深化供给侧结构性改革。实施扩大内需战略，既是满足人民对美好生活向往的现实需要，也是充分发挥超大规模市场优势、促进经济良性循环的主动选择，更是以自身稳定发展有效应对外部风险挑战的必然要求。扩大内需不能单向突进，必须同深化供给侧结构性改革有机结合起来，通过持续推动科技创新、制度创新，突破制约高质量发展的技术供给、制度供给等问题，加快经济发展质量变革、效率变革、动力变革，以高质量供给满足有效需求和潜在需求,形成需求牵引供给、供给创造需求的更高水平动态平衡。另一方面,要处理好投资与消费的关系,持续强化消费的基础性作用,更好发挥投资的关键性作用,实现生产、分配、流通、消费各环节畅通循环。要建立和完善扩大居民消费的长效机制,使居民有稳定收入能消费、没有后顾之忧敢消费、消费环境优获得感强愿消费;顺应消费升级趋势,着力满足个性化、多样化、高品质消费需求,提升传统消费,培育新型消费,扩大服务消费,适当增加公共消费。要着力拓展有效投资空间,完善投融资体制机制,提升公共投资效率,持续激发民间投资活力。目前,发展不平衡不充分仍是我国发展面临的突出问题。在现代化基础设施、民生保障、产业现代化等诸多领域,都有很大提升空间,亟须发挥有效投资的关键性作用,扩大高技术产业和战略性新兴产业投资,通过强化有效投资的民生"补短板"、产业"促升级"功能,夯实高质量发展根基。

深刻理解新发展格局最本质的特征,着力解决经济循环中"卡脖子"科技供给问题。习近平总书记指出:"构建新发展格局最本质的特征是实现高水平的自立自强。"进入新发展阶段,我国经济发展外部环境和自身条件都发生了深刻变化,无论从牢牢把握未来发展主动权、增强发展的安全性来看,还是从我国生产函数组合方式来看,科技创新的重要性都在全面上升。必须坚持创新在我国现代化建设全局中的核心地位,把实现高水平科技自立自强作为国家发展的战略支撑和加快构建新发展格局的重要着力点。一方面,要坚持问题导向,着力健全新型举国体制、强化国家战略科技力量、优化配置创新资源,抓住面向世界科技前沿、面向经济主战场、面向国家重大需求、面向人民生命健康的重大科技问题,瞄准关键核心技术"卡脖子"问题等进行攻关,加快把我国建成世界主要科学中心和创新高地。另一方面,要坚持系统观念,坚持教育发展、科技创新、人才培养一体推进,原始创新、集成创新、开放创新一体设计,创新链、产业链、人才链一体部署,科教兴国战略、人才强国战略、创新驱动发展战略有效联动,大力提升自主创新能力,厚植实现高水平科技自立自强的基础。

夯实加快构建新发展格局的基础支撑,着力打造自主可控、安全可靠、竞争力强的现代化产业体系。习近平总书记指出:"新发展格局以现代化产业体系为基础"。新发展格局的形成离不开现代化产业体系的支撑,只有各个产业有序链接、高效畅通、合理布局,经济循环才能畅通无阻。现代化产业体系是建立在现代技术、资本和人力等要素基础之上,由现代化产业、产业链和产业集群构成的经济体系,具有创新驱动、协调发展、开放联动等基本特征。实体经济尤其是制造业在现代化产业体系中占有核心和主体地位。在百年未有之大变局加速演进,美西方对我国科技创新和产业发展不断打压的背景下，我国产业链供应链的安全性稳定性面临着多重压力。打造自主可控、安全可靠、竞争力强的现代化产业体系，成为加快构建新发展格局的必然要求和紧迫任务。必须把发展经济的着力点放在实体经济上，顺应产业发展大势，扎实推进新型工业化，推进实体经济和制造业高质量发展，促进实体经济、科技创新、现代金融、人力资源协同发展，推动形成科技含量高的现代化产业基础能力和现代化产业、产业链、产业集群。一方面，加快产业融合发展，推动现代服务业与先进制造业深度融合、实体经济与数字经济深度融合、内外产业深度融合，加快推进数字产业化、产业数字化，推动传统产业向高级化、智能化、绿色化、服务化方向优化升级。另一方面，加快产业集群发展，培育一批具有竞争力的先进产业集群，打造具有国际竞争力的数字产业集群，推动战略性新兴产业集群化发展，拓展培育新产业新业态新模式，抢占产业竞争制高点。现代化产业体系是开放的产业体系，新发展格局是国内国际双循环相互促进的发展格局。要支持企业深度参与全球产业分工和合作，促进内外产业深度融合，从而依托我国超大规模市场优势，以国内大循环吸引全球资源要素，在构建互利共赢、多元平衡、安全高效的开放型经济体系中不断增强我国国际经济合作和竞争新优势，在经济全球化背景下实现经济安全。

增强加快构建新发展格局的城乡、区域协调性，着力提高国内大循环的覆盖面。构建新发展格局所要求的畅通国内大循环，是建立在全国统一大市场基础上的，要防止各地搞自我小循环。要从全国城乡、区域协调发展的全局高度，提高国内大循环的覆盖面。当前，我国城乡、区域协调发展还存在突出短板，城乡居民收入差距仍然较大，不同地区在人民生活水平、基本公共服务均等化、基础设施通达度、比较优势发挥、绿色低碳发展等方面还存在明显差距，严重制约新发展格局的形成。加快构建新发展格局，需要打破城乡、区域间的经济循环障碍，加快推进全国统一大市场建设，增进城乡、区域间的经济联系，促进各类要素在城乡、区域间合理流动和高效集聚。一方面，推动新型城镇化战略与乡村振兴战略协同实施。推进以县城为重要载体的城镇化建设，通过城乡融合、县城建设进一步畅通城乡经济循环，带动和发挥乡村作为消费市场和要素市场的重要作用。另一方面，推动区域协调发展战略、区域重大战略、主体功能区战略等深度融合，优化重大生产力布局，实现区域合理分工、优势互补、良性互动。

破除加快构建新发展格局的体制机制障碍，着力增强国内外大循环动力和活力。经济发展需要有效的制度保障。加快构建新发展格局，必然要求建设高水平社会主义市场经济体制和开放型经济新体制，充分发挥市场在资源配置中的决定性作用，更好发挥政府作用。当前，还存在一些影响国内外大循环动力和活力的体制机制障碍，如高效规范、公平竞争、充分开放的全国统一大市场还未真正形成，一些导致国企不敢干、民企不敢闯、外企不敢投的制度约束亟待破除，产权保护制度、市场准入制度、公平竞争制度、社会信用制度等市场经济基础制度尚需进一步完善，营商环境市场化、法治化、国际化水平还需进一步提升，我国在国际大循环中的话语权还不够大，在规则、规制、管理、标准等方面的开放水平不够高等。要贯彻落实党的二十大精神，围绕构建高水平社会主义市场经济体制、推进高水平对外开放，谋划新一轮全面深化改革，增强国内外大循环的动力和活力。坚持"两个毫不动摇"，形成各种所有制经济依法平等使用生产要素、公开公平公正参与市场竞争、同等受到法律保护的制度环境，进一步激发各类经营主体活力。深化要素市场化改革，建设高标准市场体系，加快构建全国统一大市场，完善产权保护、市场准入、公平竞争、社会信用等市场经济基础制度，夯实加快构建新发展格局的制度基础。推进高水平对外开放，稳步推动规则、规制、管理、标准等制度型开放，积极参与国际经贸规则谈判，推动形成开放、多元、稳定的世界经济秩序，为实现国内国际两个市场两种资源联动循环创造条件。

——资料来源：黄群慧．把握未来发展主动权的战略部署[N].人民日报.2023-10-10(09).

案例讨论：

结合实际谈谈在社会发展中发挥主体能动性的前提是什么。

案例点评：

人既是历史的剧中人，又是历史的剧作者；既受客观规律和客观条件的制约，又以自己的实践活动创造历史。社会发展规律本质上是人的实践活动规律，是通过人的实践形成和实现的。身处于百年未有之大变局中，中国共产党带领人民充分发挥主观能动性，在社会的发展中用科学的世界观和方法论赢得发展主动权。人的社会活动并非只有一种可能性，而是有多种可能性。社会历史的哪一种可能性变为现实，取决于人的选择。但选择不是随意进行的，目标能否实现，取决于人们的认识是否符合社会历史发展的客观规律，因此在社会历史发展过程中，要准确把握客观条件和主观能动性的关系。

教学建议：

1. 本案例适用于《马克思主义与社会科学方法论》中第四章第二节的辅助教学。

2. 教学中，师生可结合具体的历史重要节点，探讨在这一节点中人民群众的作用，进一步理解社会历史过程中人民主体的重要作用。

三、社会历史过程是合规律性与合目的性的统一

案例文本：

合目的性与合规律性相统一的中国式现代化

现代化是人类孜孜以求的价值目标，是人类社会发展不可阻挡的趋势。所有民族和国家，无论其历史文化传统、社会发展水平、社会制度如何不一样，都不可避免地要走上现代化道路，只是时间上的早晚和形式上的不同而已。就此而言，现代化是一个具有价值指向性且体现普适性的话语，又是一种具有实践性且体现特殊性的运动。人类社会的现代化始于资本主义，但不“终结”于资本主义，先行的资本主义现代化运动只是人类社会现代化的一个具有历史进步作用的过渡，它终究要过渡到社会主义现代化。社会主义现代化才是人类社会现代化的正确道路。从现代化发展逻辑上，习近平总书记指出，中国式现代化既有各国现代化的共同特征，更有基于自己国情的中国特色。“有各国现代化的共同特征”主要是指中国式现代化契合现代化的一般规律、社会主义现代化的普遍规律，共同特征只是规律的外在表现，规律才是内在的规定性。“更有基于自己国情的中国特色”则更主要是指中国共产党领导的社会主义现代化在体现这两大规律基础上，探索和形成了自己的特殊规律，成功走出一条合目的性与合规律性相统一的中国式现代化道路。

中国式现代化遵循现代化发展的一般规律

人类社会现代化是具体的、历史的。始于西方的资本主义现代化，是人类现代化的“处女作”，发挥着重大的历史进步作用。作为人类现代化的过渡形态，西方现代化完全是在强大的资本逻辑下运行。在资本逻辑的贪婪性下，西方现代化在社会关系上造成人与人的全面异化、两大阶级的全面对抗；在人的精神道德上形成拜金主义、纵欲主义、极端个人主义、反理性主义、恐怖主义等全球性精神危机；在人与自然关系上因无节制地开发利用自然资源，而致使人类社会可持续生存与发展的自然生态环境遭到严重破坏；在国际关系上因西方资本的全球霸权导致全球性分裂，东方从属于西方，南方服务于北方，等等。从历史发展来看，西方

现代化这场剧烈而持久的社会变革，在因资本对利润无止境追逐的内生动力带来的整个世界生产力和生产方式革命的历史进程中，把人类社会由封闭半封闭的民族历史推进到世界历史，把传统的农业社会推向现代的工业社会，并为更高级的社会主义现代化形态奠定了良好基础，同时也形成了一些一般性现代化规律。无疑，在"一球两制"下，后发国家的现代化只能与先发性的西方现代化同台竞争和发展。既然同台竞争和发展，那作为后发的中国式现代化就不能无视西方现代化，而是要学习和利用西方现代化。正如马克思说过的，"人们自己创造自己的历史，但是他们并不是随心所欲地创造，并不是在他们自己选定的条件下创造，而是在直接碰到的、既定的、从过去承继下来的条件下创造"。

"一球两制"下，西方现代化是中国现代化发展的一个必不可少的外部性条件。在资本主义与社会主义两种异质性生产关系并存与交往的世界格局中，中国共产党在探索现代化进程中，理性地透视西方现代化实践，剥离其主观为资本的不利因素，挖掘其客观上形成的一般性经验和规律，如：工业化是任何现代化都不可逾越的发展阶段、制造业是实现工业化的基础和保障、科技进步是现代化发展的根本动力、市场经济是现代化的有效手段、思想创新和教育发展是现代化的重要条件等，并充分利用借鉴西方在这些方面所创造的一切先进文明成果，成功走出了一条中国式现代化道路，用几十年时间走完了发达国家几百年走过的现代化历程，同时成功规避了西方现代化造成的"异化弊端"。

中国式现代化遵循社会主义现代化发展的普遍规律

中国凭借什么能够剥离掉西方现代化中带有西方属性的元素而汲取其一般性经验与规律？答案在马克思主义这一"望远镜"和"显微镜"，在社会主义这一先进制度。马克思主义使我们能够在西方现代化发展中挖掘和总结其一般性规律，找到其发展的未来向度。社会主义制度使我们能够强力吸收和创造性转化西方现代化发展中的有益经验，熔铸到自己独特的现代化发展之中。

社会主义现代化是高级于西方资本主义现代化的，世界各种现代化运动都会归于社会主义现代化一宗，这是人类社会发展的必然趋势。但是，社会主义现代化也不是"定于一尊"，在遵循普遍性规律下有其特殊性体现，即各个社会主义国家可以在坚持社会主义现代化发展普遍规律下，依据自己国情来选择适合自己的现代化道路。中国式现代化就是社会主义现代化，而不是别的主义的现代化，"社会主义"是"现代化"前面的一个非常重要的限定词。社会主义是指中国式现代化道路一直就没有背离社会主义现代化发展的方向和原则，遵循着社会主义现代化发展的普遍规律。中国式现代化始终坚持马克思主义立场观点方法和科学社会主义基本原则，在经济、政治、文化、社会和生态文明等各个方面都打下了深刻的马克思主义烙印。比如，正是在坚持马克思主义关于社会主义现代化发展的社会有机体理论指导下，我们才逐步形成中国特色社会主义现代化事业的“五位一体”总体布局。正是在坚持马克思主义关于人的全面发展理论指导下，通过改革开放，不断解放和发展生产力，持续地“去落后化”解决落后的社会生产，才不断地满足人民日益增长的物质文化需要，并实现富起来；通过全面深化改革，统筹推进“五位一体”总体布局，协调推进“四个全面”战略布局，坚持以人民为中心，落实新发展理念，持续地加强经济社会各方面的“统筹性”“协同性”，解决不平衡不充分的发展问题，才实现全面建成小康社会第一个百年奋斗目标，并不断满足人民日益增长的美好生活需要，扎实推动全体人民共同富裕，大力推进每个人的自由发展和一切人的自由发展。正是在坚持马克思主义关于处理人与自然关系的理论指导下，提出统筹人与自然和谐发展、可持续发展、绿色发展等理念，才成功走出了一条生产发展、生活富裕、生态良好的发展路子，形成了资源节约型、环境友好型的“两型社会”，并正在不断地接近“人和自然界之间、人和人之间的矛盾的真正解决”的伟大目标，等等。

中国式现代化走出中国特色的特殊规律

现代化运动不完全是个自然历史进程，还是一个充分体现主观能动性的社会历史进程。正如在资本逻辑下走出一条有西方特点的资本主义现代化道路一样，中国共产党团结带领全党全国各族人民，在以人为本的逻辑下走出了一条合现代化发展一般规律、社会主义现代化发展普遍规律的中国特色社会主义现代化道路。独特的历史命运、文化传统和基本国情，决定了我们只能走适合自己特点的现代化道路，进而造就了中国式现代化道路的特殊性。邓小平同志曾指出：“我们的现代化建设，必须从中国的实际出发。”习近平总书记多次强调：“现代化道路并没有固定模式，适合自己的才是最好的，不能削足适履。”

“中国式”是指中国现代化道路具有既不同于西方现代化，又不同于其他社会主义国家现代化道路的特点，体现出中国特色。实现现代化，是近代以来中华民族梦寐以求并为之奋斗的目标。中国共产党成立前，中国人民为寻求现代化之道进行了80年探索，因没找到适合自己的规律而一一遭遇失败；中国共产党成立后，在社会内部各种条件的限制和外部国际环境的压力下，我们遵循社会主义现代化发展规律，经新民主主义革命、社会主义革命和建设、改革开放和社会主义现代化建设、新时代中国特色社会主义发展，不仅为实现中国特色现代化创造了根本社会条件，奠定了根本政治前提和制度基础，提供了充满新的活力的体制保证和快速发展的物质条件，提供了更为完善的制度保证、更为坚实的物质基础、更为主动的精神力量，而且每一历史时期的现代化探索与发展积淀出具有中国特色的、比较独特的现代化发展规律，如：经济文化落后国家现代化规律、社会主义初级阶段现代化规律、人口规模巨大的现代化规律、全体人民共同富裕的现代化规律、物质文明和精神文明相协调的现代化规律、人与自然和谐共生的现代化规律、走和平发展道路的现代化规律，等等。

中国式现代化是合目的性与合规律性的统一

在中国近代以来对现代化道路艰辛探索基础上，中国共产党团结带领全国人民继续探索中国现代化道路，在历经前后四个历史时期及取得四大历史性成就中，开创出了一条不同于以往现代化理论范式与实践模式的新型现代化道路——中国式现代化道路。这条道路不是自然内发的，而是不断深度融入世界历史中的；不是如西方发达国家的“串联式”单线性的，而是“并联式”叠加性的；不是简单套用马克思主义经典作家设想的模板，不是其他国家社会主义实践的再版，也不是西方现代化发展的翻版，而是以马克思主义为真理力量，以人类社会现代化建设规律为遵循，立足中华5000多年悠久文明的传承、近代以来180多年中华民族发展历程的深刻总结、中华人民共和国成立70多年来的持续探索、改革开放40多年的伟大实践，不断解放和发展社会生产力，以实现社会的全面进步和人的全面发展为根本价值旨归。

中国式现代化道路之所以能成功，一是把实现中华民族伟大复兴和共产主义统一到中国特色社会主义现代化运动中，是合目的性的；二是它既吸收了世界现代化的一般规律和积极成果，又遵循人类社会发展一般规律和社会主义现代化发展的普遍规律，是合规律性的，做到了合目的性与合规律性相统一。正因如此，中国式现代化为广大发展中国家摆脱对西方现代化道路和模式的依赖提供了参考、拓展了路径，为那些既希望加快发展又希望保持自身独立性的民族和国家提供了现代化的新选择。

——资料来源：贺新元．合目的性与合规律性相统一的中国式现代化[N].天津日报.2023-09-11(09).

案例讨论：

1.结合案例谈谈中国式现代化如何实现合规律性与合目的性的统一。

2.结合实际谈谈作为当代青年，如何在实现自我发展中达到合规律性与合目的性的统一。

案例点评：

社会历史有规律可循，而不是偶然事件的杂乱堆积。社会历史事件独一无二，不可重复，但其背后却隐藏着社会历史规律。人们只有把握客观规律才能实现自己的目的。当人们没有认识历史的必然性的时候，必然性是盲目的、外在于人的；当人们认识并把握了必然性的时候，就可以利用它来为自己的目的服务。社会历史发展过程是合规律性与合目的性的统一，作为当代青年，要发挥主观能动性，努力实现全面发展。同时，也要把握社会发展的客观规律，选择符合自身发展特性且符合人民群众利益的发展方式，以达到主体选择性与客观规律性的统一。

教学建议：

1. 本案例适用于《马克思主义与社会科学方法论》中第四章第二节的辅助教学。

2. 教学中还应注意引导学生把握规律，在合规律性和合目的性的基础上进行创新。

第三节　研究社会历史的若干重要方法

一、历史主义方法

案例文本：

回归历史原点：再论曹操

曹操（155—220）是汉末杰出的政治家、军事家和文学家，这已经是史学界的共识。回归历史语境中，摆脱模式，脱去桎梏，以历史描述的方法还原一个真实的曹操，是研究的基本出发点。简要地说，曹操是"命世之才，超世之杰"，也滥杀无辜、清除异己；"揽申、韩之术"，也崇尚经传儒学；重构"汉官威仪"，也权欲膨胀，阴怀"不逊之志"。正因为思想、性格乃至于历史贡献、社会影响多元复杂，才会有说不尽的曹操。

如果从史籍记载讨论基本史实、评价变化及其深层原因会发现：真实的曹操家族因"莫知所出"而不可考；特殊的家庭出身和家族地位，造就了曹操复杂的性格；复杂的性格和史学家的政治倾向，导致对曹操的评价也纷纭复杂。唯有拨开历史迷雾，才能还原人物本质属性。

在历史著作中，曹操也是一个特别具有争议性的人物。褒赞者谓之“非常之人，超世之杰”，如《三国志·武帝纪》说：“汉末，天下大乱，雄豪并起，而袁绍虎视四州，强盛莫敌。太祖运筹演谋，鞭挞宇内，揽申、商之法术，该韩、白之奇策，官方授材，各因其器，矫情任算，不念旧恶，终能总御皇机，克成洪业者，惟其明略最优也。抑可谓非常之人，超世之杰矣。”陈寿评价集中于三点：一是运筹帷幄，以武力平定天下；二是因材施任，对人才既往不咎；三是总揽帝王政务，最终成就曹魏大业。陈寿的史学观虽然体现了西晋统治者以曹魏为正统的政治取向，但从宏观上说，这一评价大体上还算允当。东晋袁宏《后汉纪·献帝纪》，虽对曹操也有微词，对曹丕禅汉尤其不屑，但记录有关曹操的史实，大抵依据《三国志》。到了范晔《后汉书》，情况发生了逆转。赵翼《廿二史札记》卷六详细比较了《后汉书》和《三国志》记载的不同，发现《三国志》所记载的献帝对曹操的所有封官赐爵，到了《后汉书》，一律改为曹操自我加官晋爵。如此一改，就坐实了“名为汉臣，实为汉贼”。到了唐代，刘知几《史通·探赜》甚至认为，曹操比历史上田常、王莽的罪恶不啻上百千倍。此后，宋代萧常、元代郝经分别著《续后汉书》，在《曹操传》中口吻虽有不同，但“大奸”身份却确定不移。萧常称“盖其假大义以欺世盗国”，“自古阉寺之祸莫惨于此”；郝经称“至其临终，涕泣咿嘤以托儿女，分香析履，衣服组绶，无不付畀，乃不一及禅代。此其大奸，以一死欺天下后世者也”。我们关注《三国演义》的“拥刘反曹”现象，殊不知历史学家的“反曹”倾向比小说家更有过之而无不及！在历史学家和文学家的双向推动下，真实的曹操被其制造的层层迷雾遮盖了。

评价曹操差异如此之大，与史学家所处的时代及其在历史叙述中寄托的特殊政治倾向有关。当时的评价有两种：一是人物品评，如桥玄、许劭，俩人从曹操早期的才华、个性和行为中得出的结论大致相同，许劭虽有“清平之奸贼”的负面评价，但曹操终其一生也没有迎来“清平”之世，因此不可能呈现出“奸贼”的一面，后人引申，谓之“奸雄”，恐怕也是许劭始料未及的。二是史书记载，如《魏书》《杂记》，前者是魏末官修正史，后者是人物杂记。官修正史体现统治者意志，记载曹操以正面为主；人物杂记追求表达的艺术效果，记载曹操不乏文学之笔。因此对两者的记载和评价都必须作具体分析，不可不信，不能全信。还有一部特殊的野史《曹瞒传》，虽然叙述语气不恭，却能基本尊重史实。后代史书《三国志》时代最早，系私修史书，虽因陈寿仕于晋而带有西晋意识形态的特点，但是陈寿有良史之才，在为统治者回护中仍能秉笔直书，记载的史实基本可靠。袁宏《后汉纪·献帝纪》涉及曹操的史实多同于陈寿，然而对于魏移汉鼎，直接采取批判的态度。范晔

《后汉书》通过曹操“自领司隶校尉”“自为司空”，乃至后来“自为丞相”“自立为魏公”“自进号魏王”等行为，凸显了曹操操弄权柄、慢君轻上的不臣之心。后来史家更进一步拉黑曹操形象，其慢君轻上的不臣之心又逐步演变为乱臣贼子、欺世盗国的奸雄，究其源头实由范晔开其端，萧常、郝经扬其波，刘知几则走向极端。再经过《三国演义》的渲染，到京剧的脸谱化，曹操逐步成为一个“奸雄”的文化符号。其实，还原曹操形象最为简捷的方法，仍以《三国志》为基本史籍，以《曹操集》为认知对象，脱去符号化的思维认知方式，庶几还原一个真实的历史上的曹操——“非常之人，超世之杰”应该是曹操的基本属性。

在中国的封建时代，对于玩弄政治权术者而言，所谓“奸”，小则为狡，是乱世的生存策略；大则为智，是隐蔽于政治背后的方略。何以“奸雄”一直成为曹操挥之不去的阴魂？如何评价曹操，田余庆提出了两条基本标准：“第一，主要看他比他的先辈多做了哪些好事？而不是看他做了哪些别人都做过的坏事；第二，主要看他所作所为的客观作用，而不是看主观动机。”仅此而言，在汉末动乱中，唯有曹操堪称扭转乾坤的人物。评价历史人物必须有一个基本维度：是以历史发展为基点，而不是以道德评判为准绳。诚然，一切历史都是当代史。对于历史的解读，不可避免地会接受当代意识形态的深层影响，以及由此而衍生的道德伦理的评判；对于历史人物的评价，除了上述既定的影响外，又往往抽去了历史人物的生存环境和活动空间，从纯粹理性批判的角度，有意或无意地将历史人物的某一方面加以“放大”，结果丰满的历史人物成为一个历史符号，致使我们在研究历史人物时，永远无法回到历史的“原点”上。要准确评价历史人物，就必须剥离观念的桎梏，回归历史的语境，在历史场景的有限复原中，扪及历史的真相和人物的灵魂。

——资料来源：刘运好．回归历史原点：再论曹操[J]．中原文化研究，2021，9(1)：76-86.（有删减）

案例讨论：

1. 在案例中，作者对曹操的功过是如何分析的？
2. 结合案例谈谈应该怎样正确看待曹操和曹操的历史地位。

案例点评：

我国的历史博大精深、源远流长，在历史长河中出现过许许多多具有争议性的历史人物，如千古一帝秦始皇、一代奸雄曹操、近代的李鸿章等。对一个历史人物应该如何正确评价，一直是学界研究的问题。上述案例作者从曹操的成长历程出发，认为爱国是评价历史人物的重要标准，评价时要将历史人物与其所处的时代背景结合分析；是否推动社会进步是评价历史人物的根本标准，要辩证地看待历史人物的功过。正确地评价历史人物，就要坚持历史主义方法，在评价时将历史人物还原到当时的历史背景中，从真实的历史出发进行评价，而且要多方面评价，不能仅仅抓住一个突出的优点或缺点无限放大。

教学建议：

1.本案例适用于《马克思主义与社会科学方法论》中第四章第三节的辅导教学。

2.引导学生利用历史主义方法对其他在历史上有争议的人物进行评价，如：秦始皇、李鸿章等，通过正确认识和评价历史人物，帮助学生增强文化自信。

二、科学预见的方法

案例文本：

科学预见下好先手棋

任何一项事业的发展进步，都应该建立在科学预见的基础上，领导工作也不例外。

毛泽东在党的七大上讲道："预见就是预先看到前途趋势。如果没有预见，叫不叫领导？我说不叫领导。"他又说："没有预见就没有领导，没有领导就没有胜利。因此，可以说没有预见就没有一切。"可见，领导干部领导水平的高低，很重要的一点就在于能否预判在前、未雨绸缪，做到"为之于未有，治之于未乱"。

凡事预则立，不预则废。有准备和没有准备是大不一样的。领导干部的职责是带领官兵、引导官兵，既带路又指路，尤其需要站得更高、看得更远，需要超越时空界限，把握客观规律，对事物的发展趋势或未来变化作出正确的推测判断。对领导干部来说，预见性强，就意味着见事早、反应快，意味着工作的主动性、实效性。如果缺少预见或没有预见，工作就难以有效应对，就会走在别人或对手的后面。领导干部只有增强工作的预见性，保持"草摇叶响知鹿过、松风一起知虎来、一叶易色而知天下秋"的敏锐性，才能考虑在先、及早筹划，走在前列、迎接胜利。

"神奇的预言是神话，但科学的预言却是事实。"毛泽东之所以被誉为战略家，就在于他有着伟大的科学预见。央视曾播出了一部大型文献纪录片《毛泽东的科学预见》，讲述了毛泽东的8个惊人预见。譬如，他在澄清"红旗到底打得多久"的疑问中，作出"星星之火，可以燎原"的科学判断；在消除"亡国论"的悲观情绪中，作出“日本必败，中国必胜”的正确预断，等等。领导干部有了正确预见，不仅能指引方向，鼓舞人们战胜困难，更能提前谋划，推动工作和事业取得更大成效。

有人讲，评价优秀干部首要看两条，一条是政治远见，一条是工作能力。实际上，领导干部的预见性，恰恰是其工作能力的综合反映。现实生活中，仍有少数领导干部缺少预见能力，在大项任务中处处碰壁，在风险挑战面前手足无措。有的对事物发展心中无数，“脚踩西瓜皮，滑到哪里算哪里”；有的对新生事物不了解，看不清发展方向，工作总是被动接受；有的不善于总结经验教训，不注重研究规律，一次次犯同样的错误；还有的视野狭窄，工作缺少筹划，总是“眉毛胡子一把抓”，忙忙碌碌而又缺少成效。诸如此类的问题不解决，领导干部就难以发挥领导职能、展现领导魅力、提升领导效力。

2018年1月5日，习主席在学习贯彻党的十九大精神研讨班开班式上列举了8个方面16个风险，其中特别讲到“像非典那样的重大传染性疾病，也要时刻保持警惕、严密防范”。这一重要讲话精神提醒我们，领导干部具备预见能力，才能准确判断风险挑战，下好先手棋、打好主动仗。军队领导干部是带兵打仗的，身负国家安危、民族荣辱，更应具有较强的工作预见性。特别是当前世纪疫情和百年变局交织，国际形势不稳定性不确定性明显增强，我国国家安全进入高风险期，各方向各领域风险挑战显著增多，更加要求领导干部判断在前、工作在前，防患于未然，避危于无形。如果领导干部的预见错误，付出的代价会非常沉重；如果战场上的预判错了，胜利的希望就会非常渺茫。

“只有加强学习，才能增强工作的科学性、预见性、主动性，才能使领导和决策体现时代性、把握规律性、富于创造性。”提高领导干部的预见能力，离不开知识武装、能力升级、本领扩容。现今知识更新加快，只有持续学习、终身学习，努力攀登知识高峰，才能站到山巅，望得更远，准确把握事物发展变化规律。

贴近草皮才能看清草根。事实证明，领导干部深入调研才能摸透实情、把握规律、科学预见。少数领导干部缺少预见性，一个重要原因就是不了解基层、贴不近实际、跟不上时代。领导干部要做到高瞻远瞩、准确预见，就要多作调查研究，既掌握“上头”，又摸准“下头”；既把握时代潮流，又把准基层脉搏。

注重总结经验、汲取教训，也是增强工作预见性的有效方式。领导干部坚持从现实问题出发，进行科学梳理、分析、总结，并深刻反思、举一反三，把经验教训转化运用到对事物的判断把握中去，才能更好地提高科学预见水平，有力有序有效推动强军事业不断前进。

——资料来源：徐君.科学预见下好先手棋[N].解放军报.2021-05-19(06).

案例讨论：

1.毛泽东说“没有预见就没有一切”，在中国革命建设和改革历程中，“预见”有何体现？

2.阅读案例，结合实际谈谈，如何才能正确地“科学预见”。

案例点评：

毛泽东具有高超的科学预见能力，在消除“亡国论”的悲观情绪中，做出“日本必败，中国必胜”的正确预断，带领人民不断为取得革命胜利而不懈奋斗。无论是以前还是当下，准确预见社会的发展趋势，制定和实施正确的战略规划，获得有利的结果，避免不利的结局，始终是社会科学研究者和实际工作者的理想追求。科学预见之所以可能，在于社会历史过程是具有规律性的，在于人是具有自觉能动性的社会存在物，能够在实践中认识和利用社会历史规律。

教学建议：

1.本案例适用于《马克思主义与社会科学方法论》中第四章第三节的辅助教学。

2.教学中，可带领学生观看大型文献纪录片《毛泽东的科学预见》，引导学生正确把握科学预见方法论。

三、逻辑与历史相统一的方法

案例文本：

从历史与逻辑相统一的角度看“政治建设是党的根本性建设”

党的十九大明确提出党的政治建设这个重大命题，强调党的政治建设是党的根本性建设，要把党的政治建设摆在首位，以党的政治建设为统领。这是有充分理论和实践依据的，也是有深刻历史和现实逻辑的。

加强党的政治建设是马克思主义执政党的基本原则。我们党无论从党的名称、指导思想，还是从党的奋斗目标、根本政治立场等方面，都从不讳言自己的政治属性和政治使命。政治属性是政党第一位的属性，政治建设是政党建设的内在要求。只有加强党的政治建设，才能保证党的政治方向对头、政治原则坚定、政治路线正确，才能统一全党意志、凝聚全党力量，为实现党的纲领和目标而共同奋斗。党的政治建设，就是要保证全党团结一致地贯彻执行党的政治路线，实现思想和行动上的统一，实现党确定的目标。政治建设抓好了，政治方向、政治立场、政治大局把握住了，党的政治能力提高了，党的建设就铸了魂、扎了根。对于党的建设而言，加强党的政治建设绝不是一个小问题，而是关系到党的性质是不是马克思主义政党的根本性问题。

加强党的政治建设是对党的建设历史经验的深刻总结。在98年的光辉历程中，讲政治一直是我们党的优良传统。98年来，我们党始终以马克思主义为指导思想、以实现共产主义为远大理想、以全心全意为人民服务为根本宗旨，从而建立了新中国、确立了社会主义制度、开创和发展了中国特色社会主义，取得了举世瞩目的成就。早在1929年12月的古田会议上，毛泽东同志就提出思想建党、政治建军的重大政治原则，要求从思想上政治上把党的队伍组织起来、武装起来。毛泽东同志强调："革命的政治工作是革命军队的生命线"，"政治工作是一切经济工作的生命线"。邓小平同志明确指出，"到什么时候都得讲政治"。随着我们党领导中国人民进行革命、建设、改革的伟大事业不断向前发展，党的建设的内涵与外延、内容与形式都与时俱进地不断扩展和丰富，但讲政治始终是不变的主题。正是在深刻总结党的建设历史经验的基础上，习近平同志明确提出"党的政治建设是党的根本性建设"。

加强党的政治建设是党的建设理论的重大创新。党的十八大以来，在全面从严治党实践中，以习近平同志为核心的党中央把党的政治建设摆在突出位置，在坚定政治信仰、增强"四个意识"、维护党中央权威和集中统一领导、严明党的政治纪律和政治规矩、加强和规范新形势下党内政治生活、净化党内政治生态、正风肃纪、反腐惩恶等方面取得明显成效。实践使我们深刻认识到，党的政治建设决定党的建设的方向和效果，不抓党的政治建设或背离党的政治建设指引的方向，党的其他建设就难以取得预期成效。党的十九大提出党的政治建设的重大命题并将其纳入新时代党的建设总要求，强调把党的政治建设摆在首位，以党的政治建设为统领，全面推进党的政治建设、思想建设、组织建设、作风建设、纪律建设，把制度建设贯穿其中，深入推进反腐败斗争。加强党的政治建设是对党的十八大以来党的建设成功经验的科学总结，是党的建设理论的重大创新。

总之，党的政治建设是党的根本性建设，决定党的建设方向和效果，事关统揽推进伟大斗争、伟大工程、伟大事业、伟大梦想。必须切实加强党的政治建设，增强"四个意识"，坚定"四个自信"，坚决维护习近平总书记党中央的核心、全党的核心地位，坚决维护党中央权威和集中统一领导，把我们党建设得更加坚强有力，确保我们党始终成为中国特色社会主义事业的坚强领导核心，为实现“两个一百年”奋斗目标和中华民族伟大复兴的中国梦提供坚强政治保证。

——资料来源：思力.从历史与逻辑相统一的角度看“政治建设是党的根本性建设”[EB/OL].(2019-08-08).http://www.qstheory.cn/wp/2019-08/08/c_1124848286.htm.

案例讨论：

1.阅读案例谈谈我国为何如此重视党的政治建设。

2.结合实际谈谈，党的建设伟大工程是如何体现逻辑与历史的统一的。

案例点评：

历史是人类社会自身的客观历史过程，逻辑则是对这一进程和历史顺序的认识和把握。社会历史过程是逻辑的基础，逻辑是社会历史进程在人类思维中的再现，二者具有统一性。党的政治建设作为党的根本性建设，党中央将其摆在首要地位，有其深刻的历史依据和现实逻辑。坚持逻辑与历史的统一，既要反对把历史碎片化、否认发展规律的错误倾向，又要反对从逻辑出发裁剪历史，用逻辑统一历史、说明历史的错误倾向。党的建设伟大工程必须在遵从逻辑规律基本原则的基础上尊重历史，总结经验，不断扩展和丰富党的建设的内涵与外延、内容与形式。

教学建议：

1.本案例适用于《马克思主义与社会科学方法论》中第四章第三节的辅助教学。

2.教学时，可结合党的建设的具体实践进行，教学效果更佳。

第五章
社会主体研究方法

第一节 人是社会历史发展的主体

一、“现实的人”是社会历史研究的出发点

案例文本：

济大事者，必以人为本

近期，《求是》杂志发表了习近平总书记重要文章《坚定不移走中国人权发展道路，更好推动我国人权事业发展》，在谈到“中华文化历来强调对人的尊重和关怀”时，引用古语“济大事者，必以人为本”。这句话出自陈寿所撰《三国志·蜀书·先主传》，意思是说，想成就大事业必须以人民作为根本。

“以人为本”是指以人为中心，以人为根本，注重人的生命与价值。这是中华传统文化的基本精神，自古而今源远流长、含弘光大。哲学家张岱年认为，中国文化有两个基本精神，具有高度的理论价值，一是“以人为本”，一是“以和为贵”。中华文明最早实现了从“以神为本”到“以人为本”的转向，奠定以人为中心的人文立场。早在春秋时期，齐国名相管仲在向齐桓公陈述成就霸业之道时就说：“夫霸王之所始也，以人为本。本理则国固，本乱则国危。”意为霸王之业的开始，是以人为根本的；这个本理顺了国家才能巩固，这个本搞乱了国家势必危亡。

在这里，管仲所说的以人为本，就是以人民为本。他的这番话虽然是从当时统治者的立场出发，却道出了治国安邦、成就伟业所应遵循的不移至理。历史无数次告诉世人，无论风云如何变幻，一个政权或政党的兴亡更替，最终取决于民心向背、民意顺逆。在浩如烟海的中华典籍中，古代诸子百家、历代王侯将相等阐释与推崇民本思想的睿语哲思，无万大千、不可胜数。

它是先贤理政之本，从老子“圣人无常心，以百姓心为心”，到孟子“易其田畴，薄其税敛，民可使富也”，再到荀子“君者，舟也；庶人者，水也。水则载舟，水则覆舟”；它是朝代兴废之由，从《尚书·五子之歌》“民惟邦本，本固邦宁”，到唐太宗《民可畏论》“国以民为本”；它是个人修身之道，从《诗经·大雅·抑》“质尔人民，谨尔侯度，用戒不虞”，到孔子“仁者，爱人”，再到张载“为天地立心，为生民立命”……这些爱民、富民、保民、养民、利民的民本思想，虽然百家争鸣，但皆是一个“民”字贯穿其中，终而殊途同归，源源不断汇入中华传统文化的历史长河，泽被后世，成为我们继续前行的不竭力量。

以人为本的价值观,不是抽象的、空洞的、凝固的,而是具体的、历史的、现实的。在革命、建设和改革的过程中,我们党更是坚定地站在人民一边,在不同历史时期,演绎着不尽相同的感人故事,彰显着各自精彩的时代精神。在长征途中,红军经过湖南省汝城县沙洲村,3位红军女战士把仅有的一条被子剪下半条送给乡亲。"半条被子"的故事虽小,折射的却是共产党人以人民为中心的理念。中国共产党自成立起,就把为中国人民谋幸福、为中华民族谋复兴作为初心使命。党的百年奋斗史就是为人民谋幸福的历史,百年辉煌的成功密码就是坚持人民至上。这和传统民本思想不同的是,立场发生了根本变化,人民立场是我们党作为马克思主义政党的根本立场,党始终代表着我国最广大人民的根本利益。传统文化民本思想和马克思主义人民观的内涵相近相通,我们党创造性地将传统民本思想精髓与马克思主义人民性相结合,形成了以人民为中心的发展思想和人民至上的执政理念。这是对中华优秀传统文化的创造性转化、创新性发展,是一个历史性的跨越。

以人民为中心,是一代代共产党人的朴素情感、思想认知和价值认同,是我们治国理政的方略。人民对美好生活的向往,就是我们的奋斗目标;让人民生活幸福就是"国之大者"。在党的领导下,我们建立了中国特色社会主义民主制度,真正实现了人民当家作主;不断改善民生,建立了世界上规模最大的社会保障体系;在推进我国人权事业发展的实践中,我们坚持尊重人民主体地位,坚持以生存权、发展权为首要的基本人权,提出"人民幸福生活是最大的人权"。如今,我们实现了第一个百年奋斗目标,全面建成小康社会,历史性地解决了绝对贫困问题,为我国人权事业发展打下了更为坚实的物质基础。

作为我国优秀传统文化重要内容的以人为本,千百年来薪火相传,并在当代中国照进现实,涵泳、传递着岁月无法磨灭的内在价值和生命力。从古代思想到现代理念,从心之所向到治国理政,从传统文化到人类文明,以人为本的大道,息息相通、脉脉相连。这也是当今社会共建人类命运共同体的题中应有之义。我们坚持以人为本、人民至上,促进人的全面发展,是顺应人类社会发展趋势的必然选择,是实现中华民族伟大复兴中国梦的内在要求。中国梦是民族的梦,也是每个中国人的梦,必须紧紧依靠人民来实现。

——资料来源:丁兆丹.济大事者,必以人为本[N].光明日报.2022-08-26(02)

案例讨论：

1. 阅读案例谈谈为什么说“济大事者，必以人为本”。

2. 结合实际谈谈如何在社会实践中突出人民的主体地位。

案例点评：

“以人为本”是中国古代就开始推崇的社会治理观念，一个政权的走向如何，取决于它是否能够得人心。中国共产党始终致力于为人民服务，始终“关注民生、服务百姓”，为人民的幸福生活不断奋斗，关注的始终是“现实的人”。社会是由“现实的人”构成的，社会发展过程是“现实的人”的活动过程，研究社会必须从“现实的人”出发。离开“现实的人”这个出发点，用神、绝对观念、抽象的人性等去解释历史，都不可能正确说明历史。作为一名社会科学研究工作者，更应从“现实的人”出发说明历史、探索现实、发展未来。

教学建议：

1. 本案例适用于《马克思主义与社会科学方法论》中第五章第一节的辅助教学。

2. 教学中可穿插引用马克思、恩格斯对“现实的人”的相关论述，并让学生谈谈自己对“现实的人”这一知识点的理解，再由教师加以引导总结。

二、物质生产是社会发展的基础

案例文本：

把发展经济着力点放在实体经济上

拥有坚实发达的实体经济，是使我国具有长远竞争力的关键所在。党的十九届五中全会明确提出“坚持把发展经济着力点放在实体经济上”，并围绕实体经济发展进行详细部署。这是党中央立足全局、面向未来作出的重大战略抉择，具有重要而深远的意义。

实体经济是我国经济的命脉所在。回望“十三五”，中央围绕实体经济发展作了多次重要部署，无论是强调“着力振兴实体经济”“夯实实体经济根基”，还是提出“坚持把做实做强做优实体经济作为主攻方向”，始终不变的核心逻辑就是“把发展经济着力点放在实体经济上”。应该说，我国是靠实体经济发展起来的，还要依靠实体经济走向未来。正如习近平总书记所指出的，“不论经济发展到什么时候，实体经济都是我国经济发展、在国际经济竞争中赢得主动的根基”。实现“十四五”发展目标乃至2035年的远景目标，必须向夯实实体经济发力。这是我们始终要保持的一种战略定力。

展望新征程，要深刻洞察实体经济发展面临的“时”与“势”、“危”与“机”。向外看，世界百年未有之大变局正风起云涌，新冠肺炎疫情加速了国际格局演变，各国围绕实体经济的竞争更加激烈。一些发达国家反思“脱实向虚”的发展模式，甚至借疫情企图鼓动产业链“去中国化”“本土化”，给我国实体经济发展带来负面影响。向内看，我国将进入新发展阶段，高质量发展亟待“闯关”，如果没有坚实的实体经济体系作为依托，无论是提升创新能力、实现科技自立自强，还是形成强大国内市场、构建新发展格局，都将是无源之水、无本之木。

因此，我们必须坚持系统观念，把实体经济发展放在更宏大的历史维度上来把握。要统筹考虑建设制造强国、质量强国、网络强国、数字中国，坚持实体产业以我为主，抓住重点领域，优化支撑保障，不断提高经济质量效益和核心竞争力。

把发展经济着力点放在实体经济上，要坚持实体产业以我为主。目前，我国一些实体行业长期处于供应链下游甚至外包位置，远离产业链核心，导致我国实体经济发展模式相对粗放且较为被动。针对这些问题，我们必须坚持自立自强，构建可靠可控的强大产业链。在继续千方百计保住产业链完整性的基础上，要拉长长板、补齐短板，在关系国家安全的领域和节点构建自主可控、安全可靠的国内生产供应体系。此外，还要围绕产业链部署创新链、围绕创新链布局产业链，筑牢实体经济根基，把实体产业牢牢掌握在自己手中。

把发展经济着力点放在实体经济上，要坚持突出重点领域。制造业是振兴实体经济的主战场，要在“去”“转”“育”上做文章：要对落后产能坚决彻底地“去”，加快“腾笼换鸟”；要借助新技术有力地“转”，推进传统产业数字化、网络化、智能化升级改造；要瞄准高端前沿精准地“育”，突破性培育发展数字经济、人工智能、量子技术等高端产业，抢占未来产业发展制高点。

把发展经济着力点放在实体经济上，要坚持优化支撑保障。在这一过程中，既要加大交通、水利、能源等领域投资力度，补齐基础设施短板，还要加快推进5G、人工智能、工业互联网等“新基建”投资，铺就长远发展的“高速路”。同时，要让政策、资金、技术、人才等要素不断汇聚，实现实体经济、科技创新、现代金融、人力资源协同发展，为“十四五”乃至更长时期的高质量发展提供更为坚实的产业支撑。

——资料来源：经济日报评论员．把发展经济着力点放在实体经济上——论学习贯彻党的十九届五中全会精神[N].经济日报.2020-11-03(01).

案例讨论：

1.从社会发展规律的角度思考为何要“把发展经济着力点放在实体经济上”。

2.结合实际谈谈物质生产在社会生活中的决定作用体现在哪里。

案例点评：

近年来，由于虚拟经济投资回报率高、回收快，大量资本流入虚拟领域，社会资本“脱实向虚”和企业“弃实投虚”加剧，造成实体经济存在一定程度的“失血”“抽血”问题。但实体经济是国家的命脉所在，是国民经济的基础，对提供就业岗位、改善人民生活、实现经济持续发展和社会稳定都具有重要意义。实践也早已证明，一个国家的实体经济发展水平越高，经济实力就会越强。物质生活资料的生产与再生产过程也是人类社会发展的过程，物质生产是社会发展的基本动力，只有夯实实体经济的根基，才能把握社会发展规律，进行生产力的发展变革，才能使我国的综合国力不断提升，实现中华民族伟大复兴。

教学建议：

1.本案例适用于《马克思主义与社会科学方法论》中第五章第一节的辅助教学。

2.进行案例讲解时，可结合当下金融业等虚拟经济的代表行业讲解，进一步体现实体经济的基础作用。

三、人的生存状态是社会发展的尺度

案例文本：

坚持以人民为中心，不断满足新期待

从“一个也不能少”的庄严承诺，到“两不愁三保障”的目标底线，再到“摘帽不摘责任”的长远谋划，彰显了中国共产党的初心使命

人民的美好生活需求日益增长，更要兼顾生存与发展、物质与精神、效率与公平，以惠民为民的“升级版”不断增强人民群众的幸福感

前不久，中共中央政治局常务委员会召开会议，听取脱贫攻坚总结评估汇报。习近平总书记指出，党中央坚持人民至上、以人为本，把贫困群众和全国各族人民一起迈向小康社会、一起过上好日子作为脱贫攻坚的出发点和落脚点。从“一个也不能少”的庄严承诺，到“两不愁三保障”的目标底线，再到“摘帽不摘责任”的长远谋划，彰显了中国共产党的初心使命。

发展为了人民、发展依靠人民、发展成果由人民共享，是中国共产党这一百年大党带领人民攻坚克难、矢志前行的底气所在。“十三五”时期，我们党把人民对美好生活的向往作为奋斗目标，将为人民谋幸福的初心化作前行动力。数据是最好的证明。2019年，我国居民人均预期寿命达到77.3岁，基本医疗保险覆盖超过13.5亿人，人均GDP超过1万美元；这5年，各类家庭经济困难学生约3.9亿人次获得资助，城镇新增就业人数累计超过6000万人，全国棚改开工超额完成2000万套目标……“十三五”时期，一个个民生难点得到解决，一个个美好梦想得以实现，为“十四五”时期中国乘风破浪奠定坚实基础。

我们党推动经济社会发展，归根到底是为了不断满足人民群众对美好生活的需要。“十三五”时期，无论是实现中华民族摆脱绝对贫困的千年梦想、举国上下打响疫情防控阻击战等反映时代巨变的宏大叙事，还是大力实施减税降费、基本医保全面联网等保障民生的改革举措，或者是政务APP持续优化、切实解决老年人运用智能技术的困难等事关群众切身利益的小事，我们党从人民群众普遍关心、反映强烈、反复出现的问题出发，让更多发展成果惠及人民。事实证明，坚持以人民为中心，是我国发展的宝贵经验和必须遵循的重要原则。

习近平总书记指出：“以人民为中心的发展思想，不是一个抽象的、玄奥的概念，不能只停留在口头上、止步于思想环节，而要体现在经济社会发展各个环节。”在人民日报评论部发起的“我身边的‘十三五’”征稿中，网友分享了“山里娃能上网课”“防霾口罩闲置下来”“音乐会在家门口上演”等故事。各级政府以新作为回应人民群众的新期待，满足多层次多样化需求，让“教育资源均衡”“蓝天也是幸福”“推进全域旅游”等成为美好生活的题中应有之义。进入新发展阶段，人民的美好生活需求日益增长，更要兼顾生存与发展、物质与精神、效率与公平，以惠民为民的“升级版”不断增强人民群众的幸福感。

——资料来源：人民日报评论部.坚持以人民为中心，不断满足新期待——用好“十三五”发展宝贵经验[N].人民日报.2020-12-23(05).(有删减)

案例讨论：

1.人民对美好生活的需求越来越高，你认为应如何正确把握人民对美好生活的新期待？

2.结合三大社会形态理论谈谈，新时代应如何建成符合最广大人民根本利益的，富强、民主、文明、和谐、美丽的社会主义现代化强国。

案例点评：

社会发展的最终目的是人的发展，人的生存状态是社会发展的根本内容、中心环节和最高目标。在当代中国必须树立以人为本的发展理念，把满足人的全面发展的需求作为社会发展的根本目的和价值尺度，把实现好、维护好、发展好最广大人民的根本利益作为党和国家一切工作的出发点和落脚点。

教学建议：

1.本案例适用于《马克思主义与社会科学方法论》中第五章第一节的辅助教学。

2.教学中可以结合近代中国革命建设时期的成功经验，以及当代中国人民的生活状况和国家的路线方针，突出我国走群众路线的优越性。

第二节　人的本质是社会关系的总和

一、社会是人的存在方式和发展条件

案例文本：

“人民楷模”王有德——治沙播绿中实现人生价值

在浩瀚的毛乌素沙漠西南边缘，有一道南北长60多公里，东西宽约30公里的绿色屏障，静静守护着母亲河黄河和银川平原。这片绵延的绿洲，见证了世界治沙史上的奇迹，记录了一位传奇人物40多年的坚持与梦想。

他是王有德，宁夏灵武白芨滩国家级自然保护区管理局原党委书记、局长，“人民楷模”国家荣誉称号获得者。

王有德出生在宁夏灵武市马家滩镇一个回族家庭。曾经水草丰美的家乡是他儿时的乐园，可随着过度放牧，土地植被退化，风沙一天天逼近家园。十几年里，先后有20多个村子、3万多人被迫迁移……

“从那时开始我心里就跟沙漠较上劲了，一定要把毛乌素沙漠侵吞的土地夺回来。”王有德立誓与沙漠抗争。

1976年，王有德进入林业系统工作；1985年，他调任白芨滩林场副场长，面对的却是一个尴尬的开场——林场生产已多年徘徊不前，职工人均年收入只有几百元，2/3的人要求调走。

先治穷，让职工富起来；再治沙，让沙漠绿起来！深入调研后，王有德大刀阔斧实施改革：精简后勤、实行工效工资、林业生产任务包产到人……改革当年，林场造林5093亩，创收17万元，实现了大逆转。

为筹集更多治沙经费，王有德顶着压力四处贷款创办实体，利用冬季造林闲暇组织职工外出打工……沉寂多年的场子开始重新焕发生机。随着林场“自我造血”功能增强，治沙造林事业揭开了新篇章。王有德开始带领职工在流动沙丘固沙造林，向沙漠宣战。

白天，他们顶着50多摄氏度的高温推沙平田、挖坑种树，晚上就住在沙窝中搭建的帐篷里点着蜡烛找问题、想法子；寒冬腊月，为了抢抓树苗灌冬水的时机，他们日夜吃住在水渠边……

治沙的人说，养个娃娃容易，在沙漠里种棵树难。千辛万苦栽好的树苗，常常一夜之间就被风沙埋葬。王有德和职工哭过鼻子流过泪，但活儿还要干，树还要栽。风沙不停摧毁辛苦栽下的树苗，他们就不停补种，直到树木连成片，把流沙牢牢锁住……

扎制草方格沙障是每一位白芨滩人必练的“基本功”。年年岁岁，白芨滩人用不懈的坚持编织出漫无边际的草方格地毯，罩住了滚滚流沙。草方格上，沙生植物茁壮成长。曾经风沙肆虐的沙地，成为物种丰富、生态优良的国家级自然保护区。

通过多年改革创新，王有德探索建立了“宽林带、多网格、多树种、高密度、乔灌混交”“林农牧副多业并举”等多种防沙治沙模式，实现了“沙漠绿、场子活、职工富”的目标，为国内外沙漠化治理提供了宝贵经验。

“来到白芨滩快30年了，亲眼看着沙漠绿了，我们的日子越过越红火了，沙漠也可以成为‘聚宝盆’。”李桂琴难掩喜悦。

50岁的李桂琴和丈夫吴敬国都是林场职工，20多年前“穷得差点儿连婚都结不了”。如今，他们养了500多头奶牛，承包了40多亩果园和苗圃，还经营着4座设施温棚。

在人与自然的抗争中，王有德和职工们风里来沙里去，以“宁肯掉下十斤肉、不让生态落了后”的拼劲，营造防风固沙林60万亩，控制流沙近百万亩，有效阻止毛乌素沙漠的南移和西扩，实现了人进沙退的伟大壮举。

秋日午后，在灵武市马鞍山生态治理区刚建好的日光温棚里，王有德忙着和工人一同打埂、移栽草莓苗。“明年开春就可以采摘了，到时候你们可一定要来尝尝。”

虽然已退休，王有德仍然每天在防沙治沙一线忙碌。“有人问我是不是太爱沙漠了，其实我对沙漠恨得不得了，你恨它就要制服它、治理它，把它制服、治理以后，它就可以造福人类。”说起治沙，王有德眼中总会放光。

马鞍山毗邻银川市河东机场，一度因乱砍滥伐、乱采乱挖生态破坏严重。为确保机场正常运行和百姓安全，王有德义务承担起负责绿化机场附近荒滩的任务。每天，他带着妻子早出晚归打田埂、栽树，发动社会力量开路引水、削高填低、清石换土……他的举动感动并吸引了不少人参与其中。2014年，王有德募集资金发起成立了宁夏沙漠绿化与沙产业发展基金会。

5年来，基金会在这片荒滩上建成了拥有40多个树种的生态植物园，占地2000多亩的防护林，栽树100多万棵，生态治理7000多亩，昔日荒滩换上了绿装。

“生命不息，治沙不止，我要在治沙播绿中实现自己的人生价值。”王有德说，“多栽一棵树，就是我的价值；多治理一片荒山，就是我的价值；让当地老百姓找到致富之路，就是我的价值！”

——资料来源：刘海，谢建雯.“人民楷模”王有德——治沙播绿中实现人生价值[N].人民日报.2019-10-10(07).

案例讨论：

1.阅读案例谈谈王有德为何能在“治沙播绿”中实现自我人生价值的最大化。

2.结合自身实际谈谈当代青年应如何实现自我价值。

案例点评：

2019年9月29日，北京人民大会堂，领奖台上，习近平总书记为王有德颁授“人民楷模”国家荣誉称号奖章。二十多年来，他只做了两件事——让沙漠绿起来，让职工富起来。而做成这两件事，足以让他今生无悔。在王有德眼里，林子里的每一棵树都是他精心养育的孩子，他爱它们如同爱自己的生命。正是因为他的执着，使他的人生熠熠生辉，成为我们学习的楷模，而他也在奉献中实现了自我人生价值的最大化。人的本质是社会关系的总和，社会是人的存在方式和发展条件。我们每个人都应科学地认识自身的存在、发展同社会的辩证关系，把个人的发展与社会的发展有机统一起来，在实现社会价值的同时实现个人价值。

教学建议：

1.本案例适用于《马克思主义与社会科学方法论》中第五章第二节的辅助教学。

2.讲解案例的过程中可带领学生了解志愿者的工作性质及其社会贡献，激发学生参与志愿者工作的积极性。

二、“虚假共同体”与“真实共同体”

案例文本：

新华时评：构建人类命运共同体，行则将至

构建人类命运共同体理念提出十年来，内涵日臻完善，逐步形成了以“五个世界”为总目标，以全人类共同价值为价值追求，以构建新型国际关系为根本路径，以共建“一带一路”为实践平台，以全球发展倡议、全球安全倡议、全球文明倡议为重要依托的科学理论体系。明确了目标方向，规划好实现路径，就要一步一个脚印，把蓝图变为现实。

共建“一带一路”倡议是构建人类命运共同体的生动实践。十年来，“一带一路”从夯基垒台、立柱架梁到落地生根、持久发展，搭建了各方广泛参与、汇聚国际共识、凝聚各方力量的重要实践平台。中老铁路开建以来拉动11万人次就业；雅万高铁成为东南亚国家首条实现时速350公里的铁路；蒙内铁路拉动了当地经济增长超过2个百分点……一条条“幸福路”、一座座“连心桥”、一片片“发展带”在共建国家不断涌现，不断增进共建国家民众的获得感、幸福感。

“三大全球倡议”是推动构建人类命运共同体的重要依托，指明人类社会前进方向。全球发展倡议发出了聚焦发展、重振合作的时代强音，全球发展促进中心顺利运转，200多个合作项目开花结果；全球安全倡议走出一条对话而不对抗、结伴而不结盟、共赢而非零和的新型安全之路，在中国斡旋下，沙特和伊朗实现历史性和解；全球文明倡议为推动构建人类命运共同体注入精神动力，有力促进不同文明交流互鉴。

大道至简，实干为要。中国携手各方共同行动，为推动各国发展事业和人类文明进步作出贡献。从双边到多边，从区域到全球，中国已同数十个国家和地区构建了不同形式的命运共同体。人类卫生健康共同体、网络空间命运共同体、核安全命运共同体、海洋命运共同体、人与自然生命共同体、地球生命共同体……针对一系列世界性难题，中国提出丰富主张并推动转化为具体行动，为各领域国际合作注入强劲动力。

道阻且长，行则将至；行而不辍，未来可期。只要世界各国团结起来，向着构建人类命运共同体的正确方向，携手并进、不懈奋斗，就一定能够建设一个持久和

平、普遍安全、共同繁荣、开放包容、清洁美丽的世界，开创人类更加美好的未来。

——资料来源：邵艺博.新华时评：构建人类命运共同体，行则将至[EB/OL].(2023-09-30).http://www.news.cn/2023-09/30/c_1129894120.htm.

案例讨论：

1.结合社会共同体的性质谈谈我国为什么大力倡导构建人类命运共同体。

2.针对美国所谓的“中国威胁论”，你有何看法？

案例点评：

习近平总书记表示，国际社会日益成为一个你中有我、我中有你的命运共同体。面对世界经济的复杂形势和全球性问题，任何国家都不可能独善其身。人类只有一个地球，各国要和平共处于同一个世界，就要倡导“人类命运共同体”理念。人类命运共同体旨在追求本国利益时兼顾他国合理关切，在谋求本国发展中促进各国共同发展。人类命运共同体是符合全体社会成员根本利益的真实社会共同体，它的提出对推进社会进步，实现全体社会成员自由、全面发展有着非常重要的作用。

教学建议：

1.本案例适用于《马克思主义与社会科学方法论》中第五章第二节的辅助教学。

2.案例讲解时可将西方和平演变战略与中国和平崛起进行比较，以帮助学生理解“虚假共同体”与“真实共同体”二者的区别。

三、“自由人的联合体”是“人的自由全面发展”的社会共同体

案例文本：

新时代“人的全面发展”的哲学逻辑

马克思主义认为，人是社会实践的主体，既被现实社会所塑造，又在推动社会进步中实现自身发展。建设什么样的社会、实现什么样的目标，人是决定性因素。关于人的发展问题研究，既是一个历史和时代命题，也是马克思主义哲学的一个根本问题。如费尔巴哈所说，人的本质是“哲学上最高的东西”。习近平总书记强调，必须坚持以人民为中心的发展思想，特别是多次深刻指出要“不断促进人的全面发展”。这是对马克思主义“人的全面发展”理论的继承和发展，是习近平新时

代中国特色社会主义思想的重要内容,也是实现中华民族伟大复兴的根本之所在。实现人的全面发展,是马克思主义追求的根本价值目标,也是共产主义社会的根本特征。马克思主义关于人的全面发展,强调的不是片面的发展、畸形的发展、不自由的发展、不充分的发展,而是全面的发展、和谐的发展、自由的发展、充分的发展。马克思主义人的发展理论也不是"是否发展"的问题,而是"如何发展"的问题,是如何实现"全面发展""自由发展"和"全面而自由发展"的问题。

习近平总书记在《之江新语》中指出:"人,本质上就是文化的人,而不是'物化'的人;是能动的、全面的人,而不是僵化的、'单向度'的人。"站在新的历史起点上,习近平新时代中国特色社会主义思想为推动人的全面发展提供了科学理论指导。习近平新时代中国特色社会主义思想明确新时代我国社会主要矛盾是人民日益增长的美好生活需要和不平衡不充分的发展之间的矛盾,强调必须"坚持人民主体地位""人民对美好生活的向往,就是我们的奋斗目标""我们任何时候都必须把人民利益放在第一位,把实现好、维护好、发展好最广大人民根本利益作为一切工作的出发点和落脚点""不断保障和改善民生,促进社会公平正义,在更高水平上实现幼有所育、学有所教、劳有所得、病有所医、老有所养、住有所居、弱有所扶,让发展成果更多更公平惠及全体人民,不断促进人的全面发展,朝着实现全体人民共同富裕不断迈进"。习近平新时代中国特色社会主义思想的人民主体的价值追求与马克思关于人的全面发展学说本质相通,是对无产阶级作为解放主体这一马克思主义解放思想的再次确认和创造性发展,更是我们党"全心全意为人民服务"根本宗旨的生动体现。

马克思在《共产党宣言》中明确指出:"代替那存在着阶级和阶级对立的资产阶级旧社会的,将是这样一个联合体,在那里,每个人的自由发展是一切人的自由发展的条件。"在马克思看来,在资本主义社会那种以"普遍利益"为幌子的"虚假的共同体"中,个人自由只属于统治阶级范围的个人,而不是平等的、自由发展的个人。马克思"一切人的自由发展"观,是在批判资本主义社会的基础上提出来的,所强调的是整个人类的发展不再以牺牲一部分人的发展为代价,而着眼"一切人的自由发展"构建的"自由人联合体"。这种"自由人联合体"是人的自由与社会的自由高度统一,是人的个性、人格、创造性和独立性得到最大限度的发挥,既不妨碍别人的自由发展,也不妨碍正常的社会秩序。同时,每个人在这样的联合体中不是特定阶级的成员,也不贴有任何阶级的"标签",而是作为社会的个人,在联合体中处于发挥独特个性、潜能的自由状态,获得充分发展其才能的手段。

在庆祝改革开放40周年大会上，习近平总书记强调："前进道路上，我们必须始终把人民对美好生活的向往作为我们的奋斗目标，践行党的根本宗旨，贯彻党的群众路线，尊重人民主体地位，尊重人民群众在实践活动中所表达的意愿、所创造的经验、所拥有的权利、所发挥的作用，充分激发蕴藏在人民群众中的创造伟力。"当前，中国特色社会主义进入新时代，新时代有历史性成就，也有时代性挑战，更呼唤创造性作为。进而言之，只有尊重劳动、尊重知识、尊重人才、尊重创造，充分释放人的创新激情、创新活力、创新能力，才能人人各尽所能、各展其才、各得其所，从而彻底解决发展的持久活力与内在动力问题，真正实现人的自由发展。

马克思主义认为，人的发展的最高境界是人的自由全面发展，是人的本质的真正实现，共产主义社会是"以每个人的全面而自由的发展为基本原则的社会形式"。马克思主义人的本质理论中所说的人，是现实的人、具体的人、实践的人。在马克思主义看来，人的发展不仅是社会发展的内在要求，而且是社会发展的最终体现。

实现人的自由全面发展，必须解决好人的个体发展和社会发展的关系。实现个人的自由全面发展，不仅要以社会发展即"自由人联合体"的形成为前提，将个体的人置身于社会关系之中，使人通过合理的社会制度、正当的社会调控、良好的社会秩序，不断突破固有的社会关系，获得发展的空间、条件和可能，以社会关系的不断丰富和发展推动人的自由全面发展。同时，必须注重人的能动选择的重要性和主体发挥的必要性，让个人能够根据自己意愿充分自由地表现和发挥其主体性和创造能力，确保人的力量得到充分展示、能力得到充分发挥、梦想得到充分实现。实质上，人的自由全面发展是社会历史发展的产物，人的发展在不同的社会有不同的发展目标，只有不断超越一定历史发展的束缚，在历史的长河中不断向前推进，才能促进人类的自由全面发展。经过改革开放40年的接续奋斗，目前我国已经是世界第二大经济体、制造业第一大国、货物贸易第一大国、商品消费第二大国、外资流入第二大国，我国外汇储备连续多年位居世界第一，中国人民在富起来、强起来的征程上迈出了决定性的步伐！这为促进人的自由全面发展，积累了深厚的物质储备。

当前，我国人民生活总体上达到小康水平。随着全面建成小康社会奋斗目标的即将实现，我国经济将更加发展、民主将更加健全、科教将更加进步、文化将更加繁荣、社会将更加和谐、人民生活将更加殷实，这将为更高层次、更高水平上推动人的全面而自由发展奠定坚实的社会基础。第一个百年奋斗目标实现后，我们又要乘势而上开启全面建设社会主义现代化国家新征程，向第二个百年奋斗目标进军。到2035年，我国将基本实现社会主义现代化，人民平等参与、平等发展权利将得到充分保障，社会文明程度将达到新的高度，人民生活将更为宽裕，中等收入群体比例将明显提高，全体人民共同富裕将迈出坚实步伐；到本世纪中叶，我国将建成社会主义现代化强国，物质文明、政治文明、精神文明、社会文明、生态文明将全面提升，全体人民共同富裕基本实现，我国人民将享有更加幸福安康的生活，中华民族将以更加昂扬的姿态屹立于世界民族之林。这一伟大的战略目标，是社会全面进步的蓝图擘画、目标设计；这一伟大的战略目标，必将深刻地影响并改变世界，为人类对更好社会制度的探索提供中国方案。

——资料来源：李明．新时代“人的全面发展”的哲学逻辑[N].光明日报.2019-02-11(15).(有删减)

案例讨论：

1.结合案例，思考“个人的自由全面发展”与“自由人的联合体”的形成之间有何关系。

2.阅读案例，结合实际谈谈当前我国能否实现“自由人的联合体”。

案例点评：

《共产党宣言》第二章最后写道：“代替那存在着阶级和阶级对立的资产阶级旧社会的，将是这样一个联合体，在那里，每个人的自由发展是一切人的自由发展的条件。”这就说明，社会主义事业发展的最终目标，即成熟的共产主义社会中，必会达到每个人自由而全面发展的最高境界，而每个人的自由全面发展也只有在“自由人的联合体”中才能实现。实现“自由人的联合体”是一个漫长的过程，是人类逐渐摆脱旧的社会关系束缚而进入新的社会关系，逐渐摆脱各种物质和精神束缚而获得全面解放的过程。中国目前正处于社会主义初级阶段，这是实现“自由人的联合体”的一个不可逾越的历史阶段。坚持党在社会主义初级阶段的基本路线，建设富强、民主、文明、和谐、美丽的社会主义现代化强国，就是为实现“自由人的联合体”准备条件。

教学建议：

1.本案例适用于《马克思主义与社会科学方法论》中第五章第二节的辅助教学。

2.教学时可结合当前我国集体所有制经济体制加以讲解，证明实现“自由平等的生产者的联合体”是可行的。

第三节　坚持以人民为中心的研究立场和方法

一、人民群众是创造历史的决定力量

案例文本：

人民群众是推动新中国发展进步的力量源泉

习近平总书记指出："人民是历史的创造者，是决定党和国家前途命运的根本力量。"中华人民共和国成立70年来，取得了举世瞩目的伟大成就，发生了天翻地覆的变化。在庆祝中华人民共和国成立70周年招待会上的讲话中，习近平总书记强调，70年来，中国人民发愤图强、艰苦创业，创造了"当惊世界殊"的发展成就，千百年来困扰中华民族的绝对贫困问题即将历史性地画上句号，书写了人类发展史上的伟大传奇！伟大成就离不开伟大力量，伟大力量来源于伟大人民。新中国的发展进步充分印证，人民群众是推动事业发展的力量源泉，是推动社会变革的决定性力量。

1.人民群众的劳动创造是新中国发展进步的"驱动力"

唯物史观认为，人民群众是社会物质财富和精神财富的创造者，是社会变革的决定力量，在创造历史过程中起着决定作用。马克思、恩格斯指出，"历史活动是群众的事业"，决定历史发展的是"行动者的群众"。作为坚定的马克思主义者，中国共产党人始终坚信人民群众的劳动创造是社会发展的原动力。劳动成就梦想，创造铸就辉煌。劳动群众的创造，是社会发展进步最基本的源泉。新中国的发展进步绝不是从天上掉下来的，而是一代又一代中国人用自己的双手接力奋斗创造的。中华民族是充满智慧而又勤劳的伟大民族，创造了人类历史上唯一一个绵延5000多年至今未曾中断的文明。

新中国的成立，使中华民族从此进入了发展进步的历史新纪元，勤劳的中国人民响应党和国家号召积极投身社会生产建设、修建基础设施、支援边疆开发等，为恢复发展国民经济和社会主义现代化建设作出了巨大贡献。改革开放以后，从实行家庭联产承包、乡镇企业异军突起到农村承包地"三权"分置、打赢脱贫攻坚战，从兴办深圳等经济特区、沿海沿边沿江沿线和内陆中心城市对外开放到加入世界贸易组织，从搞好国营大中小企业、发展个体私营经济到深化国资国企改革、发展混合所有制经济……我国以前所未有的速度快速发展，大踏步赶上时代潮流。邓小平同志说：“农村改革中的好多东西，都是基层创造出来的，我们把它拿来加工提高作为全国的指导。”党的十八大以来，人民群众辛勤劳动、诚实劳动、创造性劳动，苦干、实干、巧干，推动我国经济转型升级、推进创新型国家建设、推动经济高质量发展等，实现了从“中国制造”到“中国创造”的转变，确保中国经济在全球经济持续低迷背景下保持强劲势头。党的十九大报告将“坚持以人民为中心”确立为新时代坚持和发展中国特色社会主义的基本方略之一，这意味着不仅在经济社会发展方面要坚持以人民为中心的发展思想，而且在中国特色社会主义事业诸领域、各方面与全过程都必须坚持以人民为中心。

2.人民群众的拼搏进取精神是新中国发展进步的“助推力”

毛泽东同志曾说，人总是要有一点精神的。精神是人的意识、思维活动，影响着人的行为。人有了良好的精神状态，就有了克服困难、超越自我的勇气和力量。奋斗拼搏的精神状态，不仅可以转化为攻坚克难的坚强意志，而且可以转化为推动事业蓬勃发展的强大力量，是社会发展进步的助推力。

新中国的发展进步，不仅是人民群众用勤劳双手“干”出来的，更是人民群众靠拼搏奋斗精神“拼”出来的。新中国的历史，就是中国人民在逆境中奋发、在奋斗中自强的历史。新中国的成立，推翻了帝国主义、封建主义、官僚资本主义的反动统治，结束了几千年来极少数剥削者统治广大劳动人民的历史，结束了近百年来帝国主义、殖民主义奴役中国人民的历史。成为新社会、新国家主人的中国人民，在建设社会主义旗帜引领下，为甩掉积贫积弱的帽子，展现出斗志昂扬、奋发有为、励精图治的精神状态，推动社会主义革命和建设取得重大胜利。党的十一届三中全会后，中国人民在改革开放大潮中表现出顽强拼搏、自强不息、开拓创新、勇于变革等精神面貌，推动中国经济社会日新月异快速发展。党的十八大以来，在以习近平同志为核心的党中央坚强领导下，人民群众心怀梦想、积极进取、勇攀高峰、迎难而上，有效应对重大挑战、抵御重大风险、克服重大阻力、解决重大矛盾，推动了党和国家事业发生历史性变革、取得历史性成就。

“做一颗永不生锈的螺丝钉”的雷锋精神，“宁肯少活二十年，拼命也要拿下大油田”的铁人精神，“立下愚公移山志，决心劈开太行山”的红旗渠精神，“敢闯敢试、敢为人先、埋头苦干”的特区精神，“一日三餐有味无味无所谓，爬冰卧雪冷乎冻乎不在乎”的塞罕坝精神，“特别能吃苦、特别能战斗、特别能攻关、特别能奉献”的航天精神等，就是中国人民以顽强拼搏的进取精神推动社会发展进步的充分展现。实践充分证明，人民群众的拼搏进取精神是不断战胜前进道路上各种风险考验、推进中国特色社会主义伟大事业的活力源泉和重要法宝。

3.人民群众的美好生活需要是新中国发展进步的“牵引力”

人民群众对美好生活的需要、对幸福生活的追求，是社会发展进步最持久的牵引力。马克思、恩格斯指出：“人们为了能够‘创造历史’，必须能够生活。但是为了生活，首先就需要吃喝住穿以及其他一切东西。因此第一个历史活动就是生产满足这些需要的资料，即生产物质生活本身”。广大人民群众对美好生活的需要，汇聚成强大的合力，推动着社会发展进步。

我们党作为马克思主义政党，全心全意为人民服务是党的根本宗旨，必须以最广大人民根本利益为我们一切工作的根本出发点和落脚点。时代是出卷人，我们是答卷人，人民是阅卷人。习近平总书记多次强调，人民对美好生活的向往，就是我们的奋斗目标。人民的美好生活需要是历史的、具体的、全面的，是不断丰富、持续提高的无止境过程。满足人民美好生活需要的过程，就是解决社会主要矛盾的过程，就是社会不断发展进步的过程。新中国成立之初，我国经济文化比较落后，物质文化需要是人民美好生活需要的主要内容，人民日益增长的物质文化需要同落后的社会生产之间的矛盾是我国社会的主要矛盾。改革开放以来，我国大力发展社会生产力，努力满足人民日益增长的物质文化需要，推动中国特色社会主义事业取得了巨大成就。党的十九大报告指出，经过长期努力，中国特色社会主义进入了新时代，这是我国发展新的历史方位。“我国社会主要矛盾已经转化为人民日益增长的美好生活需要和不平衡不充分的发展之间的矛盾。”人民的美好生活需要日益广泛，不仅对物质文化生活提出了更高要求，而且在民主、法治、公平、正义、安全、环境等方面要求日益增长。主要矛盾的转化对党和国家工作提出了许多新要求，而人民对美好生活的向往就是我们的奋斗目标，这一目标及其激发下的生动实践，必将进一步推动我国发展的整体转型升级，为建设富强民主文明和谐美丽的社会主义现代化强国提供源源不竭的动力。

总之，新中国成立以来，我们党始终坚持以人民为中心，把人民放在最高位置，顺应人民对美好生活的向往，顺应我国社会主要矛盾的变化，在不断实现人民群众根本利益，增强人民群众获得感、幸福感、安全感的过程中，推动着经济社会发展进步。人民群众是历史的创造者，人民是决定我们前途命运的根本力量。只要全国各族人民心往一处想，劲往一处使，万众一心，众志成城，13亿人的智慧和力量就能汇集成不可战胜的磅礴力量，托举起伟大的中国梦。

——资料来源：教育部习近平新时代中国特色社会主义思想研究中心.人民群众是推动新中国发展进步的力量源泉[N].光明日报.2019-10-30(06).(有删减)

案例讨论：

1.结合案例思考，为什么说“人民群众是创造历史的决定力量”。
2.作为青年一代，我们该如何传承“雷锋精神”“铁人精神”等优良的民族精神？

案例点评：

人民群众是社会物质财富的创造者，是社会精神财富的创造者，还是社会变革的决定力量。我党始终坚持人民群众的主体地位，一切为了人民，一切依靠人民，尊重人民群众的首创精神，充分发挥人民群众创造历史的积极性。正是因为始终坚持从群众中来、到群众中去的群众路线，我国才能在党的光辉领导下不断发展壮大，成为世界上最大的发展中国家。作为新一代社会研究工作者，更应该坚持人民群众的主体地位，学习“雷锋精神”“铁人精神”等优良的民族精神，团结一致为中华民族的伟大复兴而不懈奋斗。

教学建议：

1.本案例适用于《马克思主义与社会科学方法论》中第五章第三节的辅助教学。
2.教学时可结合现实生活中能体现人民群众伟大力量的实际事例进行讲解。

二、杰出人物在历史发展中的重大作用

案例文本：

一颗稻谷里的爱国情怀——记“杂交水稻之父”袁隆平

一如既往，去年冬天，袁隆平又去了海南，和自己的团队在南繁基地一待就是3个多月。

他已经89岁，身体大不如前。

数十年如一日候鸟般奔忙的背后，是这位老科学家对梦想的执着、对国家和人民的赤子之心。

“不让老百姓挨饿”——携初心“追着太阳”

袁隆平出生在动乱年代，从小跟着家人过着颠沛流离的逃难生活，在重庆求学时，经历了大轰炸，他感到，要想不受别人欺负，国家必须强大起来。新中国成立前，袁隆平亲眼见到倒伏在路边的饿殍，十分痛心。选择农业报国，源自袁隆平想让大家“吃饱饭”的强烈愿望。

1953年，从西南农学院遗传育种专业毕业后，袁隆平被分配到湖南安江农校

工作。“作为新中国培育出来的第一代学农大学生，我下定决心要解决粮食增产问题，不让老百姓挨饿。”袁隆平立誓。

1956年，袁隆平带着学生们开始了农学实验。袁隆平发现，水稻中一些杂交组合有优势，认定这是提高水稻产量的重要途径。培育杂交水稻的念头，第一次浮现在他的脑海。

1966年，袁隆平发表论文《水稻的雄性不孕性》，拉开了中国杂交水稻研究的序幕。此后，他与学生李必湖、尹华奇成立“三人科研小组”，开始了水稻雄性不孕选育计划。1970年，在海南发现的一株花粉败育野生稻，打开了杂交水稻研究突破口。袁隆平给这株宝贝取名为“野败”。

10多个省区市的科研人员聚集到海南，他慷慨地将“野败”分送给大家，又在农场支起了小黑板，给全国各地科研工作者讲课。一场轰轰烈烈的全国攻关大会战打响。1973年，在第二次全国杂交水稻科研协作会上，袁隆平正式宣布籼型杂交水稻三系配套成功，水稻杂交优势利用研究取得了重大突破。

回忆起那段攻坚克难的日子，袁隆平记忆里最深刻的细节之一，是背着够吃好几个月的腊肉，倒转好几天的火车，前往云南、海南和广东等地育种研究。他回忆说，这样的经历“就像候鸟追着太阳”。

奋斗不息：从“吃饱饭”到“吃得好”“更健康”

“我希望青年科学家不要过分计较个人得失，而是要把国家和人民的利益作为自己的奋斗目标，不断努力。”2018年11月22日，在接受未来科学大奖组委会颁发的奖杯时，袁隆平表达期望。

这也是他用一生践行的奋斗目标。尽管目前杂交水稻已经取得每公顷产量18吨的成就，但袁隆平并不满足。他告诉记者，还要朝着每公顷19吨、20吨的目标奋斗。目前，他正在攻关的遗传工程雄性不育系为工具的第三代杂交水稻，争取在未来几年时间内通过审定，进行大面积推广，并逐步替代三系杂交稻和两系杂交稻。

解决了“吃饱饭”的问题后，袁隆平将更多精力放在了“吃得好”和“更健康”上。由他领衔、已实施10多年的超级杂交稻“种三产四”丰产工程从过去强调产量，向兼顾绿色优质目标转变。2017年参与“种三产四”丰产工程的30多个品种中，优质稻占比超过30%，其中不少品种的米质已经达到国家二级标准。

2018年9月，中国农学会、华南农业大学、中科院等多个单位和部门的专家，对袁隆平领衔的“低镉水稻技术体系”多点生态试验进行了综合评议。结果显示，“低镉稻”稻米镉含量在每公斤0.07毫克以下，低于每公斤0.2毫克的国家标准和每公斤0.4毫克的国际标准。这表明,“低镉稻”在不同镉含量土壤、不同栽培方式下的表现都较为稳定,为我国从根本上解决“镉大米”问题提供了技术支撑。

“更愿意做太平洋上的海鸥”——让杂交稻技术贡献人类

“洞庭湖的麻雀——见过几回大风浪”,这是湖南人常说的歇后语。在讲述自己的杂交水稻梦时,袁隆平笑言:“有人说我是洞庭湖的老麻雀,但我更愿意做太平洋上的海鸥,让杂交水稻技术越过重洋。”

袁隆平写于1985年的《杂交水稻简明教程》,经联合国粮农组织出版后,目前已发行到40多个国家,成为全世界杂交水稻研究和生产的指导用书。

因“为保障世界粮食安全和解除贫困展示了广阔前景”,“致力于将杂交水稻技术传授并应用到包括美国在内的世界几十个国家”,2004年,袁隆平获得了世界粮食奖。

“我的童年是在抗日战争的烽火中度过的,我知道民族的屈辱和苦难。当我能用科学成就在世界舞台上为中国争得一席之地时,‘杂交水稻之父’的称谓也好,各种名目的科学大奖也好,都不重要。我首先想到的是,我为中国人赢得了荣誉和尊严。”袁隆平说。

——资料来源:周勉,袁汝婷.一颗稻谷里的爱国情怀——记“杂交水稻之父”袁隆平[EB/OL].(2019-04-23). http://www.xinhuanet.com/politics/2019-04/23/c_1124402839.htm? agt=12844.(有删减)

案例讨论:

1.每个时代都有许多的杰出人物,结合案例谈谈,这些杰出人物有着怎样的特质。

2.在研究社会历史过程中,我们应如何看待人民群众和杰出人物各自在社会发展中发挥的作用?

案例点评:

确保中国人的饭碗要牢牢端在自己手中,这是“杂交水稻之父”袁隆平认为自己应该为国家担负的责任。他对杂交水稻和它背后维系的国家粮食安全怀有的赤诚初心,从过去到现在,始终未变。像袁隆平这样的时代杰出人物还有很多,如毛泽东、邓小平、钱学森、邓稼先等,无一不是为我国的发展奉献一生,成为我国党和人民的不朽丰碑和精神旗帜。历史唯物主义肯定人民群众是历史的创造者,但也不否认个人在历史上的作用,每个时代都有那么一批把握时代发展规律,代表人民根本利益的杰出人物，带领人民不断发展，实现自由解放。在研究社会历史时，把握人民群众在社会发展中的决定作用的同时，也要深刻认识到杰出人物在社会发展中的重大作用。

教学建议：

1. 本案例适用于《马克思主义与社会科学方法论》中第五章第三节的辅助教学。
2. 教学中可让学生谈谈自己感兴趣的历史上的杰出人物。

三、评价历史人物的科学方法

案例文本：

历史人物评价之道德尺度与历史尺度

历史人物是历史舞台上的主角，是历史聚光灯照耀的中心点。通过对历史人物的了解，我们走进他所处的那个时代，通过对历史人物的评价，我们认识他所处的那个时代。然而，要客观做到“知人论世”，在抱有“同情之理解”基础上，走进他们的内心世界，理解他们的思维方式与行为准则，从而体认其思想动机，评述其功过得失，更是困难重重。

最重要同时又是最给人造成困惑的，就是对历史人物作价值判断与评价。

根据我的观察，历史人物评价上价值判断的分歧，原因固然很多，但是最关键的因素，也许是道德尺度与历史尺度之间的纠葛与对立。具体地说，对于某一具体的历史人物，用道德衡量或用历史衡量，往往会得出完全不一样的功过得失结论。在道德上占有优势，在人格上具有魅力的人，并不一定在历史上经得起检验。反之亦然，历史上有大贡献的人物，其所作所为也常常得不到固有的传统道德认可，不能成为人们真心景仰钦慕的人格楷模。而历史研究者侧重于一个方面对其展开评价时，大量尖锐的意见分歧便立即凸显出来了。

这也是历史上诸多杰出人物“身后是非”、千秋功过任人评说，言人人殊的原因之所在。以封建帝王为例，对于大多数人来说，通常是心仪于汉文帝刘恒、光武帝刘秀、宋太祖赵匡胤的为人与做事风格，而对秦始皇、曹操、朱元璋嗜杀、残暴、任性专制、严酷无情的行径无法苟同。尽管历史上曾有人别出心裁，努力为秦始皇、曹操、朱元璋等人鸣冤叫屈，汲汲于做翻案文章，但结果却往往是言者谆谆，听者藐藐，心劳力拙，徒劳无功。这就是道德戒律在历史人物评价中的潜在规范与制约。

然而，作为历史研究者，与一般大众所不同的，是更多以历史的尺子对历史人物作价值判断。所以尽管秦始皇、曹操、朱元璋等人在道德品行上存在着备受争议的地方,无法让人认同,更无法令人喜爱。可是平心而论,他们对历史发展的贡献有目共睹,甚至远远超过占有道德或人性优势的刘秀、赵匡胤等人。所以用历史的标尺衡量,他们又不能不受到充分的肯定与崇高的礼赞。

不过这样一来,学者的观点与大众的认知之间便存在了巨大的差距,如何缩小甚至消弭这种差距,便成了历史研究怎样面对社会,进入大众,而不被边缘化的重大症结。

其实,历史人物的价值判断也并非是一个无法化解的死结。这方面早在孔子那里已经做出了很好的平衡,堪称典范。翻开《论语》一书,我们可以看到孔子有关管仲的评价,就充分体现了道德与历史的矛盾统一。孔子一方面对管仲不无微词,甚至多有贬斥,批评"管仲之器小哉",指摘管仲贪货敛财,道德有阙;另一方面又充分肯定管仲辅佐齐桓公"九合诸侯,一匡天下"之历史功勋,盛赞管仲"如其仁,如其仁"。很明显,孔子之批评管仲,乃是就道德层面发论;而孔子之所以肯定管仲,则是就历史层面定位。两者并行不悖,互为参比,从而使历史人物的价值判断在道德与历史的矛盾对立中实现了和谐的统一。这也启发我们,在进行历史人物评价时,应区分道德与历史的不同标准,从而解开历史人物价值判断上的困惑。

——资料来源:黄朴民.历史人物评价之道德尺度与历史尺度[N].文摘报.2020-10-08(06).

案例讨论:

1.结合案例思考,我们应如何看待"毛泽东思想"与"毛泽东的思想"。

2.如何科学评价历史人物,历史虚无主义有何局限?

案例点评:

历史唯物主义肯定了人民群众创造历史的决定力量,但并不抹杀个人在历史上的作用,特别是杰出人物在历史上的作用,但对其作用的客观评价仍需采用科学的评价方法。只有这样,我们才能公正地、科学地对待历史、对待历史人物。

教学建议:

1.本案例适用于《马克思主义与社会科学方法论》中第五章第三节的辅助教学。

2.教学时可引导学生利用科学的分析方法对其他在历史上有争议的人物进行评价,如:秦始皇、曹操……

第六章
社会认知与评价方法

第一节　真理与价值

一、社会现象的两重性：事实与价值

案例文本：

司法判决当成为那一道光

近日，上海法院审理了一起案件——

年近七旬的秦阿婆在一地铁站内乘坐上行电梯时，因没抓住扶梯导致身体向后倾斜，头朝下、脚朝上摔倒在扶梯上，站在秦阿婆身后的张女士，不由向后退了两、三个台阶。此时，魏先生正在旁边的下行扶梯上，发现情况后，他立马跑来帮忙搀扶秦阿婆，搀扶的过程中秦阿婆欲蹬脚借力起身，结果她和魏先生两人先后向后倾倒，导致后排张女士被撞倒受伤。经医院检查，张女士被诊断为头面部外伤，右桡骨远端骨折等。

张女士起诉要求秦阿婆承担赔偿责任，魏先生、地铁公司承担补充责任。法院经审理认为，魏先生见到老人摔倒在自动扶梯上，立即上前扶起老人，其目的是第一时间帮助老人脱离持续倒在运行扶梯上的险境，因此魏先生的行为是救助他人的善意之举。一审法院判决，由秦阿婆对随后倒地受伤的张女士承担赔偿责任，魏先生及地铁公司不承担责任。老人不服上诉，上海市第三中级人民法院二审维持原判。

这是司法判决对见义勇为行为的又一次旗帜鲜明的支持，也是对长期困扰群众的“扶不扶”“劝不劝”“追不追”“救不救”等法律和道德风气的匡正。靠“谁受伤谁有理”无法取得同情，只有靠法律的准绳、道德的标尺去辨明是非曲直，才能让群众切实感受到公平正义。

人民法院是社会正义的最后一道防线。通过居中裁判，起到维护权益、化解矛盾的作用，其意义不仅在于定纷止争，还在于为公民提供行为标准和价值取向。好的司法判决当成为那一道光，不仅明辨是非、惩恶扬善，还应当成为社会正能量的创造者和守护者。从这个意义上讲，司法判决是在向社会公众宣布什么行为是正确的，什么行为是错误的，什么行为是善的，什么行为是恶的，其对社会大众社会价值观的引领具有重要意义。

在司法判决影响社会风气的问题上，是有过教训的。“彭宇案”“许云鹤案”等在当时经过媒体报道之后，已然成为了我国“做好事被诬陷”的典型案例，更成为了影响社会道德的重要事件。救助他人者反被讹成为我国推进诚信建设所面临的难题之一，许多人受此影响不愿意见义勇为，不愿意施以援手，许多需要被救助的人因此得不到救助。

2020年8月，某网站关于"假如有老人摔倒，你会去扶吗"的投票中，有26974人参与投票，其中85%的人选择"不扶"，仅15%的人选择"扶"。无独有偶，2020年10月，另一网站关于"遇见老人摔倒你会扶吗"的投票中，一共有将近6万人参与了投票，但是有89%的人选择"不会"，仅11%选择"会"。

让大众遇到不法侵害时敢于斗争而不用思前想后，见义勇为时敢于相助而无后顾之忧，需要更多努力。2017年10月1日起实施的《民法总则》，首次在全国立法层面上给予见义勇为者免责保护，规定"因自愿实施紧急救助行为造成受助人损害的，救助人不承担民事责任"。并在实践中加大对"碰瓷者"的惩处力度以及加强道德宣传等配套性的辅助措施。该规定实施以来，社会风气明显改善。民法典则完全沿用该规定。

近年来发布的"两高"工作报告多次以公布典型案例的方式，向全社会亮明了司法维护群众利益、彰显公义良知、维护公序良俗的鲜明态度。它所引发的关于法律和道德等问题的广泛讨论成为一堂堂鲜活、生动的法治课，潜移默化地进入大众的心中，成为引领社会风气、社会价值的风向标。

一个国家的法治水平，折射着一个社会的文明发展程度。司法有力量、有是非、有温度，"扶不扶""管不管"的担忧、争议才能越少，扶危济困、见义勇为、守望相助的好人好事才能越来越多。

——资料来源：光明网评论员．司法判决当成为那一道光[EB/OL].(2023-10-11).https://guancha.gmw.cn/2023-10/11/content_36886719.htm.

案例讨论：

1.在日常生活中，如果你碰到老人摔倒，你会扶他吗？你的心理活动会是怎样的？

2.结合案例谈谈，你如何理解社会现象的两重性。

案例点评：

社会现象是由无数个人的有意识有目的的活动构成，它既有客观事实性的一面，又蕴含着价值的维度。扶起老人作为一种社会现象，也是如此。当看到摔倒的老人，如果你决定扶他，目的一旦确定，就转化为动机，发起行动，并引起一定的后果。但如果你要扶起的老人是一个道德低下的骗子，这时你和他的目的就是直接对立的，而这种冲突就构成了社会活动和社会生活的一个重要特点，这本身就是一种社会事实。为了减少扶和被扶冲突中的两败俱伤，比如以后有倒地的老人无人敢扶的情况，案例中所建议的运用确定责任的法律原则具有较强的现实意义。在社会科学研究中，也要注意做到社会现象的价值性和事实性的统一。

教学建议：

1.本案例适用于《马克思主义与社会科学方法论》中第六章第一节的辅助教学。

2.运用本案例时，建议提出问题让大家讨论，然后讲解社会现象的事实性和价值性，并引导学生在社会研究中做到两者统一。

二、揭示客观真理是社会认知的任务

案例文本：

新时代如何认识和把握真理

真理是人世间最伟大的力量，只有依据真理才能作出正确的判断，开启新的伟大时代，夺取新时代中国特色社会主义新的伟大胜利。把握认识真理的方法，改进我们阐释真理、传播真理的方式，达到自觉用马克思主义中国化最新成果，也就是习近平新时代中国特色社会主义思想，来启发思维、启迪智慧、武装头脑、指导实践这一根本目的。

作为新时代中国的马克思主义“学徒”，我们怎样求得真理呢？习近平总书记从根本上回答了这一问题，“以真理的精神追求真理”。

为此，我们必须弄清楚真理精神的真正内涵。

什么是真理的精神？简要地讲，就是人们敬畏真理、认识真理、接受真理、捍卫真理时的那种内生而外的状态，就是对待真理的基本观念、基本态度，以及所表现出来的不折不挠的意志。

真理精神的内涵，应该有这样几个。

——向着一元的精神。对就是对，错就是错，不唯上、不唯书，只唯实。一元的精神，也就是实事求是的精神，欲求真理，必须讲真话，办真事，做真人，来不得虚假。

——发展的精神，进步的精神。也就是实践的精神，在实践中检验和发展真理，在实践中不断探索真理，创新理论。

——自我评判、自我反思的精神,探索发现的精神,客观理性的精神。

——开放的精神。真理是发展的,任何人都没有穷尽真理。马克思主义是发展着的理论,不是“封闭真理”,不是教条,而是随着人类文明和社会实践而发展的开放性真理。

——以人为本的精神。认识真理的主体是人,认识真理的目的是为了人,是为了实现“人的自由而全面发展”,就是区别于“有用论”的真理观。从人民的角度来评判真理的效用,也是马克思主义学说的立足点和出发点。

——不怕牺牲的精神。真理本身不畏任何强权,追求真理者,拥有求知的热情,把追求真理作为目的而不仅仅是手段。为了真理可以牺牲自我,彰显出大无畏的英雄气概。革命先烈之所以为真理而牺牲,就是这种境界。

今天我们如何认识真理

坚定不移捍卫马克思主义信仰。我们党信仰马克思主义,始终坚持马克思主义信仰不动摇,根本在于马克思主义是真理。“信仰认定了就要信上一辈子,否则就会出大问题。”习近平总书记在中央党校(国家行政学院)2019年春季学期中青年干部培训班开班式上的讲话中提出的这一论断,思想深邃,内涵丰富,振聋发聩,深刻揭示了信仰坚定的极端重要性,明确指出了信仰动摇的严重危害性。这是讲给中青年领导干部的,也是讲给全党同志的,是对中青年干部的警示教育,也是对全党同志的谆谆告诫。要真正理解“出大问题”的内在以及内含其中的深刻道理。

加强学习,创新思维,提高认识能力。认识是开启真理大门的钥匙,认识论是发现和认识真理的科学方法。认识是连接实践与思想的桥梁,承接实践,启迪思想。认识论是关于人类认识的内涵、本质、过程、方法、规律的方法论学说,指导人们开展思维认识活动,将认识转化为思想理论,进而再转化为方针政策,推动社会发展。真理是对客观规律的揭示,但发现真理是认识主体的活动。作为认识主体的人,在发现真理、认识真理的活动中起决定性能动作用。

掌握马克思主义认识论,切实提高我们认识真理、感悟真理的能力,自觉用党的创新理论武装头脑、指导实践、推动工作。马克思主义认识论的中国化开辟了马克思主义认识论的新境界,为我们党思想路线的确立奠定了哲学基础。我们党在领导革命、建设和改革的伟大历史进程中,每一次认识论上的重大飞跃,都实现了其指导思想上的与时俱进。每一次指导思想上的与时俱进,都对党和国家事业发展产生了广泛而深远的影响。理论创新和实践发展无不以认识和认识论上的重大飞跃为重要前提。

追求真理、信仰真理、捍卫真理构成中国共产党的历史轨迹,成为中国共产党的思想本色。正是从真理启程,中国共产党才走向了辉煌,走向了胜利的彼岸。正是以真理作为旗帜,作为生命力,中国共产党才走出苦难,走出困境,解决了如何推动中国发展的矛盾,形成了如何实现中国梦的哲学路径。

——资料来源:贾立政.新时代如何认识和把握真理[N].学习时报.2019-04-29(02).(有删减)

案例讨论:

1.阅读案例,谈谈科学的社会认知有着什么样的真理追求。

2.科学理论是否具有真理性,它的检验标准是什么?

案例点评:

真理的力量是人们对理想的追求、对客观规律的揭示、对科学技术的运用、是主观与客观的统一,是正确理论与正确实践的统一。真理的伟大力量,是我们敬畏它、追求它的根本原因。纵观古今中外,各个历史时期,人们都在为追寻真理而上下求索。科学的社会认知所追求的是揭示社会历史现象的本质和发展规律,也就是对真理的追求。由于人们所处环境与地位的不同,人们对真理的把握也有所不同,但这并不代表关于社会历史的认识没有客观真理。社会科学理论是否具有真理性,检验的标准只能是社会实践。

教学建议:

本案例适用于《马克思主义与社会科学方法论》中第六章第二节的辅助教学。

三、确立合理的价值向度是社会评价的任务

案例文本:

中宣部授予张富清"时代楷模"荣誉称号

为贯彻落实习近平总书记重要指示精神,中央宣传部在湖北省来凤县向全社会发布张富清的先进事迹,授予他"时代楷模"称号。

习近平总书记对张富清同志先进事迹作出重要指示强调,老英雄张富清60多年深藏功名,一辈子坚守初心、不改本色,事迹感人。在部队,他保家卫国;到地方,他为民造福。他用自己的朴实纯粹、淡泊名利书写了精彩人生,是广大部队官

兵和退役军人学习的榜样。要积极弘扬奉献精神,凝聚起万众一心奋斗新时代的强大力量。

张富清是原西北野战军359旅718团2营6连战士,在解放战争的枪林弹雨中九死一生,先后荣立一等功三次、二等功一次,被西北野战军记"特等功",两次获得"战斗英雄"荣誉称号。1955年,张富清退役转业到湖北省最偏远的来凤县工作,为贫困山区奉献一生。60多年来,张富清刻意尘封功绩,连儿女也不知情。2018年底,在退役军人信息采集中,张富清的事迹被发现,这段英雄往事重现在人们面前。

近一段时间以来,张富清的先进事迹经新闻媒体广泛报道后,在全社会引起强烈反响,广大干部群众特别是基层党员干部通过多种方式,表达对他的由衷敬佩。大家认为,他的先进事迹体现了对党忠诚、甘于奉献、淡泊名利的崇高精神,生动诠释了一名共产党员坚守初心、不改本色的高贵品质,不愧为全社会学习的榜样,不愧为时代的楷模。大家表示,要积极响应习近平总书记号召,以张富清为榜样,积极弘扬奉献精神,不忘初心、牢记使命,淡泊名利、砥砺前行,努力做新时代的奋斗者,以优异成绩向新中国70华诞献礼,为实现中华民族伟大复兴的中国梦作出更大贡献。

"时代楷模"发布仪式在湖北省来凤县举行,现场宣读了《中共中央宣传部关于授予张富清同志"时代楷模"称号的决定》,播放了反映张富清先进事迹的电视片。发布单位有关负责同志,"时代楷模"张富清的亲友、同事及社会各界代表等参加。

——资料来源:程远州.中宣部授予张富清"时代楷模"称号[N].人民日报.2019-06-18(04).

案例讨论:

1.张富清为什么被评为"时代楷模"?他的行为体现了社会主义核心价值观中的哪些价值观?

2.结合案例谈谈张富清的事迹对你有哪些启示。

案例点评:

"都知道你朴实勤勉,却不知你曾战功赫赫。你把奖章深藏在箱底,对战友的怀念深藏心底。从不居功索取,只为坚守使命初心,默默奉献。于国于民,你是忠诚伟大的士兵。"这是张富清的颁奖词。张富清默默无闻,一心为国,在平凡中凸显伟大。他作为一名战士，穿过枪林弹雨，为保卫国家奉献自己的青春和力量，屡屡立下赫赫战功，充分体现了他的爱国精神，这也是社会主义核心价值的个人层面的要求。

教学建议：

1.本案例适用于《马克思主义与社会科学方法论》中第六章第一节的辅助教学。

2.通过对张富清案例的讲解，引导学生树立正确的价值观，学习张富清的爱国精神。

四、真理与价值的统一是社会科学方法论的内在要求

案例文本：

坚持真理同价值相统一

坚持真理与价值相统一，意味着人们既要按照世界的本来面目去认识世界和改造世界，追求和服从真理，也要按照自己的尺度和需要去认识世界和改造世界，使世界适合人的生存和发展。说到底，在实践活动中，要坚持客观规律性与主观能动性的统一。

追求真理和创造价值是人类认识和实践活动的基本内容，真理原则和价值原则是人类活动的两个基本原则。真理与价值的统一，是在实践基础上达到的有条件的、相对的统一。

真理与价值为什么能够统一

真理是主体在实践基础上对客体的本质及规律的正确认识和反映，价值是外部客观世界这一客体满足主体的意义。认识世界的目的，在于改造世界；而改造世界的目的，在于满足人自身的需要。这样在追求真理的基础上提出了价值的问题。在人类认识和实践活动中，真理和价值是相互统一的。

真理原则和价值原则相互补充。真理原则展现的是“真”的问题，价值原则展现的是“善和美”的问题。“真善美”的关系就是真理和价值的关系。例如，人类首例基因编辑婴儿实验，引起了轩然大波，引发了学术界对基因伦理的反思。科学探索永无止境，理应鼓励大胆创新，但并不意味着纵容违反科学道德、无视伦理法规的事件发生。科学求真，伦理求善，科学技术的发展需要价值定向和人文关怀。

主体必须且能够自我调节实现二者的统一。人在这个世界上，既要按照世界的本来面目和规律去认识世界和改造世界，也要按照人的尺度和需要认识世界和

改造世界。在任何情况下，要使活动既不违背客观规律，又于人于己有价值，除了靠自己的努力之外，别无他法。但主体的调节必须使价值服从真理，使需要服从可能，使暂时服从长远，使局部服从全局。

实践是真理与价值统一的基础

全部社会生活在本质上是实践的，认识真理和追求价值是人类丰富多样历史活动的主题，二者以实践为基础实现了具体的历史的统一。

实践既是检验真理也是检验价值的根本途径。认识之真理性的检验过程与价值的实际确定过程，常常是同一实践过程的两个侧面。例如，马克思主义是我们党和国家的指导思想，是我们认识世界、把握规律、追求真理、改造世界的强大思想武器。马克思主义是科学的世界观与方法论，揭示了自然、思维与人类社会发展的普遍规律，具有严密的科学性。马克思主义是人民的理论，第一次创立了人民实现自身解放的思想体系，体现了价值性。中国共产党高举马克思主义，把马克思主义的基本原理和中国革命、建设、改革实践紧密结合，开启了一段马克思主义中国化的伟大历程。党的十八大以来，中国取得了"历史性成就"，党和国家事业发生了"历史性变革"。马克思主义的真理性和价值性在实践中得到了充分检验、充分贯彻和充分彰显。

成功的实践必然以真理和价值的辩证统一为前提。人们既以真理性的认识为基础去追求价值，追求物对人的有用性，又以价值为动力去寻求更加完善和完备的真理，促进人对客观世界的认识和了解。正是在真理和价值的相互作用中，实践才得以不断向前推进。

——资料来源：宁夏中国特色社会主义理论体系研究中心.坚持真理同价值相统一[N].宁夏日报.2019-03-19(09).

案例讨论：

1.阅读案例谈谈为何说"实践是真理与价值统一的基础"。

2.结合实际谈谈社会科学研究中如何达到真理与价值的统一。

案例点评：

真理是表示主客观统一的概念，是对客观事实的如实反映，是观念地把握客观事实。价值则是一定事物、对象、事实对人的意义和作用，是一定客体的存在、趋势与主体生存发展需要的一致性。社会现象既具有客观事实性，又包含着价值内容，二者既相统一，又相矛盾。习近平总书记指出，实践的观点、生活的观点是马克思主义认识论的基本观点，实践性是马克思主义理论区别于其他理论的显著特征。中国共产党人对于初心的守望，归根结底要体现在追求真理、服务人民的实践之中，通过实践使真理转化为价值，通过实践使价值转化为真理，在实践的基础上实现真理与价值的相互转化和有机统一。通过实践实现真理与价值的相互转化，这是社会科学方法论对于真理和价值的内在要求。

教学建议：

本案例适用于《马克思主义与社会科学方法论》中第六章第一节的辅助教学。

第二节　社会认知的方法和途径

一、社会认知的特点

案例文本：

美国对华认知中根深蒂固的冷战思维

造成当前中美关系颠簸震荡的主要原因，是美国在对华认知和行动中坚持冷战思维与零和博弈思维。冷战思维的本质是用二元对立、非友皆敌的范式认知世界，以两极化的阵营对抗来处理大国之间的关系。在零和博弈思维的驱动下，美国不仅在一系列关乎中美两国与世界利益的问题上排斥阻挠与中国开展互利共赢合作，而且对华滥施打压。美苏冷战已结束30余年，国际体系已发生深刻变革，但是部分美国政客的思维仍停留在20世纪，不断为冷战“招魂”，为零和博弈“正名”。无论是上届特朗普政府放任对华极端者破坏两国关系基础，还是本届拜登政府迟迟不能走出由前任造成的两国关系困境，在台湾问题上挑衅玩火，背后作祟的根本原因正是冷战思维与零和博弈思维。

美国持续炮制所谓“民主对抗威权”等意识形态对立。事实上，美国对华滥施打压遏制是为给美式民主的失败遮丑。

民主、自由、人权等价值观曾是美国在冷战中的“木偶提线”。当下，美国仍试图通过炮制“民主—威权”“自由—专制”等意识形态对立控制所谓“理念相近”国家，从而采取一致的对华行动，复活冷战式的阵营对抗。其实，美国自身民主状况与国内治理早已纰漏百出。去年1月6日美国国会山骚乱令世人看清，所谓“山巅之城"的美式民主本来就是幻觉。新冠肺炎疫情中,美国政府非但不积极防控疫情,反而将许多精力花在抹黑中国和攻击政敌上。这不仅践踏了美国民众的生命健康权利,还使年长者、低收入者、少数族裔等弱势群体遭受不成比例的重创。面对美国人权破产,特朗普轻描淡写地说,"这就是人生"。

拜登执政后,不仅未能兑现其在复苏经济、提升族裔公平等方面的承诺,而且加深了美国民众对国内治理弊病积重难返的失望与愤懑。在此形势下,把中国树立为"外部共敌",臆想重温冷战时的"荣光",似乎继续被美国政府当作掩盖美式民主失败,转移国内矛盾,弥合政治撕裂的一剂猛药。于是,本该被扫进历史垃圾堆的思维框架成为当下美国对华荒谬认知与极端行动的底层逻辑。

在冷战思维与零和博弈思维下,美国把"一带一路"倡议视作中国以经济利益为诱饵进行意识形态扩张与地缘政治争夺。中国不输出意识形态、价值观和发展模式,无意与美国争夺所谓"世界霸权"。美国前常务副国务卿佐利克也曾表示,中国不寻求扩展激进反美的意识形态。"一带一路"强调合作共赢、平等协商和相互尊重。中国国际发展援助从不附加任何政治条件。美国漠视"一带一路"沿线国家巨大的发展增长缺口,总是抱着中美国际影响力此消彼长的心态实施封堵、搅局,损失最终只会由全世界买单。

美国反复渲染中国崛起威胁周边地区和世界安全。事实上,美国操纵着庞大冷战机器,是世界动荡的幕后黑手。

北约是冷战的代表性产物,却没有随着冷战结束而解散。相反,北约违背承诺逐渐东扩,催动欧洲地缘安全格局恶化。北约自称是区域性、防御性组织,但从未控制野心向外溢出,屡屡伸长沾血的黑手在世界各地发动战争。今年6月,北约马德里峰会发布新版"战略概念"文件,称中国对北约构成"系统性威胁"。此外,美国不断推动建立"亚洲北约",在亚太地区打造反华遏华联合阵线,试图将冷战阴影笼罩在当今全球经济增长重心所在的地区上。

2015年,时任副总统的拜登曾表示,美方乐见中国崛起,中国的崛起对周边地区和世界是一笔巨大财富,对美国的利益同样如此。彼时美国所"乐见"的中国崛起,难道偏偏不包括中国稳步壮大的国防力量?何况中国始终奉行防御性国防政策,既无意,更反对破坏全球和地区安全稳定。在冷战中,美国曾将其奉行的遏制政策解释为在相互确保摧毁状态下对苏联扩张的"防御性反应"。美国生搬硬套"老剧本",将中国的和平崛起视作扩张,渲染中国"威胁",不过是为冷战机器筹款注资,为北约"脑复苏",为找回并紧握盟伴体系权柄的借口。

美国情报机构曾在冷战中立下“汗马功劳”。冷战结束后，美国并未让遍布全球的冷战机器大面积停转，而是继续操纵其投入新的“战斗”。美国情报机构开展全球监视监听，配合美国产业竞争搜情窃密，做局打压对手早已不算新闻。特朗普政府时期，其执政团队大肆宣泄国内对华不满情绪，四处捕风捉影，限制正常赴美签证，频繁对学术界华人下手。美国放任冷战机器发挥作用的后果，是被工具反过来控制头脑，不由自主地滑入“新冷战”。

美国始终强调中国对既有国际体系构成严峻挑战。事实上，美国痴迷于昔日霸权，阻挠国际体系朝向更公平合理方向发展。

美国主导建立了战后国际体系。但与其说美国重视国际体系本身，不如说其更在意国际体系是由自己主导。基辛格曾说，二战后美国发动冷战，“是为了保卫那些拥护美国世界秩序观的国家……在实现这个愿望的征程上，美国开始与其他历史性世界秩序观迎头相撞。”在冷战时期，一方面美国有充足自信任意冲闯；另一方面许多国家尚未觉醒，唯美西方马首是瞻。苏联解体后，美国一度沉醉于“历史终结”“单极时刻”的淋漓畅快，却无视在全球化背景下，各国对国际体系朝向更加公平合理方向发展的共同愿望。

“9·11”事件发生后，小布什总统的名句“要么跟美国站在一起，要么就是美国的敌人”暴露出美国仍抱守冷战思维对待现实世界。不过当时美国单边主义势头正盛，只顾着“先发制人”，而未真正思考“他们为什么恨美国”。美国绕开联合国安理会出兵伊拉克遭到法、德反对，表明美国破坏以国际法为基础的国际秩序违背公义。如今，美国试图将其主导国际体系的合法性建立在虚构的中国“挑战”之上，无异于刻舟求剑。

2019年，5名美国知华人士执笔，95位专家学者与政商界人士联署致信时任总统特朗普与国会议员，表示“敌视中国对美国无益”。公开信中说，“实际上，中国的参与对当今国际体系的存续至关重要，也是有效应对诸如气候变化等共同问题的必要条件。美国应当促进中国参与新的或经改良的国际体系，使新兴大国有更大话语权。用零和博弈思维对待中国的角色，将会促使北京脱离既有国际体系，或者分裂国际体系损害西方的利益。”执笔人之一的傅高义教授今已离世，而他睿智的告诫尚未被美国政府接受。

美国声称中国通过不公平的贸易与产业政策损害了美国利益。事实上，中美经贸合作造福两国以及世界人民。

过去几年中美关系跌落低谷与两国间的贸易摩擦并未阻挡两国经贸关系向前发展。2021年，中美经贸额同比增长近三成，超过特朗普任期中两国贸易额最高的2018年。统计数字也反映了中美经贸关系的互利性,美国政府的故意打压无法切断两国利益交融。不仅如此,中美贸易持续为美国提供物美价廉的商品,为控制物价上涨和节约美国家庭开支起到了重要作用。拜登政府声称要实施"服务于中产阶级的外交政策",维护好遵循经济规律的国际贸易体系才是长远利益所在。

美国政府指责中国歧视美国在华企业更属无稽之谈。根据美中贸易全国委员会发布的"2021年中国商业环境调查"报告,受访美国企业中,有95%表示过去一年的中国业务实现盈利,约三分之二表示中国业务营收实现增长,近八成表示在中国的盈利水平与公司整体业务相同或更高。绝大多数受访美企重视并看好中国市场,有94%表示未来将增加或保持对中国市场的资源投入。美国政府持续制造中美关系紧张氛围,带来悲观消极预期才是对美国企业利益的根本损害。

近日,美国《2022芯片与科学法案》已由拜登签署,正式成法。这项体现了所谓"两党共识"的立法酝酿已久,是典型的冷战思维与零和博弈思维产物。2017年1月,美国总统科技顾问委员会曾发布题为"持续巩固美国半导体产业领导地位"的报告,强调中国半导体产业对美国构成威胁,并建议美国政府作出相应限制。报告中称,"中国参与市场竞争有益于半导体供应商和消费者,但随着中国产业政策的逐步实施,将对半导体创新和美国国家安全构成真正的威胁。"其实,美国滥用非市场手段的产业政策,才是对全球产业链供应链稳定的最大威胁。

美国对中美竞合关系与美苏冷战关系的本质区别视而不见,偏执地发动一场"新冷战"。事实上,美国的目的是重建冷战场景,诱使中国犯错。

中美竞合关系与美苏冷战截然不同。美国前副助理国务卿柯庆生曾撰文反对将当前中美战略竞争视为冷战,原因包括中美并没有开展意识形态争夺,没有分别领导可能发动代理人战争和导致核冲突的联盟,以及全球经济深度交融使得遏制战略难以实现。美国政府显然明白这一道理,但仍偏执地试图发动对华"新冷战",其战略目的是诱使中国以冷战的方式来应对,从而打乱中国自主发展节奏。

美国在对华认知与行动中坚持冷战思维及零和博弈思维是逆历史潮流而行。近一段时间里,中方在多个层级的对话中反复强调两国关系正处于"重要的历史关口"或"关键的十字路口"。中方借此敦促美国执政者应以对历史负责任的态度,为其人民福祉审慎抉择中美相处之道,避免误入歧途,走进死路。坦率地说,当前中美关系已难有"山重水复疑无路,柳暗花明又一村"的乐观。如果美国政府坚持冷战思维与零和博弈思维,被执念一叶障目,将会错过脚下改变前程的林中岔路。美方亟须在对华政策上悬崖勒马,改弦更张。有识之士应凝聚共识,与中国相向而行，引导对华理性认知，修复民意基础，防止两国关系的巨轮偏离航道，更要避免因战略误判而迎头相撞。

——资料来源：陈长宁.美国对华认知中根深蒂固的冷战思维[N].光明日报.2022-08-17(12).

案例讨论：

1.美国某些政客对世界新的发展趋势认识不全面，宣扬中国威胁论，这体现了社会认知的哪些特点？

2.为什么美国政客试图发动“新冷战”？面对美国政客的敌视，我们应该秉持什么态度？

案例点评：

美国始终强调中国对既有国际体系构成严峻挑战，这说明美国对于中国崛起的认识不全面，因为他们只看见了中国崛起，并没有意识到中国的崛起能够促进世界的发展。这就体现出其社会认知的特点主要依靠思维的抽象力。对于美国污蔑中国的原因，是社会认知的第二个特点，社会认知总是与人们的利益发生着直接或间接的关系。美国污蔑中国，企图加大对中国的舆论压力，引起其他部分国家对中国的仇恨，从而达到压制中国的目的。面对中国的日益发展强大，首要的应是秉持和平发展的理念，与世界各国同舟共济，联合起来共同发展，而非趁此机会造谣中伤他国，团结一致、共同发展才是明智之举。

教学建议：

1.本案例适用于《马克思主义与社会科学方法论》中第六章第二节的辅助教学。

2.在讲解社会认知的特点时，可以先说明社会认知的具体特点有哪些，然后回到案例中讲解，效果会更好。

二、经验观察与事实描述

案例文本：

观察类综艺：故事虽好看，别丢了真实感

最近，观察类综艺越来越火。《令人心动的offer》第二季将镜头对准初入职场的法律精英，展现他们一路升级打怪，由青涩到逐渐成熟的过程。《同一屋檐下》的被观察者则是一群合住在公寓内的陌生年轻人，节目击中当下年轻人无暇社交、

不会社交、不敢社交的痛点，引起热议。为何这种垂直细分的观察类综艺屡屡大热破圈？这和它们全知全能的上帝视角以及内在叙事不断自我进化有关。

双层叙事理论与网综2.0版

结构主义叙事学家热奈特提出过一种双层叙事理论。这种划分理论认为，文学作品的第一层叙事为外部故事，重在呈现整体作品；第二层为内部叙事，重在分享内部故事。因此，双层叙事结构可分为内外叙事的视角，外部视角重在解释内部视角的叙述，而内部视角重在强化故事的真实性，推动情节发展。这一理论用在观察类综艺上再合适不过，内部叙事就是被观察对象的故事，外部叙事就是明星嘉宾的场外点评。内部叙事负责制造悬念、冲突，外部叙事则是一种价值观的讨论场，两者相互补充，共同推进。这正在形成一种较为固定的综艺节目模式，在不断进化中。

从其发展历史看，诸如《我家那小子》《我家那闺女》《妻子的浪漫旅行》这样的节目可以叫做1.0版，特点是以明星为观察对象，多以满足观众对明星个人生活窥探兴趣为主。而《令人心动的offer》第二季、《同一屋檐下》则是2.0版，被观察对象是纯素人，观察触角也从单一的人际关系延伸到更为广阔的职场、社会领域，在叙事上有了进一步创新，而最大的特点在于强化其故事性。

反转·故事感·上帝视角

《同一屋檐下》的初衷，是模拟一个社交场景，破解当下快节奏都市生活中年轻人的社交情感需求，节目选取的人物很具代表性，有忙于创业的年轻老板刘可力，有实现财务自由的壕哥李行，有追逐演员梦想的褚梦娜，有在潮服店上班的打工人王天齐。《同一屋檐下》本质上是偶像剧类型化的叙事，在一个空间内与几乎各行各业、各个阶层的年轻人接触，暂时摆脱了平庸生活的桎梏，似乎是重启人生，有一种梦幻感。

相较之下，《令人心动的offer》第二季真实感要更强些，这一季实习生的考核机制更加残酷，引入了"踢馆"环节，而且还真淘汰了两位表现相对落后的实习生。实习生也经历了从法律谈判到公益法律援助，再到调查取证、1V1辩论、模拟法庭审判，每一次任务都在加重，"内卷化"越来越激烈，尤其是丁辉为了追求律师梦想，裸辞来实习，被戏称为"背水辉"，被网友认为是打工人的职场写照，从而引发很多关注。

节目组就是抓住了这些变化的细节，通过"有意识"的剪辑，营造故事感，仿佛让观众在看一部养眼又惊心的律政行业剧。同时，随着节目的推进，实习生需要剥开法律条文冰冷的肌理，亲身去社会中探析人情与法理、现实与梦想的强烈对撞冲击，在泪水与失落中感受坚硬的现实碾压带来的无力感，在师友鼓励与帮助下重拾信心绽放光芒。就像罗伯特·麦基在《故事》里说，故事并不是对现实的逃避，而是一种载体，承载着我们去追寻现实、尽最大的努力挖掘出混乱人生的真谛。

此外，观察类综艺的嘉宾点评表面是提供上帝视角，实际上也是构建故事感的重要部分。观察类综艺的内部叙事，很像柏拉图在《理想国》中描述的洞穴中墙壁上的幻影，是对现实的模拟，与现实又始终隔了一层。通过内外叙事的交融衔接，反映广阔社会现实，由外部视角将内部视角的故事提升到价值观输出，这就是观察类综艺叙事表达进阶的秘密。

真人秀拍成了偶像剧?

人类对于故事的追求是永恒的，观察类综艺加强故事感，本无可厚非，但这也就容易引发真实性的悖论。观察类综艺最大特点就是真实，尤其是现在以素人为主的观察综艺成为重要方向，就是要多讲普通人的故事，但是像《同一屋檐下》，确实在真实与虚构的高空钢丝之间游走。一方面想营造现实生活的质感，另一方面，尤其是节目的后半段，剧情设计感越来越明显。

网络观察类综艺发展至今，已经形成了稳定的表达范式，也建立起自身的优势，尤其是它对年轻人生活的敏锐捕捉、活泼自由的表达、适度的故事化，都深深吸引着年轻观众。事实上，现在部分传统电视也在学习这种模式，却没有学到网络化的特点，导致节目的价值观很好，传播效果却不尽如人意。

“致知在格物，物格而后知至”，未来，网络综艺必须懂得“真实与假定”的双刃剑，尽量将观察的触角延伸进千姿百态的社会，描摹时代的风貌，才会让观察出真实，出况味，出智慧。

——资料来源：胡祥.观察类综艺：故事虽好看，别丢了真实感[N].北京青年报.2021-04-09(B04).(有删减)

案例讨论：

1.阅读案例谈谈为何观察类综艺在收获极大关注度的同时会被质疑其真实感。

2.结合实际，谈谈研究一个社会问题，我们需要做哪些准备，需要经过哪些步骤才能对一个社会现象得出合理的结论。

案例点评：

观察类综艺的“观察”二字，顾名思义，就是对某种情境下的某个对象由感知到认知的过程。嘉宾在某种意义上成为某种被观察研究社会的样本；观众也由被动的接受者转化为主动参与、讨论的研究人员。网络观察类综艺发展至今,深深吸引着年轻观众。但一些观察类综艺为了加强故事感,开始将节目内容剧本化,使整个节目竭力营造出来的真实感大打折扣,也逐渐失去了观察类节目的真实感。真正的社会观察应在社会实践中进行,在零距离的观察中把握社会现实性,进而如实地进行事实描述。无论采取何种形式观察,都应以揭示社会事实的本来面目为目的,不附加任何外来成分,坚持"考察的客观性"。

教学建议:

1.本案例适用于《马克思主义与社会科学方法论》中第六章第二节的辅助教学。

2.讲解案例时,可让同学们观察身边的社会现象,培养他们的问题意识。

三、社会认知的概括与综合

案例文本:

透过现象看"碎片化阅读"的本质

碎片化阅读,从其出现之时起,便一直伴随着争议。争议主要是围绕碎片化阅读给阅读者带来的利益和弊端而展开,可谓众说纷纭、莫衷一是。那么,碎片化阅读到底是读者的福祉还是灾难,这值得每位阅读者和阅读研究者深长思之。

所谓碎片化阅读,是指阅读碎片化阅读材料的阅读行为和阅读状态,其典型表现是利用零碎的时间阅读零碎的文本。目前由于手机、阅读器等电子阅读工具的普及,碎片化阅读这一活动和现象日益引发人们的关注和争议,使不少人误以为碎片化阅读只是最近时段特有的产物。事实上,真相并非如此。如果我们从历史发展的眼光来看,在电子阅读尚未流行的时期,人们阅读纸质的报纸和期刊,在某种程度上也都属于碎片化阅读。

碎片化阅读=读得少?

基于阅读者情况的分析

鉴于碎片化阅读的种种表现,人们对其产生了极大的争议,而争议的核心之点在于:碎片化阅读究竟是利大于弊,还是弊大于利。对此,应考虑阅读者的年龄、职业、时间和效果等因素,秉持具体问题具体分析的态度而作以辨析。

判断碎片化阅读的实际效果,应根据阅读者的自身状况,综合考虑其职业需要、时间和图书等资源,本着具体问题具体分析的原则,审视和讨论碎片化阅读的利弊,而不能笼统地一概而论。

就阅读普及的成本和便捷性而言,比起纸质书籍的阅读,碎片化阅读有可能是成本更低、更加便捷的阅读。对普罗大众来说,尤其是以电子媒介为载体的碎片化阅读,例如利用手机阅读新闻、自媒体文章等,其经济成本之低,甚至可以低到令人忽略不计。就零碎时间的开发和利用而言,充分利用手机来阅读新闻资讯、报纸媒体公众号文章等进行碎片化阅读,日积月累,其效率并不亚于利用整块时间阅读纸质报刊的新闻和研究论文。

碎片化阅读是肤浅阅读还是深度阅读,主要还是取决于读者自身是否具有深度思考能力、所读内容是否具有深度思考价值。

碎片化阅读=浅阅读?

基于神经科学研究的分析

目前,碎片化阅读之争聚焦于利弊之争,还表现在一个问题上:长期的碎片化阅读,是否使读者思考浅表化、丧失思考力?对此,目前在缺乏大数据支撑研究的情况下,或许可以从阅读的大脑机制方面为此问题的探讨带来一些深刻的启示。

神经科学研究表明,神经系统由众多的神经元组成,神经元与神经元通过突触建立联系,而每个神经元又有大量的突触,这构成了极端复杂的信息传递和加工的神经回路。

其一,如果一个人期望通过阅读而培养深度思考能力,就必须通过相应的阅读实践而在大脑中建立促成深度思考的神经回路。而在大脑中建立能够促成深度思考的神经回路,碎片化阅读跟纸质整本书阅读相比并不占据明显的优势。

其二,如果一个人已通过阅读而培养出深度思考能力,意味着其通过阅读也已在大脑中建立了促成深度思考的神经回路,短时或偶尔的碎片化阅读,并不会导致原来的神经回路被废弃或产生较大改变。

其三,长期持续的碎片化阅读,将会使大脑构建成一种适宜于碎片化阅读的神经回路。由于神经回路的潜在作用,一个人会产生不由自主地拿起手机下意识地浏览新闻、读自媒体文章,逐渐发展成一种“手瘾”和“心瘾”,最终可能会导致阅读者缩减、厌倦甚而摒弃纸质整本书的阅读。

就大脑中神经回路的建构规律而言,它对于任何一个读者来说都是一把双刃剑。一个人无论何时开始阅读,只要坚持时间足够长,最终就有可能形成适宜于某种阅读的神经回路;而一旦放弃阅读,原本已经形成的适宜于阅读的神经回路,最终就有可能遭到废弃或发生较大改变。

目前,青少年纸质整本书阅读相当匮乏这一问题,已经引起许多有识之士的忧思。对此,学校和教师应创设丰富多彩的阅读场所、阅读情境和阅读活动,推动青少年在阅读行动中坚持阅读经典著作,使青少年经由长期阅读实践而形成跟深度思考相适配的神经回路,从而培养出具有较强思考力的一代新人。

——资料来源:熊纪涛.透过现象看“碎片化阅读”的本质[N].中国教育报.2019-06-10(09).(有删减)

案例讨论:

1.阅读案例谈谈作者是从何角度看待“碎片化阅读”利弊的。

2.结合实际谈谈应如何科学看待社会热点现象。

案例点评:

伴随互联网的发展,快餐文化逐渐开始流行,碎片化阅读越来越受欢迎,如《3分钟看完一部电影》《10分钟带你了解历史》等短视频大行其道,人们急于“速成”,却忽视了想象力与思考力的调用。那么碎片化阅读是否就等于肤浅阅读,没有意义呢?本案例中作者透过现象看本质,从碎片化阅读本身挖掘其所具有的价值意义。社会现象无限丰富、充满变化,其形成原因又非常复杂,将一定的社会现象进行概括与综合,找出这类现象的本质,就会得出从特殊到一般、从现象到本质、从抽象到具体的认识。

教学建议:

1.本案例适用于《马克思主义与社会科学方法论》中第六章第二节的辅助教学。

2.可以找一些关于社会认知的概括与综合的具体事例来加深同学们的理解。

第三节　社会评价及其标准

一、社会进步的评价

案例文本:

社会评价单调而稀缺让人们感到了卷

今天(4月16日)《光明日报》在头版刊登了中国科学院理论物理学者欧阳钟灿院士于14日执笔的致编辑部的信。这封信是针对《光明日报》近来刊发的《源头创新解决“卡脖子”技术难题——一名工科教师翻越成果产业化“四座大山”的启示》《工科院校评教授能否突出成果转化这项》《高校科技成果转化还需补齐哪些短板》等一系列报道有感而成。欧阳钟灿院士以自己所为所见，直指“当前科技界，人才评价体系僵化单一”的弊端，也直言那些在各领域做出贡献者“理应得到更高评价”。

“人才评价体系僵化单一”，对当下科技人才评价体系而言，可谓一针见血。其实，岂止是科技领域的“人才评价体系僵化单一”，环顾周遭，人们不难发现，除了科技人才评价体系之外的其他社会评价体系也不乏此弊。经济繁荣了，社会发展了，但社会评价体系却仍然单调而稀缺，这也是创造了繁荣和发展的人们感到并且愈发感到“卷”的重要原因。

有道是“人活一张脸”。这里所谓脸，在一定意义上，就是社会评价。“人活一张脸”，揭示了人们超出生存需求以外的更高需求。人们想事情干事业，固然是为了生存，但在解决了温饱问题的社会里，人们所从事“活计”的社会性越高，得到的相应社会评价就应该越高，由此这些“活计”的价值也就越高。如果人们所做事情、所干事业的社会性日高，而社会评价及其体系阙如，社会激励体系没有建立或者尚不健全，那么，从社会发展角度看，缺乏激励体系的社会的发展就难以持久和持续。

“人才评价体系僵化单一”的原因在哪里？对此，人们也不妨设问：如果真要建立一个丰富而多元的人才评价体系，其梗阻可能在哪里？前不久，茅台集团总工程师、首席质量官由贵州省科协推荐为2021年两院院士候选人拟推荐名单的消息曾引来广议（参见光明网评论员文章《院士评选标准，民众有置喙的权利么》）。实际上，在院士标准问题以外，人们也不禁要问，堂堂的茅台集团总工程师、首席质量官干嘛非要往院士堆里挤？难道声名赫赫的茅台集团的总工程师和首席质量官的头衔还不够显赫吗？

而这些问题也正说明，“人才评价体系僵化单一”与社会心理和观念尚未多元紧密相关。像“两弹一星”那样一面世就可立竿见影地改变国力、从而改变世界均势的项目，当然应该得到相应社会评价，但是，上述信中所列举的解决了“卡脖子”问题的科研人才，也应得到相应的社会评价。只不过，如果这个评价还是在原有的“僵化单一”的体系中实现，那么，这就无疑会加剧卷的程度。

——资料来源：光明网评论员．社会评价单调而稀缺让人们感到了卷[EB/OL].(2021-04-16).https://guancha.gmw.cn/2021-04/16/content_34769957.htm.

案例讨论:

1.阅读案例,谈谈你了解“内卷”吗,你认为为何会出现“内卷”现象?

2.结合实际谈谈你认为应如何突破“人才评价体系僵化单一”的困境。

案例点评:

“内卷”一词在网络上广为流传,引起了一波又一波的网络讨论,其本意是指人类社会在一个发展阶段达到某种确定的形式后,停滞不前或无法转化为另一种高级模式的现象。之所以“内卷”会让广大网民感同身受,其重要原因在于社会评价的单调僵化,社会激励体系没有建立或者尚不健全。健全的社会评价体系应是随着社会进步不断丰富完善其内容和形式,以事实为依据,按照社会事实所形成的社会作用来客观评价,形成真正合理的评价尺度。

教学建议:

1.本案例适用于《马克思主义与社会科学方法论》中第六章第三节的辅助教学。

2.讲解案例时,可让学生谈谈身边的“内卷”现象,促进其科学客观评价价值观的培养。

二、社会生产力是社会进步的标准

案例文本:

社会主义根本任务是解放和发展生产力

2013年12月3日,习近平总书记在主持第十八届中央政治局第十一次集体学习时指出:我国改革开放以来的实践充分证明,紧紧扭住解放和发展社会生产力,就能为其他各方面改革提供强大推动,影响其他各个方面改革相应推进。“我们要明确,社会主义的根本任务是解放和发展社会生产力,这一点任何时候都不能动摇。”这段话铿锵有力,掷地有声,是我们党对社会主义根本任务的科学总结和概括。在党的思想发展史上,我们党对社会主义的本质和特征问题进行了艰辛探索。以邓小平同志为主要代表的中国共产党人,总结正反方面的历史经验,科学回答了“什么是社会主义、怎样建设社会主义”这个根本问题,特别是深刻回答了社会主义的根本任务问题。

以解放和发展生产力为根本任务,是马克思列宁主义关于科学社会主义的重要思想无产阶级在夺取政权后,要集中力量发展社会生产力,为实现共产主义创造物质条件，这是马克思主义的一条基本原则。

历史唯物主义认为，物质生产力是全部社会生活的物质前提，同生产力发展一定阶段相适应的生产关系的总和构成社会经济基础。生产力是推动社会进步的最活跃、最革命的要素，生产力发展是衡量社会发展的带有根本性的标准。马克思主义在形成初期就认为，社会主义是以生产力的巨大增长和高度发展为前提的，“如果没有这种发展，那就只有贫困的普遍化；而在极端贫困的情况下，就必须重新开始争取必需品的斗争，也就是说，全部陈腐的东西又要死灰复燃。”《共产党宣言》指出，工人革命的第一步就是使无产阶级上升为统治阶级，争得民主，并利用自己的政治统治，尽可能快地增加生产力的总量。在谈到未来共产主义时，马克思曾经预言，社会主义在消灭剥削制度的基础上，必然能够创造出更高的劳动生产率，使生产力以更高的速度向前发展。列宁在十月革命胜利后曾深刻指出，“劳动生产率，归根到底是保证新社会制度胜利的最重要最主要的东西”，提高劳动生产率是“创造高于资本主义社会的社会经济制度的根本任务”，强调“共产主义就是利用先进技术的、自愿自觉的、联合起来的工人所创造的较资本主义更高的劳动生产率”。在马克思主义创始人的理想中，社会主义最本质的特征，是在充分解放和发展生产力的基础上，极大提高人们的物质文化水平；生产力的发展水平，是衡量社会主义成就最重要最主要的标志。

——资料来源：孙东升．社会主义根本任务是解放和发展生产力[N]．北京日报．2021-06-21(14)．(有删减)

案例讨论：

1．阅读案例，从社会进步的角度谈谈，解放生产力和发展生产力的重要性。

2．结合实际谈谈历代中国共产党人在解放生产力、发展生产力上经历了哪些艰辛探索。

案例点评：

社会生产力的发展是衡量社会进步与否的根本标准。生产力发展是社会发展的根本内容；生产力发展是实现社会发展目标的根本条件；生产力发展是社会发展的集中体现，是社会文明发展水平的根本标志。只有生产力得到充分解放和发展，才能为社会的整体进步与发展创造物质条件。在我国社会主义现代化建设中，党始终把发展生产力摆在首位，坚持以经济建设为中心，推动社会全面进步，坚持将是否有利于发展社会主义社会的生产作为判断一切工作是非得失的标准。这是对社会主义历史经验的深刻总结，也是生产力标准在新时期的具体运用。

教学建议：

1.本案例适用于《马克思主义与社会科学方法论》中第六章第三节的辅助教学。

2.讲解此知识点时，可以运用深圳四十年前后的图片进行对比，向同学们展示生产力在社会进步中发挥的显著作用。

三、人民利益是社会评价的最高标准

案例文本：

致敬缅怀公安英烈——人民不会忘记

公安队伍是一支有着光荣传统和优良作风的队伍，是一支英雄辈出、正气浩然的队伍，也是和平年代牺牲最多、奉献最大的队伍。

新中国成立以来，全国公安机关共有1.7万余名民警因公牺牲，其中3700余人被评为烈士。党的十八大以来，全国公安机关共有3900余名民警因公牺牲，其中200余人被评为烈士。2022年，全国因公牺牲民警308名、辅警179名。广大公安英烈用热血和生命诠释了对党和人民的无限忠诚、对公安事业的无限热爱，谱写了一曲曲人民公安为人民的英雄赞歌。

一片真心把群众冷暖挂在心头

从警18年，古晹阳是同事眼中的好战友、好兄弟，是群众心中的好警察、好帮手。

心有初心信仰，行有使命担当。古晹阳生前为广东省东莞市公安局凤岗分局凤岗派出所民警，他坚信，基层警务工作虽然繁杂琐碎，但将自己手中的案件侦破，把手头上的小事做好，就是为群众办实事、做好事。

一次出警调解时，古晹阳接触到邓某一家。得知邓某戒毒期满后整天游手好闲，他便把自己的手机号码留给了邓某妻子，“你们有困难随时找我”。自此，他隔三岔五上门找邓某谈心，并力所能及帮助其解决生活困难。在古晹阳的帮扶教育下，邓某彻底戒掉毒瘾，还主动加入禁毒志愿工作者队伍。

对于旅客群众，兰州铁路公安局银川铁路公安处惠农车站派出所原副所长窦军总是想得很多、做得很多。只要旅客群众有困难，不管多忙多累，他都会在第一时间赶到，尽己所能地给予帮助。

“群众有困难找到我们，我们就有责任帮助他们，咱铁路警察要多帮帮老百姓的事。”窦军常把这句话挂在嘴上。

一次走访中，窦军了解到在车站附近居住的王朝玉老人，80多岁了，冬天烧不起煤，经常在铁路附近捡煤渣。老人腿脚不便，列车经过时很容易发生危险。窦军发动所里民警捐款，为老人买了一车煤送到家里。几年来，他就像待自己的亲人一般，从没间断过对王朝玉老人的资助。

听说窦军牺牲的消息后，王朝玉老人颤巍巍地来到惠农车站派出所，摸着警务公开栏里窦军的照片，泣不成声。

人间烟火、寻常巷陌，总有公安民警默默坚守一线，无私无畏奉献。

“群众的需要就是咱们警察努力的方向”“小案小事关系群众切身利益，必须给老百姓一个交代”“案子没有破，我就睡不好觉”……他们把群众冷暖挂在心头，做群众的贴心人、平安的守护者。百姓的生活中，留下了他们服务人民的生动乐章。

一份真情把社会安危扛在肩上

藏蓝色的警服整齐地摆在床上，再也等不来它的主人。一旁的柜子里，盾牌、头盔、荣誉证书静立一角。

2022年8月10日，浙江省瑞安市公安局特巡警大队原三级警长叶永亮在值班室突发疾病去世。这位守护万家灯火、一直冲在前线的特警，生命定格在了35岁。

此前，瑞安市东山街道电镀园区的一处在建工地，发现一枚年代久远的迫击炮弹。炮弹虽然表面锈迹斑斑，但仍然随时存在爆炸的可能，对周边群众是一个巨大的威胁。危急时刻，叶永亮主动请缨上前处置，及时化解了安全隐患。

去年7月，叶永亮被抽调参加温州全市公安特警比武的赛前集训。集训期间，他总是第一个在靶场就位，晚上又准时出现在巡逻岗位，在人来车往的城市街头守护平安。

英雄的故事讲不完，英雄的精神代代传。

一生坚守，是刘亚斌对事业深情的告白，但是，向来说到做到的他这次却“爽约”了。2022年5月6日，河北省沧州市公安局运河分局网安大队原三级警长刘亚斌原定和战友第二天去抓捕一名犯罪嫌疑人，却因突发疾病，不幸殉职，未能成行。

在运河分局合成作战中心档案柜里，29本厚厚的笔记本格外引人注目。从刚参加工作时抓捕传销人员等，到后来侦破多起电信诈骗案件、期货大宗商品案件，这些工作笔记不仅记录着刘亚斌的从警生涯，也记录着一名人民警察的铮铮誓言、如磐初心。在刘亚斌最后一个笔记本上,笔迹止于2022年5月6日:正在侦查的一起案子有了眉目,明天带队……

蔡晓东,长期战斗在打击跨境违法犯罪第一线、冲锋在维护边境安全稳定最前沿,彰显了新时代移民管理警察扎根边疆、卫国戍边的责任担当;潘东升,作为普通民警时勤勉敬业、吃苦耐劳、屡立战功,走上领导岗位后,仍坚持奋战在工作一线,维护公平正义、守护一方平安;贾长全,从巡逻防控、便衣反扒到执行专项任务,始终心怀大爱、笃定执着,用生命守护社会安定……

国家安全、社会安定、人民安宁,这是广大人民警察矢志不渝、坚决履行的责任。他们把社会安危扛在肩上,将生命与荣耀献给公安事业。

一生真诚将个人生死置之度外

他生前的最后一个动作,是用尽全力将战友推开,自己却连同车辆跌下陡坡,被车身重压壮烈牺牲。湖北省黄冈市黄梅县公安局黄梅派出所原副所长程凯47岁的生命戛然而止,留下一身正气在人间。

"他办案的倔劲儿像头牛,出现场总是冲在最前面,将个人生死置之度外""他是啃硬骨头、攻坚克难的一把好手""他的快乐,就是惩治犯罪、保护人民"……怀着对公安工作的赤诚之心,程凯和战友们打了一场又一场硬仗,战友们舍不得这位好战友离去。

只要群众有困难,云南省楚雄彝族自治州公安局交警支队武定道路中队原中队长夏绍能总是毫不犹豫,挺身而出。

2022年5月14日,京昆高速公路清水河大桥路段发生一起交通事故,接到报警,夏绍能带领民警几分钟后就赶到了事故现场。

"不要站在路上,危险,快点撤到路外面!"到达现场后,夏绍能第一时间安排民警摆放锥桶、设置警戒,同时将未受伤的驾乘人员疏散到安全地带。

就在事故处理过程中,夏绍能突然大声喊道:"快跑,快跑!"话音未落,众人只听到一声巨响,夏绍能被一辆大货车撞倒。提前疏散到路外的群众安全了,他却不幸牺牲。

"要在危难时刻挺身而出,维护国家和人民的利益。"徐斌生前为湖南省公安厅交警总队高速公路交通警察局衡阳支队原衡南大队(现为常宁大队)四级警长,这是他在入党申请书中写的一句话。

他是这样说的,也是这样做的。

"如果不是徐警官把我推开,死的人就是我。"得知徐斌不幸牺牲,一起追尾事故的当事人李明(化名)失声痛哭。当时,徐斌正在耐心给他解答事故处理的问题，不料一辆小轿车冲破追尾事故现场安全隔离带冲过来。还没等李明反应过来，他就被徐斌推出1米多远。

守护平安，从来都是有人默默挡在前面。面对紧急情况，他们以血肉之躯挡住危险，谱写了燃尽芳华耀警徽的崇高乐章。

古暘阳、窦军、叶永亮……在公安队伍里，一个个英雄故事诠释忠诚奉献，人民不会忘记他们，百姓的思念，正是对英雄的礼赞。

广大公安民警继承优良传统，弘扬浩然正气、彰显公平正义。一个个勇毅担当、接续奋斗的身影，正是英模精神代代相传的注脚。

——资料来源：亓玉昆.致敬缅怀公安英烈——人民不会忘记[N].人民日报.2023-04-10(04).

案例点评：

1.古暘阳、窦军、叶永亮等公安民警一心为了人民，为人民的安全事业献出了自己的青春，你怎样评价他们的行为？他们的事迹对你有什么启示？

2.结合案例谈谈你对中国共产党确立全心全意为人民服务根本宗旨的依据有何理解。

案例点评：

古暘阳、窦军、叶永亮等广大公安民警为了社会公平正义、人民的安危不断奋斗。他们把自己的青春甚至生命都奉献给了人民，体现了以人民为中心的思想，一切为了人民。中国共产党作为中国的执政党，其宗旨是全心全意为人民服务。习近平总书记提出了以人民为中心的发展思想，党和国家一直在为人民的利益、人民的幸福做出不懈努力。人民是社会实践的主体，是推动历史进步的决定性力量。人民的利益是进行社会评价的最高标准。

教学建议：

1.本案例适用于《马克思主义与社会科学方法论》中第六章第三节的辅助教学。

2.在讲解本案例时，可以通过公安英雄的故事，讲解社会评价的最高标准，同时也要对同学们的价值观进行引导，鼓励其在对社会的奉献中实现人生价值。

第七章
社会科学研究的世界视野

第一节　马克思的世界历史理论

一、哲学视野中的“世界历史”

案例文本：

马克思“世界历史”思想的理论意涵

人类社会面临诸多具有高度关联性的重大问题，需要站在世界历史高度加以审视才能得出更加确切的解答。马克思关于“历史成为世界历史”的科学预言正在被日益生成的人类普遍交往所证实，这充分显示出马克思思想的前瞻性与洞见性。马克思“世界历史”思想既是我们科学审视当今世界发展重大问题的理论武器，也是构建“人类命运共同体”的重要方法论基础。

马克思“世界历史”思想的出场逻辑。马克思“世界历史”思想诞生于近代欧洲大变革的时代。新兴资产阶级在巨大物质利益的驱动下奔走于全球，通过殖民扩张与商品贸易到处建立交往联系，使得各民族相对封闭自守的生存状态日益成为过去的历史。维柯、伏尔泰、赫尔德等人对马克思创立“世界历史”思想产生了间接影响。康德与黑格尔对时代问题的解答则是马克思“世界历史”思想的直接来源。马克思将“世界历史”的辩证图景从“思辨的天国”拉回到“坚实的地面”，并以新的方式回答了前辈们提出的时代问题。马克思遵循唯物史观的方法逻辑深入到“有关时代的经济”，探索“历史向世界历史转变”的深层奥秘，这就使得作为“历史科学”的马克思“世界历史”思想兼具历史哲学与实证科学的双重属性。马克思在“世界历史”思想领域实现的伟大变革具有开创性贡献，马克思关于共产主义是“世界历史性的事业”的科学论断越发展现出重大的实践指导意义。

马克思“世界历史”思想是关于封闭的民族历史或离散的地域历史转向普遍交往的世界历史的“历史事实”与“发展过程”的思想。在这一“历史事实”的“发展过程”中，资本逻辑操控的生产方式逐渐把相对封闭离散的世界各民族日益连接为一个有机联动的整体，“现实的人”及其共同体的活动扩大为世界历史性的活动，越发受到资本主义世界市场的交往秩序所支配，在大工业中崛起的现代无产阶级必将承担起重建现代世界交往秩序的历史使命。

马克思“世界历史”思想丰富的理论内涵。从“世界历史”概念的逻辑层次上看，“世界历史”是一个客观演进的历史过程，是人类劳动创造的历史过程，是在普遍交往中强化的历史状态,也是一种全球视野的世界史观。从“世界历史”实践生成的基本要素来看,资本主义基本矛盾的全球扩张是普遍交往的世界历史实践生成的主要动力,现代大工业、现代交通、世界市场是资产阶级撬动“世界历史”的重要载体,世界历史发展的未来趋势是无产阶级的胜利与资产阶级的灭亡。从主体视角观察“世界历史”及其嬗变,宗教史观与英雄史观在资本逻辑的冲击下走向破产,而资本逻辑主导的世界历史自身同样存在无法克服的内在矛盾,以现代无产阶级为主体的“真正的人民”必将承担起解放自己和全人类的世界历史使命。从“世界历史”范畴的具体运用来看,中国问题是马克思“世界历史”思想的个案分析,我们应该辩证看待马克思关于中国问题的具体结论。

同时,马克思“世界历史”思想还蕴含重要的方法论意义。马克思“世界历史”思想为我们深刻剖析资本主义世界秩序提供了科学方法论。资本逻辑主导的世界秩序在本质上是资产阶级国家秩序向世界范围内的延伸和拓展,它旨在为资本的无限增殖服务。资本无限增殖的过程同样是在不断蓄积世界工商业危机的势能与动能,破解资本主义世界秩序危机的根本出路在于通过无产阶级世界革命“重建各个人的所有制”。马克思“世界历史”思想为我们科学把握世界普遍交往时代人类社会发展的辩证图景提供了科学方法论。我们应该深刻认识“世界历史”发展的民族性与世界性、前进性与代价性、现代性与传统性、共时性与历时性的辩证统一问题,科学看待世界历史时代实现“两个必然”的长期性与复杂性。

马克思“世界历史”思想的实践价值。马克思“世界历史”思想为世界无产阶级运动确立科学的国际主义原则,也为各国无产阶级理论家分析复杂的世界格局提供了重要的认识论基础。列宁在革命实践中拓展了马克思“世界历史”思想,他敏锐洞察到资本主义从自由竞争向垄断集中转变的时代特征,提出“一国胜利论”的革命策略,提出“同外界保持联系”的社会主义建设思路。毛泽东开启马克思主义“世界历史”思想中国实践的序幕,提出“中国革命是世界无产阶级革命的重要部分”的科学论断,根据世界矛盾运动建立广泛的统一战线,并在方法论上拓展“实事求是”的世界视野。邓小平敏锐把握世界历史时代主题的变迁,提出“和平与发展”的时代主题理论,制定中国“赶上时代”的开放发展战略,开辟世界社会主义发展的中国道路。

新时代的中国日益走近世界舞台中央,中国道路越发显示出深远的世界历史意义。中国道路开创“中国特色”的现代化实践方案,深刻诠释开放发展的历史辩证法,书写21世纪世界社会主义发展的新篇章。中国共产党人站在新的世界历史坐标方位上，提出构建"人类命运共同体"的全球治理中国方案，旨在把这个充满矛盾的"一体化的世界"建设得更加美好，及时回应了世界各国人民对人类发展前途命运的共同关切。我们需要站在"世界历史"高度把握构建"人类命运共同体"的历史逻辑与理论逻辑，深刻认识中国道路与构建"人类命运共同体"的内在关联，深刻领会构建"人类命运共同体"对推进21世纪马克思主义的原创性意义。

——资料来源：周康林.马克思"世界历史"思想的理论意涵[N].中国社会科学报.2020-12-31(A06).

案例讨论：

1.阅读案例谈谈马克思"世界历史"诞生的时代背景是什么。

2.结合实际谈谈马克思的"世界历史"思想有什么现代意义。

案例点评：

马克思的世界历史思想不仅是对黑格尔历史哲学和青年黑格尔派的否定，也是基于现实物质生活世界对人的思考。马克思的世界历史理论是指导当代中国社会发展的科学的方法论，主要集中在中国的现代化建设方面。邓小平的开放理论实际上就是马克思世界历史理论的具体实践，是对马克思主义的延续和发展。从马克思的"世界历史"思想到邓小平的开放思想以及沃勒斯坦的"世界体系"理论，这一巨大的历史跨度充分反映出马克思"世界历史"思想的当代价值，彰显了马克思主义哲学的强大生命力和战斗力。

教学建议：

1.本案例适用于《马克思主义与社会科学方法论》中第七章第一节的辅助教学。

2.本节案例讲解可以从"世界历史"的产生与现代中国的意义角度进行解析。

二、民族历史向世界历史的转变

案例文本：

马克思恩格斯的世界历史思想

马克思恩格斯论述的由民族历史向世界历史的转变，用今天的语言来说，实际上就是全球化的发展潮流。

黑格尔和马克思恩格斯都不约而同地提到了中国,又都不约而同地把中国与世界历史联系了起来,当作世界历史进程中的一个环节,当作论述他们世界历史思想的重要例证。

当前,面对世界百年未有之大变局,我们重温马克思恩格斯的世界历史思想,是十分有益的。尤其在当下,更具有明确的针对性。

从民族历史走向世界历史

19世纪德国古典哲学的集大成者黑格尔,曾经在唯心主义的基础上阐述过世界历史观。他认为,历史不是杂乱无章的历史事件的堆积,而是一个漫长曲折的发展过程,在它的演化中,存在着某种内在的规律性。冲破狭窄的地域范围,由民族历史汇成世界历史,就是其中的规律之一。

黑格尔用他唯心主义的"世界精神"来解释历史,认为世界历史是世界精神的外化。世界精神的本质是自由,人类历史的发展就是"精神"的自由发展。他认为,在每一个历史时期里,世界精神只选择一个民族来实现自己的目的。东方民族是曾经被选中而后又被抛弃的民族,因而停滞不前了。因此,世界历史同太阳的行程一致,从东方的中国开始,经过希腊、罗马,到日耳曼结束。

马克思和恩格斯在《德意志意识形态》中,对黑格尔的世界历史思想进行了唯物主义的改造,第一次系统地提出了他们的世界历史观。

马克思恩格斯认为,在人类历史发展进程中,确实奔涌着一条世界化的洪流,这就是由民族历史向世界历史的转变。但是驱动这股历史洪流的,不是什么精神和观念,而是在生产力普遍发展基础上形成的社会分工和各民族的互相交往。

马克思恩格斯说,一个民族本身的整个内部结构以及各民族之间的相互关系,都取决于它的生产以及内部和外部交往的发展程度。生产力的发展,分工和交换的扩大,冲破了地域的壁垒,把各个民族推向不可分割的联系和交往中。

接下来,马克思恩格斯便举例论证了他们的这一思想。尤其值得注意并令我们惊喜的是,他们在例证中提及了中国,并把中国作为世界历史中相互密切关联的一个组成部分:

"例如,如果在英国发明了一种机器,它夺走了印度和中国的无数劳动者的饭碗,并引起这些国家的整个生存形式的改变,那么,这个发明便成为一个世界历史性的事实。"

由此,马克思恩格斯得出结论:"历史向世界历史的转变,不是'自我意识'、世界精神或者某个形而上学幽灵的某种纯粹的抽象行为,而是完全物质的、可以通过经验证明的行动，每一个过着实际生活的，需要吃、喝、穿的个人都可以证明这种行动。”

黑格尔和马克思恩格斯都不约而同地提到了中国，又都不约而同地把中国与世界历史联系了起来，当作世界历史进程中的一个环节，当作论述他们世界历史思想的重要例证。

所不同的是，黑格尔把他的世界历史观建立在唯心主义的基础之上，对包括中国在内的各个民族的历史地位和作用做了臆想式的界定。而马克思恩格斯的世界历史观，则建立在客观的物质运动基础之上，建立在人类社会生产方式和生活方式的发展变动基础之上。

中国，正是在勾画世界历史进程的宏观构架中，进入了思想巨匠的视野。

——资料来源：李忠杰．马克思恩格斯的世界历史思想[N]．中国纪检监察报.2020-10-20(06).(有删减)

案例讨论：

1.是什么推动了民族历史向世界历史的转变？

2.结合实际谈谈向世界历史转变有什么现实意义。

案例点评：

历史向世界历史转变的根本动力，首要的是现实的人在物质世界中所创造的社会生产力的普遍发展，以及先进的科学技术在社会生产领域中的广泛应用。除此以外，另一个重要的动力就是交往的普遍发展。正是生产力的发展，使各个民族之间从最初的交往，渐而形成经常性的交往。在马克思看来，交往是人的社会存在形式，它和生产力一样，是时代更迭的动力。我们要站在世界历史的高度审视当今世界的发展趋势和面临的重大问题，同各国人民一道努力构建人类命运共同体，即建设一个持久和平、普遍安全、共同繁荣、开放包容、清洁美丽的世界。人类命运共同体思想，继承了马克思“世界历史”理论的价值立场，是在新的历史条件下，对马克思“世界历史”理论的丰富和发展。马克思的民族历史向世界历史转变的思想具有持久的生命力和光明前途。

教学建议：

本案例适用于《马克思主义与社会科学方法论》中第七章第一节的辅助教学。

三、世界历史的两重性

案例文本：

以坚强战略定力应对百年未有之大变局

2021年是实施“十四五”规划、开启全面建设社会主义现代化国家新征程的第一年。站在这样一个新的起点上，我们需要树立正确的历史观、大局观、角色观，辩证看待“百年未有之大变局”的新机遇新挑战，善于在危机中育先机，于变局中开新局，以更大信心奋力推进实现中华民族伟大复兴的历史征程。

如何认识当前世界发展大势——百年未有之大变局正加速演变

2008年的国际金融危机，对世界经济格局和政治、安全形势产生了深远影响。西方发达国家相继陷入各种危机，一大批新兴市场国家和发展中国家却势不可挡，此消彼长之下，各种战略力量加快分化组合，大国关系进入了全方位角力的新阶段，国际体系进入了加速演变和深刻调整时期。而与此同时，中国正前所未有地靠近世界舞台中心，前所未有地接近实现中华民族伟大复兴的目标，前所未有地具有实现这个目标的能力和信心，中华民族伟大复兴正展现出前所未有的光明前景。在国际力量对比深刻调整尤其是在“东升西降”的历史背景下，国际上的“乱”和中国的“治”形成了鲜明对比。这些方面，都成为百年未有之大变局的主要内容。

2017年12月28日，习近平总书记在驻外使节工作会议上明确提出，“放眼世界，我们面对的是百年未有之大变局。”几个月后，在中央外事工作会议上，又进一步指出：“当前，我国处于近代以来最好的发展时期，世界处于百年未有之大变局，两者同步交织、相互激荡。”进入2020年后，突如其来的新冠肺炎疫情又对全球经济、国际政治的发展演变产生了十分重大的影响。对此，习近平总书记深刻指出，世界正经历百年未有之大变局，新冠肺炎疫情全球大流行使这个大变局加速演变，两者深刻交织，不稳定不确定因素明显增多，今后一个时期我们将面对更为复杂多变的外部环境。这些重大科学论断，不仅深刻阐明了当今世界所面临的时代潮流和发展大势，而且对于深刻理解党的十九届五中全会精神，深刻认识错综复杂国际环境带来的新矛盾新挑战，具有十分重要的指导意义。

如何看待大变局下的“危”与“机”——要从“危”与“机”两个角度去综合分析

从历史规律来看，任何大变局本质上都是大国间的力量对比发生重大变化以及由此带来的国际格局巨大调整。大变局的进程，也必然是一个充满着风险、挑战又充满着机遇的历史进程。

一方面,急剧变化的国际形势必然增大我国安全的不稳定性不确定性。改革开放特别是党的十八大以来,中国所创造的政治清明、经济发展、社会稳定等奇迹,不仅给那些既希望加快发展又希望保持自身独立性的国家和民族提供了全新选择,还使世界范围内两种意识形态、两种社会制度的历史演进及其较量,发生了有利于马克思主义、社会主义的深刻转变。两相对比,曾一度被奉为圭臬的传统西方理论则受到了质疑。随着当前世界大变局的加速深刻演变,全球动荡源和风险点增多,我们面对的压力在增大,我国外部环境更趋复杂严峻,维护我国核心利益和发展利益面临更复杂的挑战。在这种背景下,我们要清醒认识到,中华民族伟大复兴绝不是轻轻松松、敲锣打鼓就能实现的,必须增强忧患意识、做到居安思危,绝不能犯战略性、颠覆性错误。

另一方面,大变局带来大挑战,也带来大机遇。百年未有之大变局虽然意味着国际体系和国际秩序领域的历史性巨变,充满着风险与挑战,但同时也意味着这是一个充满变革和新机遇的历史进程。当今世界,世界多极化、经济全球化、社会信息化、文化多样化深入发展,国际力量对比更趋均衡,世界各国人民的命运从未像今天这样紧紧相连。在此背景下,可以预见未来一个时期,将会是世界经济新旧动能转换、国际格局和力量对比加速演变、全球治理体系深刻重塑的一个时期。同时,我们还必须清醒看到,当前和今后一个时期,虽然我国发展仍然处于重要战略机遇期,但机遇和挑战都有新的发展变化,机遇和挑战之大都前所未有,总体上机遇大于挑战。我们要深刻认识和准确把握这一历史发展趋势,深刻认识这给中华民族伟大复兴带来重大机遇。我们在分析世界发展态势和国际格局变化时,要始终坚持"两点论"的观点。既要充分估计国际格局发展演变的复杂性,更要看到世界多极化向前推进的态势不会改变;既要充分估计世界经济调整的曲折性,更要看到经济全球化进程不会改变;既要充分估计国际矛盾和斗争的尖锐性,更要看到和平与发展的时代主题不会改变;既要充分估计国际秩序之争的长期性,更要看到国际体系变革方向不会改变;既要充分估计我国周边环境中的不确定性,更要看到亚太地区总体繁荣稳定的态势不会改变。

如何在大变局中化危为机、转危为安——坚定必胜信心,办好自己的事

立足国际秩序大变局来把握规律。习近平总书记提出,认清国家安全形势,维护国家安全,要立足国际秩序大变局来把握规律,立足防范风险的大前提来统筹,立足我国发展重要战略机遇期大背景来谋划。这就要求我们既要高度重视对于世界发展态势的密切跟踪和深入分析,又要高度重视我国国家安全所面临的各

种机遇和挑战;既要对前进道路上的各种重大挑战、重大风险、重大阻力、重大矛盾作出充分估计,又要对国际上各种战略力量的分化组合及其发展态势作出准确把握,未雨绸缪、妥善应对,切实做好各项准备工作。

增强机遇意识和风险意识,准确识变、科学应变、主动求变,善于化危为机、转危为安。“行百里者半九十”。中国特色社会主义事业越前进、越发展,新情况新问题就会越多,面临的风险和挑战就会越多,面对不可预料的事情也就会越多。为此,我们必须以辩证思维看待新发展阶段的新机遇新挑战,增强机遇意识和风险意识,保持战略定力、战略自信、战略耐心,准确识变、科学应变、主动求变,在各种可以预见和难以预见的狂风暴雨、惊涛骇浪中,把维护国家安全的战略主动权牢牢掌握在自己手中。

既要政治过硬,也要本领高强。面对各种困难、风险和挑战,关键看我们有没有克服它们、战胜它们、驾驭它们的本领,这是应对新形势、进行伟大斗争的迫切需要。习近平总书记号召全党既要政治过硬,也要本领高强,并就全面增强执政本领提出了具体要求。他指出,当今世界正面临着前所未有的大变局,中国特色社会主义进入了新时代。党内外、国内外环境的深刻变化,工作对象和工作条件的深刻变化,知识更新周期的大大缩短,对我们的本领提出了许多新要求。我们必须一刻不停地增强本领,努力提高政治判断力、政治领悟力、政治执行力,在经风雨、见世面中长才干、壮筋骨,为全面建设社会主义现代化国家新征程开好局、起好步提供有力支撑。

——资料来源:董振瑞.以坚强战略定力应对百年未有之大变局[N].中国纪检监察报.2021-02-18(05).(有删减)

案例讨论:

1.阅读案例谈谈“百年未有之大变局”与世界历史有何关系?

2.结合案例谈谈应如何看待发展的不平衡性的优势和劣势?

案例点评:

当今世界正处在百年未有之大变局,是习近平总书记近年来对国际形势的一个重要论断,对指导我们深刻认识世界政治演变趋势以及中国与世界的关系,全面把握大变局对中国发展带来的机遇与挑战具有重大意义。各个国家的社会发展历史之间既是一般和个别的关系,也是部分和整体的结构性关系。从世界历史发展不平衡的角度来看,发展的不平衡性是任何发展过程都具有的普遍特征和规律。

教学建议：

1.本案例适用于《马克思主义与社会科学方法论》中第七章第一节的辅助教学。
2.思辨地理解世界历史的两重性可以作为经济全球化部分学习的基础。

第二节 经济全球化及其内在矛盾

一、经济全球化是世界历史发展的新阶段

案例文本：

理性认识经济全球化大逻辑大趋势

15世纪地理大发现以来，经济全球化从最初的涓涓细流不断汇聚成席卷全球的滚滚浪潮，是历史逻辑、实践逻辑和理论逻辑演进的必然结果，其发展趋势不可逆转。

经济全球化是社会生产力发展的客观要求。社会生产力由低到高的发展，是社会分工日益细化、资源配置不断优化、市场范围逐步拓展、产业链供应链不断升级的过程，也是生产关系不断调整并与之相适应的过程。各类市场主体寻求成本最小化、利益最大化的内在动力，促进商品生产和交换的范围不断扩大。生产要素在更大范围内优化配置，推动各国比较优势加快分化，国际分工体系逐步形成，在资源输出国、商品生产国、市场消费国之间建立的经济全球化体系不断发展。15世纪，西班牙、葡萄牙等国海外贸易开始规模化发展。17世纪后，欧洲的棉纺织品逐步成为第一个全球化商品。20世纪以来，跨国公司不断涌现，在世界范围组织生产和销售，带动全球产业链供应链加快形成。历史和实践证明，社会生产力发展到一定程度所带来的劳动分工细化、资源配置优化、市场范围拓展，必然要超出单一国家和地区，在更大范围甚至是全球配置资源，推动生产关系的全球化。

经济全球化是科技进步的必然结果。科技进步缩短了世界各国的空间距离，降低了交通和通信成本，使经济全球化成为可能。18世纪60年代，蒸汽机的运用使远洋航行的动力由自然能转化为机械能，运输效率大幅提高，人类海洋活动取得质的拓展。此后，电讯、内燃机、汽车等领域的重大创新成果接踵而至，为电子通讯、大规模运输等创造了条件，促进各类生产要素在世界范围加速流动。科技进步对人力、原材料等其他生产要素产生替代效应，推动先发国家形成新的比较优势，国与国之间相互依赖程度进一步加深，研发、生产、流通、消费等环节逐步形

成全球大循环。科技进步重构全球创新版图、重组全球经济结构、重建社会生产模式、重塑人类生活方式。特别是随着新一代信息技术广泛应用，以个性化、分散化、信息化为特征的新生产组织方式，对传统以劳动密集、资本密集、生产标准化为特征的“大工厂”生产组织方式形成替代，任何一个国家都难以凭借一己之力实现产业链供应链全生命周期管理，“我中有你、你中有我”的合作格局更加稳固，世界越来越成为一个相互依赖、紧密联系的整体。

经济全球化是满足人类美好生活需要的必由之路。在联合国主导下，国际社会制定和实施了千年发展目标和2030年可持续发展议程，推动11亿人口脱贫、19亿人口获得安全饮用水、35亿人用上互联网。经济全球化拓展了人类生存空间，增加了个人发展机会；推动全球治理体系的建构、发展和革新，促进各种区域、次区域合作机制蓬勃发展，为人类应对共同挑战提供了更多可能，极大提升了全球共同抵御风险和应对危机的能力。

——资料来源：辰昕，文华，文涵.理性认识经济全球化大逻辑大趋势[N].人民日报.2020-07-22(09).(有删减)

案例讨论：

1.经济全球化对世界历史发展产生了怎样深刻而巨大的影响？

2.关于经济全球化，存在着哪些错误的思维？如何才是看待全球化的正确态度？

案例点评：

经济全球化拓展了人类生存空间，增加了个人发展机会；推动全球治理体系的建构、发展和革新，促进各种区域、次区域合作机制蓬勃发展，为人类应对共同挑战提供了更多可能，极大提升了全球共同抵御风险和应对危机的能力。经济全球化是多极化的，是一个多元统一体，在经济全球化时代，看不到多元的矛盾统一，无论是只看到合作，只看到积极方面忽略消极方面，还是抱着冷战思维不放，这些思维都是错误的。正确的思维应该是从历史逻辑、实践逻辑、理论逻辑相结合上看经济全球化的发展大势。坚持互利共赢、共同发展，推动构建开放型世界经济新格局。

教学建议：

1.本案例适用于《马克思主义与社会科学方法论》中第七章第二节的辅助教学。

2.在教学中，可结合世界各国在面对经济全球化浪潮时的不同态度讲解，引导学生客观看待经济全球化。

二、经济全球化的基本含义和特点

案例文本：

构建人类命运共同体为新型全球化指明了方向

近几年来，以美国为代表的西方发达资本主义国家保护主义日益盛行，世界范围内逆全球化暗流涌动。在发达资本主义国家密集出台贸易保护政策的背后，是资本主义陷入了系统性危机。中国顺应时代发展的潮流和历史发展的逻辑，坚定支持自由贸易，坚持全球责任，以中国特色社会主义实践经验为基础，提出构建人类命运共同体，为人类发展开创新的道路贡献了中国智慧，提供了中国方案。

虽然资本逻辑主导的全球化发生了系统性危机，但纵观世界发展现状和未来趋势，全球化是大势所趋、人心所向、不可逆转的。马克思指出，人类历史发展的必然趋势，是从民族性的、地方性的历史向普遍性、世界性的历史转变，资本主义世界历史时代必然走向共产主义世界历史时代，人类自身也随之从地域性的个人转变为世界历史性的个人。国际金融危机暴露的资本逻辑主导的全球化的巨大问题，激起了普通民众和不发达国家对新型全球化的呼唤。面对不可逆转的全球化趋势和资本主义全球化的困境，基于中国特色社会主义的成功实践，中国提出构建人类命运共同体，成为未来全球化发展的新方向和新模式。

构建人类命运共同体将平衡资本与劳动的关系。人类命运共同体不同于资本逻辑主导的全球化，是马克思“自由人联合体”思想当代性的体现。通过构建“人类命运共同体”来实现“自由人联合体”的共产主义理想，为实现“自由人联合体”开辟了更加切实可行的当代路径，设定了更加清晰的阶段性目标。人类命运共同体根植于“自由人联合体”，追求的是人类的共同繁荣发展，是以人民为中心的发展思想在解决人类自由和解放问题上的创造性发挥。以人民为中心即发展为了人民、发展依靠人民、发展成果由人民共享，在这里，人民是全世界人民，最主要的是全世界劳动者。构建人类命运共同体，生产的目的是为了提高劳动者的生活消费水平，是为了人的全面解放，资本和利润是实现这种目的的方式和手段，全球化只是进入更高级社会的路径。这种新的全球化模式，利用市场经济和资本主义的有益成果，突破资本主义对生产力发展的桎梏，推动人类生产力更高水平的发展。当全球化的逻辑开始改变时，以“自由人联合体”为最终目标的人类命运共同体将促使经济危机走向根本解决，当前全球化中存在的矛盾和危机也将不复存在。

构建人类命运共同体将推动建设平等互惠的国际经济新秩序。党的十九大报告指出：“坚持推动构建人类命运共同体”，“奉行互利共赢的开放战略”，“谋求开放创新、包容互惠的发展前景”。人类命运共同体致力于建设平等互利的国际经济新秩序，尊重各国人民自主选择发展道路的权利，维护国际公平正义，反对把自己的意志强加于人，反对干涉别国内政，反对以强凌弱，它将推动国际秩序和全球治理体系朝着更加公正合理方向发展。在承认各国与各民族有不同利益矛盾和价值冲突的前提下，进行利益协调和价值沟通，在共识中实现求同，包容差异，平等交往，寻找“共同点”，最大限度地凝聚力量，建设一个持久和平、共同繁荣的世界。中国发展必将寓于世界发展潮流之中，也将为世界各国共同发展注入更多活力、带来更多机遇。

构建人类命运共同体将彻底改善生态环境，引领人类更高水平的发展。人类命运共同体以绝大多数人更好的生存与发展为目标，从最大多数人的利益出发，而不是维护少数人利益。资本逻辑主导之下，生产不是为了生活需要，而是无限的利润，人类以超过自身生活需要数倍向自然索取。因此，资本逻辑的全球化就必然导致对自然资源的恶性掠夺，使世界千疮百孔，造成全球生态失衡。人类命运共同体以满足人们的需要为出发点，生态成为人类生活需要的一个重要方面，将会在自然资源的利用和生态保护之间取得一个平衡。人类命运共同体要求走科技创新为主导的包容、共享和可持续的绿色发展道路，“既要金山银山，也要绿水青山”，为全球环境治理提供了中国方案。以人类命运共同体为目标的生产力发展，内含人类在满足自身需求时的顺应自然、尊重自然、保护自然的能力，是对资本主义生态危机的历史性超越。

——资料来源：邰丽华，徐宝剑.构建人类命运共同体为新型全球化指明了方向[J].红旗文稿，2019(19)：37-38.(有删减)

案例讨论：

1.结合案例谈谈如何理解经济全球化的基本含义及其重要性。

2.结合经济全球化的特点谈谈为何要促进“人类命运共同体”的构建。

案例点评：

经济全球化是指世界经济活动超越国界，通过对外贸易、资本流动、技术转移、提供服务、相互依存、相互联系而形成的全球范围的有机经济整体的过程。经济全球化是人类历史发展的必然规律，也是实现世界各国福祉的必由之路。尽管早期的经济全球化伴随着西方殖民主义的扩张与掠夺，但是经济全球化客观上不仅推动了全球生产体系的发展，带来了全球经济繁荣、财富逐步增长和民众生活的普遍改善，也成为促进世界经济社会发展、实现各国人民幸福安康的全球性路径。随着经济全球化的不断发展，整个世界成为一个整体，世界格局不断朝着多极化发展，世界性组织的作用不断凸显，于是各种国际性组织也应运而生。要形成相互尊重、公平正义、合作共赢的新型国际关系，离不开人类命运共同体的构建。

教学建议：

1. 本案例适用于《马克思主义与社会科学方法论》中第七章第二节的辅助教学。

2. 经济全球化既是一个历史问题，也是一个时事问题，还是一个与学生生活实际密切相关的问题。因此有较强的时代感和现实意义，课堂教学中，应立足当下社会实际，密切联系现实。

三、经济全球化的内在矛盾

案例文本：

坚定不移推动经济全球化

习近平总书记强调："经济全球化是时代潮流。大江奔腾向海，总会遇到逆流，但任何逆流都阻挡不了大江东去。动力助其前行，阻力促其强大。尽管出现了很多逆流、险滩，但经济全球化方向从未改变、也不会改变。"

经济全球化是社会生产力发展的客观要求，是科技进步的必然结果，是满足人类美好生活需要的必由之路。党的十八大以来，习近平总书记着眼世界发展大势，多次对经济全球化作出重要论述，要求推动经济全球化朝着更加开放、包容、普惠、平衡、共赢的方向发展。这些重要论述既关注当下，又谋划长远，是基于坚实的理论认识基础作出的科学判断，成为习近平经济思想的重要组成部分。

把握世界发展大势，坚定不移推动经济全球化，既要理解为什么经济全球化是世界发展的历史大势，也要理解为什么经济全球化会出现曲折，更要理解在出现曲折时为什么要继续推动经济全球化，以及如何推动经济全球化。

经济全球化是历史大势

所谓经济全球化，是指经济活动跨越国界和区域、世界各国经济相互依赖程度不断加深的过程。经济全球化来自生产力发展的要求，来自实现人类对更加美好生活的向往和人类社会进步的要求，是人类社会发展的基本规律和世界发展的历史大势。

经济活动跨越国界或者跨越区域的现象，古已有之。回望历史，经济全球化大致经历了三个阶段:一是殖民扩张和世界市场形成阶段,西方国家靠巧取豪夺、强权占领、殖民扩张,到第一次世界大战前基本完成了对世界的瓜分,世界各地区各民族都被卷入资本主义世界体系之中。二是两个平行世界市场阶段,第二次世界大战结束后,一批社会主义国家诞生,殖民地半殖民地国家纷纷独立,世界形成社会主义和资本主义两大阵营,在经济上则形成了两个平行的市场。三是经济全球化阶段,随着冷战结束,两大阵营对立局面不复存在,两个平行的市场随之不复存在,各国相互依存大幅加强,经济全球化快速发展演化。

总结起来,经济全球化可以从五个方面促进生产力的发展。一是参与全球化的各国可以将更多资源用于生产自身具有比较成本优势的产品,去交换自身生产成本相对更高的产品,从而获得生产率和总产出的提升。二是参与全球化的产品,可以获得更大的市场,其生产规模也随之扩大,规模经济效应会带来单位产品生产成本下降和生产率的提升。三是市场扩大可以导致范围更加广泛的分工。同一个产品生产过程的分工从企业内部向企业之间扩展,从一国内部向多个国家扩展,可以不断提高产品生产过程中的专业化水平,并带来总体生产效率的提升。四是参与全球化的各国,会面临更加激烈的市场竞争,而竞争会淘汰低效的生产,有利于资源向更加高效的生产过程集中,并激励各国企业不断提高生产效率和产品竞争力。五是全球化有利于技术创新和技术扩散。创新要素的全球交流,特别是人员、知识和思想的全球交流,更容易产生新知识和取得创新成果,并带来更快的知识和技术扩散。全球化还会使创新产品获得更大的市场,带来更大的收益,从而产生更大的创新激励效果,促进更多资源向创新过程集中。进一步看,经济全球化除了促进生产力发展之外,还能促进文化与文明的进步。

正是由于经济全球化能够发挥这些作用,因而促使经济活动不断突破和削弱国家间壁垒,推动全球化不断发展。一方面,自然地理因素造成的壁垒一直不断被交通通信技术进步和交通通信基础设施建设所削弱。另一方面,制度因素造成的壁垒也被各国或主动或被动地削弱了。世界贸易组织等的建立,大大降低了全球关税水平,减少了非关税壁垒。中国、俄罗斯等加入世界贸易组织,进一步显著降低了国家间制度壁垒。每一次对地理壁垒和制度壁垒的突破和削弱都会推动全球化的发展,也都会带来生产力的进步,并使人类获得更加物美价廉、品种更加丰富、质量更高的产品,从而带来更高的生活水平。

今天的世界,各国经济已高度相互依赖,反全球化会遇到更大的阻力。人类经济交往比过去任何时候都更深入、更广泛,各国相互联系和彼此依存比过去任何时候都更频繁、更紧密。全球化的利益已经惠及大量国家、大量企业、大量劳动者和消费者。全球化倒退会使这些广泛的受益群体受到损害，并损害整个世界的经济繁荣和生产力进步。因而，全球化是当今世界所面对的时代潮流，是世界发展的历史大势，各国走向开放、走向融合的大趋势是不会改变的。

经济全球化会出现曲折

经济全球化作为一种历史大势，总体上确实在不断深化，但其像奔腾向前的大江大河，有时候会遇到很多险滩暗礁，会出现一些回头浪和曲折。究其原因，主要是因为全球化是一把“双刃剑”，其在促进人类进步的同时，也会有一些负面影响。分析起来，全球化的负面影响主要体现在三个方面，即可能给参与全球化的国家带来不平等、不稳定或者不安全问题。

其一，经济全球化造成的不平等问题包括两个层面：不同国家之间的收益不平等和国内不同人群之间的收入不平等。全球化收益可能被一些国家垄断性获取，另一些国家收益极小，甚至其长期收益增长能力受到损害。一国参与全球化的总体收益一般都要大于总体损失，但是全球化可能会造成该国一部分人受益，另一部分人受损，这种现象的恶化会带来一系列的社会、经济和政治问题。全球化对一国国内居民收入不平等的影响，在发达国家和发展中国家都是存在的。其二，经济全球化导致的经济不稳定主要来自于两个方面：资本流动和货币不稳定，外部经济环境不稳定对本国经济的冲击。其三，经济全球化产生的不安全问题主要是由对外依存度提高带来的。比如，粮食、石油等具有战略安全属性的商品，如果过度依赖外部供应而本国供应不足，在面临冲突、自然灾害等冲击时，可能会出现重大国家利益损失等。

当经济全球化的上述负面影响没有受到良好的抵补或者管理，且受负面影响的国家或群体在国际经济政策中起到主导作用时，他们就可能用增加壁垒的方式来消除或者降低全球化的负面影响，全球化就可能出现倒退。

还要看到，经济全球化的曲折有时候并不是因为全球化产生了或者将要产生负面影响，而是由一种反全球化的情绪所引起的。一旦世界经济中的不平等、不稳定或者不安全问题变得重要而敏感时，不管全球化是不是造成这些问题的原因，反全球化的情绪都可能高涨。当反全球化的情绪被放大、被传播传染并被政策制定者利用时，全球化就可能出现倒退。

推动经济全球化继续发展

要看到，反全球化解决不了当今世界面临的问题。困扰世界的很多问题，并不是全球化造成的。把困扰世界的问题简单归咎于经济全球化，既不符合事实，也无助于问题解决。在全球化出现曲折时，坚定不移推动全球化，是站在历史正确的一边、推动历史进步的重大抉择，也是顺应时代潮流、掌握历史前进主动权的重大抉择。

用反全球化的措施来应对当前世界经济面临的挑战，只会适得其反。当今世界的诸多问题，究其根源，是经济领域三大突出矛盾没有得到有效解决。一是全球增长动能不足，难以支撑世界经济持续稳定增长。传统增长引擎对经济的拉动作用减弱，新技术虽然不断涌现，但新的经济增长点尚未形成，世界经济仍然未能开辟出一条新路。二是全球经济治理滞后，难以适应世界经济新变化。过去数十年，国际经济力量对比深刻演变，全球产业布局在不断调整，全球金融市场需要增强抗风险能力，而全球治理体系未能反映新格局，贸易和投资规则未能跟上新形势，全球金融治理机制未能适应新需求。三是全球发展失衡，难以满足人们对美好生活的期待。反全球化的措施，不仅不能带来新的增长动能，反而会进一步削弱增长潜力；不仅不能带来全球经济治理的改善，反而会导致全球经济治理的进一步恶化；不仅不利于促进贫困削减，反而会使更多的人陷入贫困。

全球化确有一些负面影响，但不能因为负面影响就放弃全球化的巨大收益。习近平总书记指出："世界上没有十全十美的事物，因为事物存在优点就把它看得完美无缺是不全面的，因为事物存在缺点就把它看得一无是处也是不全面的。经济全球化确实带来了新问题，但我们不能就此把经济全球化一棍子打死，而是要适应和引导好经济全球化，消解经济全球化的负面影响，让它更好惠及每个国家、每个民族。"

进一步看，全球化的负面影响是可以在全球化中化解的。比如，主权国家以平等方式采取合适的步骤参与全球化，更容易实现国家之间的收入差距收敛。全球化对一国内部部分人群的损害，则可以通过两种方式来弥补，一是鼓励这部分人群流动到在全球化中受益的部门，二是通过转移支付等社会保障政策对这部分人群进行补偿。全球化对一国国内宏观经济稳定的负面影响，则可以通过谨慎的资本项目管理、良好的宏观调控政策和金融监管制度等来规避。全球化对供应安全的负面影响，则可以通过更加多元化的供应来源、更加充足的储备以及更加稳定的合作关系等来应对。

在全球化出现曲折时，一方面，要防止将世界上出现的难题简单归咎于全球化；另一方面，要正视全球化所产生的问题，探索更好的方式，在克服全球化负面影响的同时，推动全球化继续发展，使全球化利益惠及更多的国家、更多的人群，推动生产力进步和人类进步。

中国经验和中国方案

中国是推进经济全球化的坚定力量。改革开放以来，我们主动拥抱全球化，抓住经济全球化带来的机遇，不断扩大对外开放，实现了我国同世界关系的历史性变革。

中国参与全球化的主要经验就是主动拥抱全球化，在全球化中解决全球化带来的问题，尽量消除全球化的负面影响，获取全球化带来的收益。正如习近平总书记指出的，“中国的发展是世界的机遇，中国是经济全球化的受益者，更是贡献者”。在全球化出现曲折的今天，为了推动全球化历史车轮继续前进，探寻更好的全球化道路，习近平总书记在多个场合提出了推动全球化的建议，这些建议可以总结为推动全球化的中国方案。

一是坚持开放，反对封闭排他。坚持在开放中获得更好的发展，在开放中解决开放带来的问题，这是中国在推动全球化过程中的重要主张。中国反对以各种名义搞保护、搞排他甚至退回到封闭的老路。一个分裂的世界无法应对人类面临的共同挑战，对抗将把人类引入死胡同。要坚定不移发展开放型世界经济，在开放中分享机会和利益、实现互利共赢。不能一遇到风浪就退回到港湾中去，那是永远不能到达彼岸的。我们要坚定不移发展全球自由贸易和投资，在开放中推动贸易和投资自由化便利化，旗帜鲜明反对保护主义。

二是坚持包容，反对利益垄断。坚持包容，一方面要考虑到发展中国家的特殊需求，防止全球化利益被少数发达国家占有，防止全球化带来越来越大的发展鸿沟。这就要求在全球化的规则设置上，要考虑发展阶段的差异，承认发展中国家的特殊与差别待遇。另一方面要照顾一国内部在全球化中受到损害的群体，防止全球化在一国内部带来越来越大的不平等。这就要求各国要结合国情，正确选择融入经济全球化的路径和节奏，在讲求效率的同时，注重公平，让不同阶层、不同人群共享经济全球化的好处。同时，各国在融入全球化的同时，要同步进行相应的国内改革和政策调整，尽量缓解全球化带来的负面影响。

三是坚持合作，反对冲突对抗。合作能实现共赢，冲突对抗则是零和博弈。全球化本质上是一个共赢的过程，因而合作是全球化的内在要求。历史和现实一再告诉我们，当今世界，如果走对立对抗的歧路，无论是搞冷战、热战，还是贸易战、科技战，最终将损害各国利益、牺牲人民福祉。我们要摒弃冷战思维、零和博弈的旧理念，坚持互尊互谅，通过战略沟通增进政治互信。要恪守互利共赢的合作观，拒绝以邻为壑、自私自利的狭隘政策，抛弃垄断发展优势的片面做法，保障各国平等发展权利,促进共同发展繁荣。要提倡公平公正基础上的竞争,开展你追我赶、共同提高的田径赛,而不是搞相互攻击、你死我活的角斗赛。

四是坚持多边,反对单边霸凌。坚持多边,反对单边霸凌,就是要承认国家不分大小、强弱、贫富,都是国际社会平等成员,理应平等参与决策、享受权利、履行义务;就是要立足世界格局变化,着眼应对全球性挑战的需要,在广泛协商、凝聚共识基础上改革和完善全球治理体系;就是要支持以联合国为核心的国际体系,支持以世界贸易组织为核心的多边贸易体制等,并进一步改革完善这些多边体系中的重要组织,支持其在百年变局中发挥好作用;就是要赋予新兴市场国家和发展中国家在国际组织和国际事务中更多代表性和发言权,使全球治理体系更加公正、全球化能够惠及更多国家更多群体。

——资料来源:姚枝仲.坚定不移推动经济全球化[N].经济日报.2022-02-07(11).

案例讨论:

1.阅读案例谈谈面对经济全球化的诸多矛盾,中国应该如何应对。

2.应对经济全球化的矛盾冲突,中国经验与方案对你有何启示?

案例点评:

面对经济全球化的诸多矛盾,我们应秉持更加开放的心态。开放合作是科技进步和生产力发展的必然逻辑,是推动世界经济稳定复苏的现实需要,是促进人类社会不断进步的时代要求。当今世界,全球价值链、供应链深入发展,你中有我、我中有你,各国经济融合是大势所趋。距离近了,交往多了,难免会有磕磕碰碰。面对矛盾和摩擦,协商合作才是正道。只要平等相待、互谅互让,就没有破解不了的难题。经济全球化是历史潮流,尽管会出现一些回头浪,但奔腾向前的势头是谁也阻挡不了的。中国需要应势而为、勇于担当,携手推动建设开放、包容、普惠、平衡、共赢的经济全球化,造福于各国人民。

教学建议:

1.本案例适用于《马克思主义与社会科学方法论》中第七章第二节的辅助教学。

2.运用分析比较法引导学生得出不同时期不同阶段经济全球化所存在的矛盾和中国应对经济全球化的态度和措施。

第三节　世界历史理论的方法论意义

一、以世界眼光观照当代社会发展

案例文本：

不断拓展世界眼光

中国共产党是当今世界最大的马克思主义执政党。这种“大”，不仅表现在体量大、规模大，更体现在格局大、胸怀大。中国共产党所做的一切，就是为中国人民谋幸福、为中华民族谋复兴、为人类谋和平与发展。习近平新时代中国特色社会主义思想以高远视野把握新时代中国和世界发展大势，以宏阔格局思考人类前途命运走向，深刻彰显“兼济天下”的世界眼光和“天下为公”的博大情怀。用这一重要思想武装头脑、指导实践、推动工作，就要不断拓展世界眼光，把中华民族伟大复兴战略全局和世界百年未有之大变局作为谋划工作的基本出发点，更好发展自身、造福世界。

世界眼光，体现为站在国内大局和国际大局相互联系的高度审视中国和世界发展、谋划党和人民事业发展的大局观念、战略思维，体现为把自身发展置于人类文明进步潮流之中、以自身发展推动人类文明进程的开阔胸怀和崇高担当。中国共产党历来强调树立世界眼光。在革命战争年代，我们党就认识到，中国革命是世界革命的一部分，自觉把中国革命进程与国际斗争形势联系在一起。改革开放后，邓小平同志指出：“现在的世界是开放的世界”，强调“放眼世界，放眼未来，也放眼当前，放眼一切方面”。进入新时代，中国与世界的交流互动空前紧密，相互影响日益加深。习近平总书记强调：“我们要认识和把握自身发展和外部环境的互动变化，捕捉新机遇，定位新角色，创立新优势。”习近平新时代中国特色社会主义思想准确把握世界发展潮流和我国所处历史方位，在百年变局中擘画中华民族复兴伟业，在世界版图前思考人类前途命运，指引党和国家事业顺势而为、乘势而上，取得对世界具有深远影响的历史性胜利，并有力引领世界大变局发展方向。

当前，世界之变、时代之变、历史之变正以前所未有的方式展开。在一个国际形势深刻变化、外部挑战愈发严峻的环境中扎实推进中国式现代化，对我们的世界眼光、战略视野都提出了更高要求。不谋全局者，不足以谋一域。把握时代脉搏、洞悉时代变化，才能赢得优势、赢得主动、赢得未来。党的十八大以来，习近平总书记提出了一系列原创性的治国理政新理念新思想新战略,在深刻把握国内外形势变化基础上,下出了把握未来发展主动权的先手棋。2020年3月,习近平总书记在浙江考察时发现,大进大出的环境条件已经变化,必须根据新的形势提出引领发展的新思路。在中央财经委员会第七次会议上,习近平总书记明确提出构建新发展格局。党的十九届五中全会对构建新发展格局作出全面部署。今天,构建新发展格局不断迈出新步伐,中国经济更具韧性、更有底气。拓展世界眼光,首先要认清时与势,从中把握危与机。要端起历史的望远镜,正确洞察国际形势,既看到和平、发展、合作、共赢的大势,也看到单边主义、霸权主义、零和思维沉渣泛起的逆流;要科学把握国内国际两个大局相互作用的态势,从中既看到机遇前所未有、挑战前所未有,也看到机遇和挑战新的变化,从而坚定必胜信心、保持战略定力,主动识变应变求变,从而化险为夷、化危为机,获得新的发展动力。

中国走的是和平发展道路,既着力把世界的机遇转变为中国的机遇,又坚持把中国的机遇转变为世界的机遇。拓展世界眼光,要在国内外机遇的相互转变上下功夫,推进中国式现代化在与世界各国的良性互动、互利共赢中深化拓展。当前,全球范围内新一轮科技革命和产业变革深入发展,带来许多新机遇。我们要准确把握学科交叉渗透、产学研深度融合、创新活动组织方式重构等变革趋势,努力赢得新科技浪潮的"科技红利",塑造创新发展的引领态势和竞争新优势,把世界科技革命和产业变革的机遇转变为我国实现高水平科技自立自强的重大契机、转变为我国推进高质量发展的重大契机。同时也要让对外开放的大门越开越大,以更加开放的思维和举措推进国际科技交流合作,推动科技成果和科技发展经验共享,推动建设开放型世界经济,深度参与全球产业分工和合作,增加我国同各国利益的汇合点,为世界发展提供新动能、新机遇。

拓展世界眼光,要处理好自立自强与对外开放的关系,任何时候都把立足点放在国内,放在办好自己的事情和依靠自己的力量上。坚持独立自主,才不会在纷纭多变的国际乱象中迷失方向;更好争取开放发展中的战略主动,才能为世界发展进步作出更大贡献。我们要坚定不移走中国式现代化道路,坚持道不变、志不改,以中国式现代化理论和实践创新为人类对现代化道路的探索提供新动力,在人类的伟大时间历史中创造中华民族的伟大历史时间,携手各国推动历史车轮滚滚向前。

——资料来源:曹平.不断拓展世界眼光[N].人民日报.2023-04-17(09).

案例讨论：

1.如何以世界眼光看待当代中国社会的发展？

2.面对变幻莫测的世界格局，中国应如何把握机遇，推进改革开放深入发展？

案例点评：

改革开放四十多年来，我国始终坚持对外开放的基本国策，不断扩大对外开放，实现了从封闭、半封闭到全方位开放的伟大历史转折，成为经济全球化的受益者和重要贡献者。过去经济全球化的主要推手是美国等西方国家，今天我们反而被当作自由贸易和全球化的最大旗手。我们以习近平总书记关于经济全球化的重要论述为科学指引，树立全球思维，坚定不移全面扩大开放，建设更高水平的开放型经济新体制，以自身开放推动世界共同开放，正从开放大国向开放强国迈进。当前，全球存在发展失衡、治理困境、数字鸿沟、公平赤字等问题。解决和应对经济全球化条件下的全球性问题，不应去全球化或者逆全球化趋势而动，而应不断加强国际经济合作，进一步在全球范围整合经济要素和发展资源，形成促进世界和平安宁和共同发展的合力。

教学建议：

1.本案例适用于《马克思主义与社会科学方法论》中第七章第二节的辅助教学。

2.可利用课件，用图片、视频、数据等形式直观地展现经济全球化对当代社会的影响。

3.培养学生辩证看问题的意识，讨论分析经济全球化在社会发展中的利与弊。

二、正确理解经济全球化和民族化的关系

案例文本：

全球化时代世界文明共处与发展之道

多元文明的共生共存是世界文明史的主流，而文明多元这一基本事实根植于文化的多样性。文明是文化发展的产物，是放大了的文化，二者都涉及一个民族全面的生活方式。特别是进入全球化时代，更多的区域性文化要素获得了走向世界的历史机遇，而且不同文化在交流互鉴中进一步丰富发展了自己，并也催生了更为多样多元的亚文化现象，拓展了文化多样性的内涵和外延。虽然单一文明观一度催生了强势文化对弱势文化展开的“文化霸权”或“文化殖民”，但世界越来越

认识到单一文明观被人类历史现实证明是多元意义上的非文明甚至反文明。人类几千年的历史是一个多元文明交相闪耀或齐放光芒的进程,既有古代辉煌灿烂的两河文明、古埃及文明、美洲印第安文明、印度文明等,也有溯源于古希腊罗马文明并至今深刻影响全球五百余年的西方文明,更有穿越了数千年历史绵亘不断的东亚文明。人类几千年的文明史,虽然充满着不同文明的起源和消亡、兴起和衰落、融合或博弈、交流或冲突,但多元文明的共生共存是常态和主流,这也是人类文明发展史的基本生态。

不可否认,基于文化多样性的多元文明意味着不同文明间存在着差异,甚至由于不同的发展进程,还存在着先进文明对于落后文明的强大优势,这也曾一度主导和塑造了不同文明之间的关系。进入全球化时代,人类主要文明的关系也经历着深度调整,各文明都全面地展示着自己,并由此带来了文明之间强烈的、多维度的、持续的相互作用甚至碰撞。特别是进入21世纪以来,随着冷战的远去和反恐重要性的提升,“文明冲突论”一度甚嚣尘上,认为主宰全球的将是文明的冲突,文化方面的差异是造成冲突的基本根源。事实上,“文明的冲突”从来都只是表象,其背后的根源是不同国家和族群对权力、财富和安全等的追求和争夺,冲突的真正原因来自于社会和经济,不合理、不公正的世界政治经济秩序造成了当今世界的冲突。虽然有时文明差异确实促成了或助长了冲突,但充其量只是诸多因素中的一个。

多元文明和文化多样性与冲突之间没有直接或必然的联系,文明之间的隔阂与交流不畅造成的偏见、误解才是孕育和加剧冲突的土壤。不仅如此,文明是对人最高的文化归类。当今世界上的各主要文明,在多个方面都内在的具有共通性或高度一致性。因此,在尊重世界文化多样性的基础上,秉持求同存异的原则,推动多元文明的交流互鉴,有助于加强各文明之间的了解和全面客观认知,促成多元文明共生共存共荣的良性发展,维护世界文明生态最根本的多样性,这也应该成为全球化时代世界各文明的共处之道。在世界各文明的相互借鉴和交流对话中,首先应该搭建并充分发挥各交流平台和该领域国际机制的作用。例如建设双多边人文交流机制、召开区域性或洲际性的文明对话大会、支持联合国教科文组织等全球多边组织的有效运转等。其次,“尺有所短寸有所长”,应在文明交流对话中秉持开放的心态,借鉴学习人类文明中的优秀成果,从而促进人类文明共同繁荣和进步,这也是携手共建人类命运共同体的应有之意。

世界上每一个文明都以自己的辉煌历史和灿烂成果为傲，也曾一度存在把自己的历史当作人类历史主要戏剧性场面来撰写的过往，这是人类文明史的事实。文明虽然经历了持久的漫长历史，但它们也遵循社会变化和文明发展的基本规律，都处于变化之中。特别是全球化时代，文明的动态发展甚至进一步加快了步伐。在当今世界大发展大变化大调整的宏大历史背景下，文化多样性更加突显，各文明都已经深度地融入了这个相互依存的世界，文明之间的交往日益密切，唯有在开放与交流对话中与其他文明和谐共处，以包容彰显自信，以开放提升内涵，才是各文明求得自身发展的契机和动力，也才是全球化时代的世界文明共处之道。

——资料来源：王磊．全球化时代世界文明共处与发展之道[EB/OL].(2019-05-15).http://share.gmw.cn/theory/2019-05/15/content_32836326.htm.(有删减)

案例讨论：

1.阅读案例谈谈在经济全球化的背景下世界文明具有什么样的特点。你如何看待“文明冲突论”？

2.我们应该以何种态度对待全球化时代中国文明与世界文明的共处与发展？

案例点评：

人类文明的客观现实是世界存在着丰富多彩的多元文明，共同存在的多元文明都以自己的方式推动了不同地区的进步。随着经济全球化浪潮，世界各地的文明汇聚在了一起，呈现出了多元化特点。同时，当今世界上的各主要文明，在多个方面都内在的具有共通性或高度一致性。在世界各文明的相互借鉴和交流对话中，我们既要反对全盘西化，也要反对把全球化、现代化和民族化割裂开来的错误态度。从国家利益和长远发展计划，我们必须置身于国际文化领域，坚持自身的文化立场，加强国际文化交流与合作，互相取长补短，促进一切阻碍社会前进的传统价值观念的更新，使中华民族的优秀文化进一步发扬光大。

教学建议：

1.本案例适用于《马克思主义与社会科学方法论》中第七章第三节的辅助教学。

2.本节的教学可以以各民族文化发展为例，并结合身边的全球化和民族化现象来辅助理解。

三、正确理解统一性与多样性的关系

案例文本：

多样性与统一性

现在人们都晓得多样化是大趋势，可是有些人在认识上陷于表面而不深入，笼统而不具体，片面而不全面，知其然而不知其所以然。多样性是事物的一个方面。万物，万物，不管有多少万，概括起来就是一个字："物"。因此，多样性是事物的一个方面，不用说，还有另一方面，那就是：统一性。

多样性不是碎片化，统一性是多样性的必然要求

笛子独奏、钢琴独奏不需要现场指挥。交响乐不能没有指挥。交响乐的指挥其名气要比第一提琴手大得多。我多次进过音乐学院调研，最怕他们在课余时间各弹各的调，各唱各的曲，那噪音简直让人受不了。统一性就是有序性。几百人的仪仗队叫人越看越想看，那是因为有人指挥，"步调一致才能得胜利"。九龙治水也好，八龙治水也罢，群龙不能无首。治理国家、治理社会比乐队、仪仗队、龙治水更复杂。东西南北中，工农商学兵，科教文卫体，血缘、姻缘、地缘，如今还要加个网缘，都需要统起来。三军不可无帅也，无序则乱，不统一是一盘散沙。对国家来讲，无序是内乱、内战。不是吗？现在我们还能不时地听到某些国家内战的枪炮声。英国的"脱欧"之所以变成"拖欧"，原因之一是各行其是，指挥不统一。多样性是统一性形成的物质基础和前提条件；统一性是多样性的融合体、黏合剂、压舱石，统一性是多样性的轴心与灵魂。统一性是社会安定、团结、和谐、创新、发展的必须。多样性与统一性有机结合，朋友遍天下，无往而不胜。

统一不是泯灭多样，而是尊重多样，包容多样

统一不是为了减少多样，更不是泯灭多样，恰恰相反，是尊重多样，包容多样，保护多样，促进更加多样。多样是差异，差异是矛盾，矛盾是取之不竭的动力。多样本身就是平衡，是互相补充、互相制约的平衡。在多样基础上的统一，统一才高贵，才有价值。统一是统一于规则，用规则统一，用体现最大多数人利益的规则来统一。共性寓于个性之中。统一是群言堂，不是"一言堂"。统一是广开言论，不是堵塞言路。统一，大统一，说穿了是统一于大海，统一到不拒涓涓细流，能纳百川的"大海"。统一是为多样提供更加出彩的大舞台。"多样→统一→更多样→再统一→再更加多样"，以至无穷，螺旋式上升，波浪式前进。这才是具有普遍意义的"多样统一律"。

要充分认识多样性的二重性

现在有些人在谈论多样性时，多少有点“走直线”的毛病，只说“利”不谈“弊”。尽管利大于弊，也不能不言弊。多样化是美丽，是财富，但要看到美中有不足，富中有贫困。全球化是大趋势，但是在全球化中有“逆全球化”。在逆者中，有不少是优胜劣败中的败者。败者也是人。看透了这类逆者，就要重视对败者、弱者的培植、安置，使其少逆、不逆。网络化是大趋势，但是在网络化中有黑客，在“全民大播送”中难免有侵权者，难免有网络犯罪，难免有“网络病”。这就要求重视立法，立网络法。人工智能在经济中的比重是衡量社会进步的标志之一，但是要注意消除发生在一些人身上的人工智能恐惧症。面对恐惧症，要讲清楚“无人工，不智能”的道理，讲清楚“智能”不留人，自有留人处。手机是好东西。但是司机抱着手机开车有多危险！学生成天抱着手机不听老师上课怎么办？没有规矩无以成方圆，要处理好多样性之间纵横交织的关系，需要立规限制手机乱用。新阶层对国家富强做出很大贡献，但内部差异很大、利益需求和诉求内容也参差不齐。这都需要协调，求出最大公约数。为了增进统一性的科学性，要坚持“两点论”，不能只看正面，不看负面。包括最动听的“交流”“对话”，在交流中别忘了会有“交锋”，在对话中会有“对抗”。高超的“统一论者”要闻“负”则喜，敢于正视、乐于善于应对负面的挑战。为了求同而允许有人发出不同声音，允许有人从另一角度看问题，从而让对策、预案更严密，形成正向良性循环。“水至清则无鱼”。物极必反，不研究负面，说得轻一点是不全面，说得重一点是不爱护多样性的美丽，不保护统一性的可贵。多样性就是差异性。有差异方有比较与鉴别，方有择优与互补，坚持求同存异，聚同化异，增进一致而不强求一律，包容多样而不丧失主导。

为了寻找、放大统一性，在处理国际问题上，要坚持人类命运共同体意识

人类共同生活在地表上的水圈、气圈、生物圈中，怎么看命运都应当是共同的。可是事实上并非完全如此。国与国之间有友好的，也有敌对的。许多国家的领导人是为国为民的，也有国家的领导人是坑害百姓的。世界上200个国家和地区的领导人也具有差异性、多样性，要区别对待。对他们的人格和他们在他们国家的领导地位要尊重，但是也要看到他们中有口是心非、出尔反尔的，有对别国台上握手，台下踢脚的，还有公然干涉他国内政的。对一个国家有不同的评价是正常的，但不是没有是非可分的。有的国际问题评论家在评论时攻其一点不及其余，有的“赞”其一点不及其余，有的评论家是“拿人家的手软，吃人家的嘴软”，不得不帮人家隐恶扬善。评论国际问题也少不了“两点论”，要区别官与民，要坚信

任何国家的人民都是好的,包括大量社会团体也是好的。大官可能是小人,而小百姓则可能是大人。因此我们千方百计坚持以文明交流超越文明隔阂,以文明互鉴超越文明冲突,以文明共存超越文明优越,积极构建人类命运共同体。

——资料来源:邓伟志.多样性与统一性[N].北京日报.2019-11-11(15).

案例讨论:

1.阅读案例谈谈我们应如何看待世界不同民族的文明差异。

2.结合案例谈谈应如何处理世界性交往准则和自身利益诉求的关系。

案例点评:

和平与发展是当今时代的主题,各个国家都希望实现和平的发展,这一点是一致的、统一的。但是由于发展阶段、历史和自然等因素的影响,各个民族选择的道路又多种多样。各个民族作为人类大家庭的一员,虽然有不同的选择,但不应和人类的共同利益相冲突。国际交往应坚持统一性与多样性原则,才能通向更美好的未来。中国作为一个负责任的大国,要遵守交往的准则和规范,对于明显不合理、不公平的规则,也要勇于斗争。

教学建议:

1.本案例适用于《马克思主义与社会科学方法论》中第七章第三节的辅助教学。

2.在教学中可结合矛盾的统一性和多样性等知识点共同讲解。

四、正确看待社会主义与资本主义的关系

案例文本:

世界大变局与资本主义、社会主义两种制度关系重构

第二次世界大战后,尽管出现社会主义和资本主义两大阵营,建立两大平行的经济体系,但资本主义国家采取了社会主义一些做法,社会主义国家也吸收了西方国家一些先进技术和管理经验。在并存与竞争、借鉴与合作的两制关系下,西方发动的"冷战"并没有引发新的世界大战。21世纪,两种不同的社会制度和发展模式仍同处一个世界,相互竞争不可避免,但竞争是和平竞争,不是零和博弈。文明的繁盛、人类的进步,离不开求同存异、开放包容,离不开文明交流、互学互鉴。在当今发展道路和社会制度选择问题上,一方面,越来越多的国家独立探索发展道路和社会制度,在交流互鉴中取长补短,从而极大地促进和丰富了人类政

治文明；另一方面，以美国为代表的西方国家把自己的社会政治制度作为人类政治文明的唯一代表，进而对外输出和强加于人的现象仍然存在，国际政治思潮呈现较明显的交锋对立特征。尽管当今世界社会政治思潮纷呈林立，令人眼花缭乱，但流行的并不都符合时代潮流和人类社会进步，如单边主义、排外主义、贸易保护主义就与当今互联互通、开放包容、合作共赢的时代要求相悖，越来越遭到世人唾弃。在和平、发展、合作、共赢的时代潮流下，任何国家都不可能孤立地发展，单边主义、排外主义、贸易保护主义是行不通的，必须走和平发展与合作共赢的新路，必须消除人与自然对立、贫富悬殊、社会不公现象，走经济社会可持续发展之路。

社会主义作为一种超越资本主义的先进思想，它所追求的消灭剥削、实现社会公正平等、实现每个人自由而全面的发展，实现人类彻底解放，从必然王国向自由王国的飞跃等理念和价值，永远占据人类道义的制高点，这是社会主义具有不可遏止的吸引力的根本原因。国际金融危机后，西方国家“民主赤字”“治理赤字”“发展陷阱”此起彼伏，贫富分化、恐怖主义、气候变化等问题层出不穷，单边主义、贸易保护主义、民粹主义盛行以及“后西方”“后真相”“千禧社会主义”等思潮升温①。针对财富日益集中、贫富鸿沟越来越大的现实，近年来，美国“占领华尔街”、法国“黑夜站立”和“黄马甲”等各种形式的抗议活动持续不断，其主要诉求是要通过国家制度来限制垄断资本贪欲，保护劳动群众和边缘群体利益，消除社会不公正现象。

大变局引发不同社会制度优势位移

世界大变局风云激荡，历经几百年的西方资本主义制度优势风光不再，社会主义要求消灭剥削、实现社会公正平等、实现每个人自由全面发展的理念，仍具有时代价值并在中国特色社会主义实践中弘扬光大。德国卢森堡基金会理论家米夏埃尔·布里称“社会主义进入3.0”，认为“社会主义3.0”是从中国特色社会主义开始的。社会主义同资本主义关系的格局重建，无疑是当今世界百年未有之大变局中最为炫目的篇章。

1.西方资本主义政治模式和发展经验光环黯淡

冷战结束已经30年了，不同意识形态和制度模式的较量不仅没有消失，而且涉及领域更广泛、方式更多样、形势更复杂。一些西方国家凭借科技、经济优势，在输出资本的同时，不遗余力地输出西方价值理念和制度模式，以“教师爷”身份鼓动发展中国家搞私有化、自由化，在世界各地搞“颜色革命”，一些国家“中招”后陷入社会动乱、经济停滞的泥潭，伊拉克、利比亚、叙利亚、也门等国长期内战，战争至今没有结束。特朗普上台后,美国掀起新一轮"反社会主义"逆流,对左翼政权勒紧绞索,对朝鲜、古巴、委内瑞拉极限施压,以期彻底铲除冷战后"共产主义遗产"。

西方国家贫富悬殊和社会不公激化社会矛盾。第二次世界大战后,西方多数国家在社会主义影响下建立起社会福利制度,国内的贫富差别及阶级矛盾得到缓和,中产阶级规模渐渐扩大。但西方发达国家的科技进步和产业革命,不仅没解决资本和劳动、增长和分配、效率和公平之间矛盾,反而加剧了这些矛盾。国家间激烈的经济竞争加剧了各国劳动者之间的生存竞争,经济财富日益向少数人集中,贫富和地区差距拉大,一度扩大的中产阶级数量下降,贫困人口不断增多,弱势群体生存状态进一步恶化。

西方民主陷入制度困境。长期以来,西方有左、右政党相互"纠偏"传统,政治钟摆效应明显。中左翼和右翼政党各有自己的政治主张与利益偏好,为了抬高自己,打击对手,往往在发展道路和模式选择上做文章。大选时相互攻讦,上台执政的党也会对前执政党做法进行"矫正",如此左右互换基本保持了西方国家政治平衡和社会稳定。以特朗普为代表的极右翼民粹保守势力在2016年美国选战中走极端、搏出位,成功登台执政。特朗普上台后立即推翻前总统奥巴马的医保法案,推出限制移民、修建边境隔离墙等极端做法,进一步加剧了共和、民主两党理念和政策分歧。美国两党政治越来越极化,社会民意越来越分裂。

2. 中国成为振兴世界社会主义的中流砥柱

东欧剧变苏联解体一度使"社会主义失败论""历史终结论"甚嚣尘上,"中国崩溃论"不绝于耳,但中国没有在这场"多米诺骨牌"式的剧变中倒下,坚守和捍卫了社会主义,并以中国式道路挽救了世界社会主义。当今世界社会主义出现了许多变化,这个变化可概括为从东欧剧变苏联解体后世界社会主义运动长期陷入力量严重下降、思想彷徨迷惘、探索变动不居、目标多变不明的低潮困境中,开始进入力量重兴的新阶段,一个不同于以往的世界社会主义运动新格局正在形成,其中鲜明标志是:中国特色社会主义正成为21世纪科学社会主义发展的旗帜,成为振兴世界社会主义的中流砥柱。我们党有责任、有信心、有能力为科学社会主义新发展作出更大的历史贡献。习近平新时代中国特色社会主义思想在引领中国不断走向世界的征程中,必将推进世界社会主义进入新阶段。

——资料来源:柴尚金.世界大变局与资本主义、社会主义两种制度关系重构[J].马克思主义研究,2019(10):141-150.(有删减)

案例讨论：

1.阅读案例谈谈如何理解社会主义与资本主义的关系？

2.在当代国际交往中，我们应如何处理社会主义思潮与资本主义思潮的关系？

案例点评：

社会主义与资本主义两种制度的相互关系问题是当今世界一个十分重大的现实问题，两种社会制度将在一个较长的历史阶段中共存也是客观现实。资本主义由于存在着其自身无法克服的基本矛盾，社会主义最终必将代替资本主义，这是人类历史发展的大趋势。但从资本主义国家来看，资本主义还有较强的自我调节能力，资本主义在短期内还不会灭亡。社会主义最终取代资本主义将是一个较长的、曲折的历史过程。我们要坚持以马克思主义社会科学研究中的世界视野——世界历史理论的方式来看待全球化的发展问题，了解人类社会发展的根本规律和一般趋势，推动社会科学和人类文明的前进与发展。

教学建议：

1.本案例适用于《马克思主义与社会科学方法论》中第七章第三节的辅助教学。

2.在教学中根据中国特色社会主义与资本主义的碰撞来分析二者的关系，在对比中体现“只有社会主义才能引领中国走向美好未来”。

后　记

本书为重庆市研究生教育优质课程——"马克思主义与社会科学方法论"的阶段性成果。本书将马克思主义与社会科学方法论作为研究方法论课程，其关注重点在于如何将马克思主义原理知识转换成马克思主义方法论，以便让硕士研究生不仅要弄懂原理，更要培育他们将原理与研究实践相结合的能力与方法，在把握案例的科学性、学术性和时效性的同时，较好地突出了案例的针对性、生动性和可读性。

由于篇幅所限以及教学的不同需要，我们对汇编的案例资料进行了不同程度的删减，可能有损原作者的观点，谨此深表歉意。为方便读者查阅，本书所选编的案例均准确明晰地标示了出处。

本书由重庆师范大学王勇教授主持编写，王勇、王燕飞、伍思颖、李虎姣、杨芳、许文宣承担了相关章节的编撰工作，最后由王勇、王燕飞（重庆三峡医药高等专科学校）、伍思颖（四川中医药高等专科学校）完成了统稿与定稿工作，研究生刘家豪、胡婷、彭月、王荣菊参与了全书的校对工作。

本书在编写过程中得到了西南大学出版社的大力支持，尤其是责任编辑李君老师在文稿审校等方面付出了较多心力，在此编者表示衷心的感谢。由于编者学术水平以及占有资料所限，本书难免存在疏漏与不足之处，恳请专家和读者批评指正。

编者

2023年7月